조조 읽는 CEO

中國歷史人物"十講"系列

《曹操十講》

作者：梁龍

copyright ⓒ 2007 by 哈爾濱出版社

All rights reserved.

Korean Translation Copyright ⓒ 2009 by Book21 Publishing Group Co., Ltd

Korean edition is published by arrangement with 哈爾濱出版社

through EntersKorea Co., Ltd, Seoul.

결 단 하 지   못 함 을   부 끄 러 워 하 라

조조 읽는 CEO

량룽 지음 | 이은미 옮김

21세기북스
www.book21.com

역사 속에서 해답을 찾다

조조(曹操) 맹덕(孟德), 수많은 인간 군상이 살아남고 스러져간 거대한 역사의 흐름 속에서 그는 엇갈린 평가를 받고 있다. 한편에서는 한나라 왕실의 정통성을 능멸한 천하의 역적이라고 하고, 또 한편에서는 삼국시대의 가장 영웅다운 군주라고 한다.

실제로 조조는 다재다능한 장수이자 군주였고, 정치가이자 시인이었다. 그는 카리스마 넘치는 리더십으로 전장에서 지휘하면서도 휘하 장수를 아꼈고, 인재를 목숨처럼 귀히 여겼다. 특히 신분을 따지지 않고 능력에 따라 인재를 등용하니 그의 밑에는 사람들 발길이 끊이지 않았다. 또 탁월한 전략가로서 병가, 유가, 도가, 법가 등 제가의 여러 사상에도 정통했다.

그렇다면 그에 관한 평가가 이렇게 엇갈리는 이유는 무엇일까? 조조는 법을 엄격하게 집행하고 둔전제를 실시하며 인재를 파격적으로 등용하는 등 시대의 안정을 도모해 백성들의 요구에 부응하는가 하면, 탁월한 문학적 재능을 발휘해 많은 작품을 남기기도 했다. 하지만 스스로 위왕에 등극하여 한나라 왕실을 유명무실하게 만들고, 무고한 인명을 잔인하게 학살하는 등 비난받아 마땅한 일을 했다.

　조조가 부정적인 평가를 받는 가장 큰 이유는 왕조의 건립과 패망이 반복되는 과정에서 새 왕조가 건국의 명분으로 정통성을 세우기 위해 과거 시대의 인물들을 폄하했다는 데 있다. 이런 과정에서 조조는 한나라 황실의 후손인 유비의 부드러운 이미지와 대비되는 간웅으로 깊이 각인되었다.

　그러나 중국 현대문학의 거장 루쉰(魯迅)은 조조를 '재능이 뛰어난 영웅'으로 평가했으며 마오쩌둥(毛澤東)도 그를 위대한 인물로 칭송했다. 실제로 조조는 에너지가 넘치는 인물이었다. 조조의 통치 방식은 제멋대로인 듯하면서도 엄격했고, 감성적이면서도 이성이 살아 있었다. 난세를 사는 최고권력자로서 짊어질 수밖에 없었던 고충, 만인지상의 군주이면서 아버지이자 남편으로서 겪어야 했던 갈등을 이 책에서 만날 수 있다. 조조가 언뜻 이해하기 어려운 복잡한 성정을 드러낸 것은 어쩌면 인간으로서 누구나 맞닥뜨릴 수 있는 고민에서 비롯된 어쩔 수 없는 모습이 아니었을까.

조조가 다소 잔인하고 교활하다는 점을 애써 부인할 필요는 없지만, 각인된 이미지에 가려 그가 이룩한 공적까지 묵과해서는 안 된다. 우리는 조조라는 역사 속 인물을 다양한 시각에서 조명해봄으로써 그의 진면목을 살펴볼 필요가 있다. 영웅인지 간웅인지는 중요하지 않다. 그저 아무런 꼬리표도 달지 않은 있는 그대로의 조조를 지켜보면서 우리가 찾고자 하는 해답에 한 걸음 더 다가갈 수 있을 것이다.

2009년 8월
이은미

차 례

영웅은 시대가 만든다

최악의 시대가 낳은 최고의 영웅

"도도히 굽이치는 장강은 동쪽으로 흐르며 소용돌이를 일으켜 영웅을 삼키네."

거대하고 광활한 장강을 보며 칭송한 이 시는 거대한 물줄기 같은 역사의 큰 흐름에 감탄을 보낸다. 수천 년을 이어온 중국 문명에서 수많은 사람이 역사의 무대에 나타났다 사라졌다. 그 가운데 영웅이라고 칭할 이가 몇이나 될까?

영웅은 과연 어떤 사람이며 누구를 영웅이라고 할 수 있을까? 수많은 역사가와 대문호, 극작가도 이 질문에는 선뜻 대답하지 못했다. 지혜의 상징으로 여기는 아리스토텔레스마저 영웅에 관해 명확한 정의는 내리지 못했으니 영웅의 뜻을 명확하게 규정하는 것이 얼마나 어려운 일인지 짐작할 수 있다.

조조는 역사적으로 '간웅(奸雄)'이나 '간적(奸賊)'으로 불리지만 사실 그는 '영웅'이라는 칭호를 받기에 조금도 손색이 없는 인물이다. 한나라 말에 정치가 부패하여 조정의 기강이 무너지고 황실이 쇠퇴하여 환관들이 전권을 휘두르며 외척이 설치는 난세에서 깨어 있던 자가 몇이나 되고 청렴한 자가 얼마나 있었던가? 어떤 이는 명리를 좇는 데 열중하고, 어떤 이는 하루하루 연명하는 데만 급급하고, 어떤 이는 세상에 분노하는가 하면 또 어떤 이는 그저 허송세월을 보냈다.

쇠락의 절정을 이룬 후한 말, 조정은 물론 강산도 비참하게 파괴되었고 '중화의 중추'라고 불리는 사대부 정신마저 황폐해졌다. 그러나 언제나 역사 무대에는 시대가 만든 영웅이 등장하기 마련이다. 이 어둠의 시대를 마감하고 전국을 평정할 인물이 마침내 나타난 것이다. 시대의 중임을 짊어진 진정한 영웅, 조조가 세상에 등장했다.

당시 천하를 평정한 이는 조조였고, 통일을 위해 동분서주한 이도 조조였으며, 유가의 정치 이상과 정치가의 치국방략을 결합한 이도 조조였고, 전쟁 없는 평화의 땅을 개척한 이 역시 조조였다. 이렇듯 성공을 이어가며 자랑스러운 공적을 남겼으니 그가 아니면 도대체 누구를 영웅이라고 하겠는가?

조조를 다시 쓰다

조조를 '난세의 간웅'이라고 말한다. 그렇다. 조조는 법에 어긋나는 불공정하고 불순한 일들을 저질렀다. 하지만 당시 '명사'라는 사대부 가운데 진정으로 광명정대하여 한 점 부끄러움도 없는 자가 과연 있기는 했을까? 조조는 도덕적으로 완전한 사람도, 어지러운 세상을 바로 세울 군자도 아니었다. 그러나 순수하지도 공정하지도 않았던 그의 행동은 시대에 영합하여 자신만 잘 살겠다는 졸렬한 의도가 아닌, 시대의 혼탁함과 비열함에 마침표를 찍겠다는 의지에서 비롯한 것이다. 이것이 바로 조조가 동시대를 살아간 다른 이들과 구별되는 가장 큰 특징이다.

조조는 한 말 군벌들의 혼전, 도탄에 빠진 북방 상황을 해결하고 중앙 정부의 권위를 재정립하는 한편, 당시 상황에 가장 잘 맞는 법령을 반포하고 농업 발전에 힘써 북방 백성이 편안히 살도록 했다. 더욱 주목할 것은 수많은 군웅이 패권을 다투던 국면을 천하삼분의 구도로 재편함으로써 통일의 초석을 다졌다는 점이다.

《춘추좌씨전》에 따르면 사람이 죽어서 이름을 남기는 방법은 세 가지인데, "최고의 것은 덕을 세우는 일이고, 그다음은 공을 세우는 일이고, 다음 것은 말을 세우는 일"이라고 한다. 말은 저술로 길이 남는 것이고, 공은 국가나 사회에 큰 공을 세우는 것이며, 덕은 문자 그대로 덕으로 교화하는 것을 일컫는다.

조조는 저술에 두드러진 재능을 나타내 직접 쓴 시편이 전해 내려오는데, 이는 중국 후한 헌제 때 건안 연간 문학의 대표작이 되었다. 또 생애의 절반을 정복 전쟁에 바치고 나머지 절반은 치국을 위해 살았으니 당시 이에 비견할 만한 공을 세운 사람이 없었다. 덕을 세운 것으로 말하면 한 말의 부패와 겉치레를 몰아냄으로써 북방에 삼국시대의 소박하고 실용적인 정치풍이 살아나도록 했다. 이러하니 어찌 조조를 영웅이 아니라고 하겠는가?

그러나 급진적인 정치가는 늘 욕을 듣기 마련이다. 조조가 난세의 간웅이라 불리는 것은 마치 상앙(商鞅)이 '각박하고 은혜를 모르는 사람'으로 불리거나 왕안석(王安石)이 '고집스러운 재상'으로 불리는 것과 같다. 이는 우둔하고 속되고 안목이 일천한 사람들이 조조를 알아보지 못해 너그럽게 보아 넘기지 못하고 질투하여 생긴 표현이다. 공정하지 않은 평가가 세대를 거쳐 전해 내려오며 종종 진실을 덮어버린다는 데 역사의 불공평함이 있다. 물론 역사는 공평하며, 그 공평함이 바로 드러나지 않더라도 언젠가는 진실이 밝혀지는 날이 온다.

오욕과 조롱 속에 1000여 년이 흐른 오늘 마침내 조조의 진실한 모습이 서서히 드러나고 있다. 이제 '간웅'의 꼬리표를 떼어버린 진짜 조조를 만나보자.

제 1 장

자신만의 안목을 키워라

농민봉기가 강대한 왕조를 휩쓸고 지나갔고, 빛을 보지 못하고 사라진 정변은 야만적인 군대를 낳았으며, 사나운 군벌은 중앙정부를 쥐고 흔들어 결국 와해시켰다. 이 모든 것이 난세를 사는 맹호에게 자신의 무대를 찾아 그 모습을 드러내도록 했다.

악인의 시대가 도래하다

후한 헌제 연간(189~220년)에 민요 한 곡이 유행했다.

"천리초는 푸르고 푸르구나. 열흘이 지나면 살지를 못하네(千里草何靑靑 十日卜不得生)."

이 노래에서 한자 '천리초'와 '십일복'을 합하면 동탁(董卓)이 되고, '하청청'과 '부득생'은 백성의 깊은 통한을 담아 그가 하루 빨리 죽기를 소망한다는 뜻이다. 이 민요는 동탁에 대한 백성의 평가로, 그가 정치와 사회에 끼친 부정적인 영향을 반영한다. 그렇다면 동탁은 과연 어떤 인물일까? 당시 사람들은 어째서 그토록 동탁을 원망했을까? 그는 당시 역사의 진행과정에서 어떤 역할을 했을까?

《후한서》〈동탁열전〉에는 그에 대해 이렇게 기록했다. "동탁의 자는 중영(仲穎)이며 농서 임조 사람이다. 성정이 거칠고 사나웠으나 지모가 있었다. 젊어서 강(羌) 땅에서 뜨내기로 지내면서 호걸들과 의리를 맺는 데 힘썼다. 나중에 고향으로 돌아와 밭을 경작했는데, 강 땅의 여러 호걸 가운데 따라온 자가 있어 동탁은 그를 위해 밭 갈던 소를 잡아 잔치를 열고 함께 즐겼다. 이에 감동한 호걸은 돌아가서 가축 1000여 마리를 거두어 동탁에게 주었다. 이로써 동탁은 의리 있는 사내로 이름이 알려지면서 양주 병마연에 제수되었다. 동탁은 완력이 대단해 양쪽에 늘 화살통 두 개를 차고 다니며 좌우로 활을 쏘아 강족이 모두 두려워했다. 항제 말에 육군(六郡)의 지체 있는 집안 자제들을 뽑아 우림군으로 삼았는데, 이때 동탁은 중랑장 장환 아래서 사마를 지내며 강족 반란군 진압에 나섰다. 이 공을 인정받아 낭중으로 승격되고 말 9000필을 하사받았다. 동탁은 '나는 아무것도 한 일이 없으며 공을 세운 이는 병사들이다'라고 말하며 상으로 받은 것을 병사들에게 나눠주었다."

동탁의 출신에 관해 기록한 이 글을 보면 동탁이 서북 변경에 살았고 그러한 성장 환경이 그의 담략을 단련해주었다는 것을 알 수 있다. 그는 무(武)를 대단히 숭상했으며 뛰어난 무예 실력을 갖추어 적과 친구들에게 부러움과 두려움을 함께 샀다.

동탁은 고대 중국 사회에서 밑바닥 하층민이 통치집단에까지 진출하는 과정을 대표적으로 보여준다. 귀족이 사회의 모든 우수한 자원을 독점한 상황에서 제대로 교육받지 못한 하층민이 신분 상승할 수 있는 길은 두 가지였다. 하나는 무예를 단련하여 군에 들어가 공을 쌓아 정계에 진출하는 것이고, 다른 하나는 환관이 되어 황제 곁에 머물며 중앙정부의 정책 결정에 영향력을 행사하는 것이다.

귀족들의 눈에 동탁처럼 군에서 쌓은 공훈을 인정받아 고위층에까지 오른 실권자는 경계의 대상이었다. 반면 어렵게 사회 고위층에 진출한 사람은 자신과 가족을 위해, 자신이 속한 집단의 이익을 위해 그리고 자신의 이익을 위해 온갖 수단을 동원할 수밖에 없었다. 사회의 하류층과 상류층 사이에는 항상 대립이 있었고, 이러한 대립은 질서정연한 봉건 질서에 순응하는 것으로 나타나거나 진승과 오광같이 농민봉기를 일으켜 모순을 해결하고자 하는 모습으로 표출되기도 했다. 이러한 대립은 또한 하류층에서 상류층으로 신분 상승한 신귀족과 기존 귀족의 대립 같은 통치 집단 내부의 다양한 투쟁으로도 나타났다.

동탁처럼 실력은 뛰어나지만 신분이 비천하여 정통 봉건 문화의 영향을 받지 않은 장수에 대해 후한 왕조는 줄곧 그 충성심을 의심했고, 재앙을 가져올지도 모를 불씨를 제거하려는 시도를 계속했다. 당시 동탁은 왕조에 반하려는 뜻은 없었지만 군대를 동원해 자신을 보호해야겠다고 생각했다. 그래서 군대를 어떻게 이용해 중앙정부와 거래할지, 어떻게 자신을 대신해 군대가 이익을 얻게 할지 계획을 세우고 때를 기다렸다.

동탁이 꾀를 써서 중앙정부를 농락하고 정권과 협상하려던 순간 예상치 못한 폭풍이 천재일우의 기회를 가져다주었다. 중평 6년(189년) 5월 13일에 영제가 서거하고 어린 황제 유변(劉辯)이 즉위했다. 그러나 황제의 나이가 너무 어린 탓에 권력은 사실상 하 태후에게 넘어갔다. 하 태후는 오빠 하진을 대장군에 임명하는데, 하진은 사례교위 원소(袁紹)와 모의하여 오랫동안 중앙정부를 장악해온 환관들을 주살할 계획을 세웠다. 그러나 오랜 세월 중앙의 대권을 잡아온 환관들은 그 세력이 만만치 않았고, 역부족이라고 생각한 하진은 외부세력을 빌려서라도 그들을 제거하기로 마음먹었다. 그즈음 지척에 주둔하고 있던 동탁의 강력한 군대가 하진의 눈에 들어왔다. 그의 비밀스러운 지령을 받은 동탁은 군대를 이끌고 중앙 내부의 다툼을 해결하는 데 힘을 보태기로 했다.

그러나 동탁의 군사가 도착하기 전에 하진은 정사를 농단하던 열 명의 환관인 십상시에게 속아 궁에 들어갔다가 죽고 만다. 이에 화가 난 원소는 황궁에 불을 질렀고, 몇몇 환관이 어린 황제와 진류왕 유협(劉協)을 데리고 교외로 달아났다. 이로써 낙양 전체가 혼란에 휩싸이며 상황은 걷잡을 수 없는 파국으로 치달았다. 그때 동탁은 3000여 군사를 이끌고 이미 낙양에 첫발을 내디뎠다. 한나라 400년 역사에 종지부를 찍을 '시대의 원흉'이 마침내 입성한 것이다.

동탁이 마음속에 어떤 생각을 품었는지 아는 사람은 아무도 없었다. 낙양에 입성한 후 그의 일거수일투족에서는 야심가의 명석함과 졸부의 우매함이 동시에 엿보였다. 사회 하류 출신인 탓에 상류 귀족에 대한 불만과 보복 심리가 꿈틀대는 한편, 사회 고위층으로 진입한 후에는 상류사회에 진입하려는 시도가 있었다. 주위 사람들을 예의와 겸손으로 대하는가 하면 잔악무도한 짓도 서슴지 않았다. 입성한 후 보여준 일련의 행동이 이렇듯 모순으로 가득했으니 동탁은 참으로 종잡을 수 없는 인물이었다.

외척과 환관이 모두 죽임을 당하고 고아와 과부만 궐에 남자 중앙에는 일시적으로 공백이 생겼다. 마침내 400년 역사를 이어온 통일 중국은 난세의 소용돌이 속으로 빠져들기 시작했고, 이는 역사의 풍운아에게 새로운 도전의 기회가 되었다. 오랫동안 전쟁을 계속하면서 경험을 많이 쌓은 동탁은 이 기회를 놓치지 않고 중앙에서 거물로서 자신의 지위를 다졌다. 동탁은 처음부터 계략을 완벽하게 세웠다. 그는 '칼끝에서 권력이 나온다'는 이치를 알기에 우선 자신을 강하게 만들어갔다.

당시 중앙에는 4개의 군사 세력이 있었다. 지도자를 따로 두지 않은 하진여부와 병주에서 올라와 수도방위 업무를 책임지는 정원집단, 권문세가인 원소가 장악한 서원팔영, 동탁의 서량군대가 바로 그들이었다. 이 중에 '굴러들어온 돌'인 동탁은 다른 세력보다 위세가 약했다. 동탁은 기선을 제압하기 위해 발빠르게 움직였다. 일정 규모의 군사들에게 4~5일 간격으로 낙양을 몰래 빠져나갔다가 이튿날 아침 깃발을 휘날리며 떠들썩한 북소리와 함께 다시 낙양에 입성하게 한 것이다. 병력을 끊임없이 보충하며 천군만마의 위용을 자랑하는 동탁군을 보면서 조정 관리를 비롯해 낙양 사람들은 그 강대한 세력에 놀라지 않을 수 없었다. 그리고 이후로 그 누구도 감히 동탁을 거스르지 못하게 되었다.

동탁은 죽은 하진의 부하 오광이 하진의 동생 하묘가 환관과 결탁하여 하진을 살해했다고 의심하는 것을 알고, 자신의 동생 동민과 손잡고 하묘를 죽이도록 오광을 부추겼다. 그렇게 하묘가 죽은 뒤 동탁은 병사 하나 희생시키지 않고 앉아서 하진, 하묘의 부대를 모두 휘하에 넣었다. 곧이어 동탁은 적토마를 미끼로 공명심과 부귀에 눈이 먼 여포(呂布)를 꾀어서 그의 상사 정원(丁原)을 죽이게 한 뒤, 수도방위 부대 역시 자신의 지휘 아래 두었다. 이렇게 해서 동탁은 마침내 낙양 최대의 군사력을 갖게 되었다.

동탁은 중앙정부와 상대하려면 '무(武)'만 뛰어나서는 어림없다고 판단하여 문무를 겸비해 자신의 위신을 드높이고자 했다. 그래서 낙양에 입성해 인재를 임용할 때 친분을 철저히 배제하고 능력을 중시했다.

집정 초에 동탁은 과거 환제 시절 환관에게 죽임을 당한 청류당 당수 진번과 두무 등의 억울함을 시정하고자 진번 등의 과거 작위를 회복시키고 그들의 자손을 승진시키는 한편, 많은 청류당 당원을 재임용하거나 승진시켰다. 예를 들어 이부상서 주필, 시중 오경, 상서 정공업, 장사 하유, 사공 오처사 등이 그들이었다. 인재를 등용하는 과정에서 보여준 동탁의 태도는 우수한 인재를 향한 목마름을 드러낸다. 당대의 대문학가 채치(蔡邕)는 동탁의 부름을 받지만 정치판에서 산전수전을 다 겪어 더는 정치에 발을 담그고 싶지 않아 일언지하에 거절했다. 그러나 동탁은 포기하지 않고 명을 받들지 않으면 가문을 멸족시키겠다고 위협한다. 결국 채치는 동탁의 명을 받아들인다. 동탁은 채치를 크게 환영하여 제주에 임명하고 존중했을 뿐만 아니라 관직을 계속 높여주었다. 사서에 따르면, 채치는 불과 3일 만에 상서, 어사, 알자 삼대(三臺)를 두루 거쳐 수종관에 이르기까지 고속 승진을 거듭했다. 그러나 이와 달리 동탁이 낙양에 입성할 때 함께했던 심복들은 교(校), 위(尉)급 군대 장령에 그쳤다.

권세가 날로 공고해지자 동탁은 본색을 드러내기 시작했다. 그는 우선 신구 세대교체를 선언하고 자신의 구미에 맞는 어린 황제를 내세웠다. 이 과정에서 동탁은 먼저 군사 분야의 또 다른 실력자인 원소와 상의했지만 원소는 출신이 비천한 동탁과 협상하기를 일언지하에 거절했다. 이에 동탁은 분개하여 "내가 당신을 중히 여겼거늘, 당신이 이와 같이 내 호의를 무시할 줄은 몰랐소. 오늘 내가 당신을 없애지 않으면 훗날 불씨가 되겠구려!"라고 노기를 띠며 말했다. 그러나 원소 역시 만반의 준비를 한 상태여서 제아무리 동탁이라도 경거망동하지는 못했다.

어느 날 회의를 하다가 동탁은 상나라 때 은나라 재상 이윤이 사치스럽고 거만한 태갑왕을 몰아냈다는 '이윤방태갑(伊尹放太甲)' 고사와 대신 곽광이 황음무도한 창읍왕을 폐했다는 '곽광폐창읍(霍光廢昌邑)' 고사를 멋대로 끌어다 붙이며 어린 황제를 폐하고 진류왕 유협을 천자로 옹립하겠다는 뜻을 내비쳤다. 함께 자리한 관리들은 분노하면서도 감히 아무도 입을 열지 못했으나, 상서 노식만이 반대 의견을 제기했다가 동탁에게 걷어차이는 수모를 당했다. 그 후 동탁은 자신의 뜻대로 어린 황제 유변을 폐하여 홍농왕이라 폄하하고, 유협을 황제로 세워 헌제로 삼았다.

동탁의 패악은 여기서 그치지 않았다. 구실을 만들어 폐위시킨 황제 유변을 죽이고 하 태후를 독살하더니 헌제에게 자신을 태위에 봉하도록 했다. 그런 후 정부 최고위층 인사들을 전격적으로 갈아치우자 후한의 권력은 대부분 동탁의 수중으로 들어갔다. 황제의 폐립이나 조정 대신의 임면, 중대정책 제정 등이 모두 동탁의 한마디에 좌우되었다.

한편 지방 세력들은 중앙의 권위에 불복하여 관할에서 벗어나려 했다. 먼저 지방의 각 제후들은 황제의 곁을 깨끗이 한다는 청군측(清君側)의 기치 아래 군사를 모았다.

동탁의 군사들은 대부분 관서의 강족 출신으로 배우지 못한 야만적인 부대였다. 이들은 처음에는 귀족 관료들에게서 재산을 빼앗고 대부호들의 식량을 약탈했지만 점차 눈에 거슬리거나 부유한 집 또는 마음에 드는 여자가 사는 집 등을 치안 유지 명목으로 함부로 쳐들어갔다. 이들 때문에 낙양 전체가 하루라도 편할 날이 없었고, 동탁에게 원망을 품지 않는 이가 없었다.

군사들이 자신의 이름을 더럽혀도 방관함으로써 그들의 충성을 유지해나가던 어느 날, 사건이 또 일어났다.

새 황제를 옹립한 후 동탁은 스스로 "천자가 수중에 있으니 만인을 아래에 두었다"는 말로 그야말로 실질적인 국가 최고지도자가 되었다. 그러나 양주 군인 출신인 동탁에게는 관직에 어울리는 배경이 없는 것이 중대한 약점이 되었다. 이는 그의 위신에 커다란 영향을 미쳤고, 자신도 그 사실을 잘 알고 있었지만 타고난 배경은 어쩔 수 없었다.

그런데 당시 풍습에 따르면 명문가와 혼인함으로써 신분 상승을 꾀할 수 있었다. 심사숙고하며 결혼 상대를 물색하던 동탁의 눈에, 작고한 도

료장군 황보규의 미망인 부풍 마(馬)씨가 들어왔다. 그녀는 지식까지 겸비한 여성이었다. 게다가 부풍 마씨 집안은 대대로 청렴한 것으로 덕망이 높았고 안정 황보씨 집안은 문무가 뛰어나, 양쪽 모두 양주의 명문가였다. 따라서 동탁이 마 부인을 취한다면 마씨 집안과 사돈이 될 뿐만 아니라 황보씨 집안과도 가까워질 수 있었다. 특히 고향 양주에서의 위신은 두말할 나위도 없이 높아질 것이 분명했다. 당시에는 과부를 취하는 것이 아무런 흠이 되지 않았다. 훗날 삼국의 군주 조조, 유비, 손권 역시 과부와 혼인했다는 기록이 있다.

동탁은 자신의 뜻대로 밀어붙였다. 동탁이 기세당당하게 마 부인에게 청혼했지만 그녀는 단칼에 거절했다. 동탁은 노하여 칼을 꺼내며 연약한 여인을 향해 "네가 좋든 싫든 받아들여야 한다!"라고 소리쳤다. 그러나 마 부인은 그 어떤 사대부보다 기개가 넘쳤다. 그녀는 갑자기 벌떡 일어나더니 동탁을 향해 "강족의 씨가 천하를 해치는구나"라고 호통쳤다. 아픈 곳을 찌르는 이 한마디에 동탁은 하늘에 닿을 듯 노기를 터뜨리며 그 자리에서 그녀를 베어버렸다. 이 사건으로 사대부들은 더욱 실망하여 동탁에게서 마음이 돌아섰고, 그를 제거하려는 계획을 세웠다.

초평 원년(190년)에 기주자사 한복, 연주자사 유대, 예주자사 공백, 남양태수 장자와 원소 등 10여 명이 군사를 일으켜 동탁에 반대하고 나섰고, 이를 시작으로 대규모 반동탁 움직임이 일어났다. 동탁을 제거하려는 음모가 점차 진행되면서 지방은 갈수록 중앙에 불복하고, 중앙은 내적인 소모에 지쳐가며 혼란은 가중되었다. 서서히 난세가 시작되고 있었다.

조조의 정치 입문

천하가 어지럽고 군웅이 할거하며 역사가 또 다른 난세의 길로 접어들 무렵, 한 사람이 점차 세력을 떨치기 시작했으니 그가 바로 조조다. 조조는 오랫동안 후한 정권을 장악했고, 후한의 마지막 황제 헌제는 아무런 일도 할 수 없었다. 더욱이 조조의 아들 조비(曹丕)는 등장하면서부터 '양위'라는 시대적 '쇼'를 하며 한나라 400년 통치를 철저하게 끝냈다. 이뿐만 아니라 후대에 쓰인 소설의 영향으로 사람들은 늘 색안경을 끼고 조조를 간사함, 음흉함과 연관시키며 간웅의 대명사로 여기게 되었다. 역사 속 실제 조조는 과연 그러한 인물이었을까?

역사 속 조조와 세인의 눈에 비친 조조는 차이가 크다. 후한 말 사방에서 군웅이 들고일어나 천하를 다투며 제각기 소왕국을 세우던 난세 속에서 조조는 한나라 왕조를 지키고자 노력했다. 적어도 역사 무대에 등장한 초기의 조조에게서 간웅의 그림자는 조금도 찾아볼 수 없었다. 오히려 그는 한나라의 견고한 수호자이자 충성스러운 신하였다.

조조는 할아버지 덕에 정계에 입문했다. 사실 조조의 구체적인 가계는 정확하게 알려지지 않았다. 《삼국지》의 기록에 따르면 조조의 원조는 황제(黃帝)까지 거슬러 올라가며, 한나라의 개국공신 가운데 한 사람인 조참이 그의 조상이라고만 나와 있다. 이는 그의 집안이 별 볼일 없는 가문이었음을 말해준다. 또 다른 기록을 보면, 조조는 출신이 비천하며 원래 성은 하후(夏侯)인데 그의 부친 조숭(曹嵩)이 환관 조등(曹騰)의 양자로 들어가면서 조씨 성으로 바꾼 것이라고 한다. 가문을 중시하는 후한시대에 환관의 손자라면 상당히 높은 지위였다.

후한시대는 환관과 외척이 돌아가며 정권을 장악하고 서로 결탁하여 자신들의 세력을 확장하는 데 열을 올리던 때였다. 조등은 4대에 걸쳐 황제를 모신 환관의 우두머리였으므로, 그 손자 역시 쉽게 관료로 나설 수 있었다. 조조의 가문이 어떠했든, 그가 어떤 경로로 정계에 발을 들여놓았든 간에 초기 조조의 행보는 칭찬할 만했다. 청년 조조는 사냥개 같은 충성심, 여우같은 교활함, 생쥐처럼 물러날 때를 아는 지혜로움을 두루 갖춘 사람이었다.

175년에 20세가 된 조조는 관리로 천거되어 낙양 북부위에 제수되었다. 당시 낙양에서는 세력가들이 판을 치고 환관과 종친들이 전횡을 일삼았다. 밤이 되면 노략질이 횡행하고 힘없는 백성을 괴롭히는 간악한 무리가 날뛰었다. 그러한 곳에 새로 부임한 조조는 사회 혼란을 일소하고자 야간 통행금지를 명한 뒤, 네 곳에 있는 위문의 양쪽에 오색봉을 몇 개씩 걸어두고 명령에 반하는 자가 있으면 누구든 그것으로 때려죽이라고 했다.

한번은 황제가 총애하는 환관 건석의 숙부가 야간 통행금지를 위반해 조조에게 맞아 죽은 일이 생겼다. 그 후로는 누구도 감히 법을 어기지 못했고 낙양의 치안은 크게 나아졌다. 토사호비(兎死狐悲), 즉 토끼가 죽자 여우가 슬퍼한다고 했던가? 환관 집단 전체가 조조의 행보에 불만을 품었지만 이러한 지시는 환관에 대한 관료들의 요구에 부합하는 것이었을 뿐 아니라, 그의 뒤에는 할아버지인 대환관 조등이 있었기에 어쩌지 못했다. 할 수 없이 그들은 조조를 연주 동군 돈구현 현령인 돈구령에 임명함으로써 이 눈엣가시를 정치 중심에서 떠나보냈다.

그 후 조조의 정치 인생은 파란을 맞았지만 한나라에 대한 충성심만은 변치 않았다. 그러다가 매부 송기(宋奇)가 반역사건에 휘말려 죽는 일이 일어났고, 조조 역시 이에 연루되어 관직을 박탈당했다. 그러나 오래지 않아 복위되어 의랑에 임명되었다. 아마 조씨 집안의 인맥과 그 자신의 역량이 복합적으로 작용한 것으로 보인다. 의랑은 선악을 분별하여 황제에게 진술하는 일을 맡은 간관의 직책이었다.

조조는 환관과의 관계를 등에 업고 관직에 올랐지만 오히려 환관들과 투쟁하는 관료의 처지에 놓이게 되었다. 그는 환관과 용감하게 투쟁하다 화를 당한 두무, 진번 등을 동경하여 그들처럼 수차례 상서를 올려 환관들의 죄악을 폭로했다. 또 치국 방향과 현 정치에 대한 일련의 건의사항을 문장으로 적어 올리기도 했다. 그러나 안타깝게도 이에 대해서는 어떠한 답도 돌아오지 않았다. 이때 조조는 황제와 환관이 한통속이라는 것을 깨닫고 후한 정권에 크게 실망해 이후로 다시는 상서를 올려 스스로 실망할 일을 만들지 않았다.

184년, 후한 왕조에 치명타를 입힌 황건적의 난이 일어나자 통치집단 내부도 크게 동요하기 시작했다. 외부의 압력에 서로 으르렁대던 외척과 환관은 손을 잡고 공동의 적에 대항했다. 하는 일 없이 한가롭게 보내던 조조는 기도위에 책봉된 뒤 영천 일대에서 황건적 진압에 나서 그들을 대파하고 수만 명을 참수했다. 그 공을 인정받아 제남상으로 승진한 조조는 다시 한 번 의욕을 불태웠다.

조조는 지방에서도 매우 엄격하게 법을 집행했다. 조조는 제남을 잘 다스려 백성들이 잘 사는 땅을 만들고 싶었다. 제남에는 10여 개의 현이 있었는데 각 현의 수령들은 세력을 등에 업고 거리낌 없이 비리를 저지르고 있었다. 전임 제남상이 그런 것을 모른 척 눈감아준 것이다. 조조가 새로 부임하면서 단번에 수령 8명의 파면을 상주하자 제남은 크게 동요했고 탐관오리들은 도망치기에 바빴다. 조조가 제남상을 지내는 동안 이룬 가장 큰 치적은 불법으로 지은 사당을 불태워 낡은 풍습과 습관을 바로 세우고자 한 것이다.

이 지역에서는 경왕 유장(劉璋)이 자신의 봉지에 사당을 세우고 미신 활동을 일삼았다. 그러자 청주의 관리들도 앞 다투어 이를 따랐다. 그중에서도 제남이 특히 심해 사당이 수백여 개에 이르렀다. 일부 상인과 조정 관료들이 백성의 고혈을 착취해 사치스러운 생활을 즐김에 따라 백성의 삶은 날로 찌드는데 관리들은 그들의 작태를 보고만 있었다. 조조가 부임한 후 이들 불법 건축물은 모두 소각되었고, 관리와 백성을 불문하고 사철 제사를 금함으로써 제물을 낭비하고 풍속을 해치는 행위를 근절했다. 정치와 종교가 바로 서니 일순간 군(郡) 전체가 편안해졌다.

그러나 그동안 안일한 생활에 젖어 있던 관료들은 앞에서는 고분고분 말을 잘 듣는 시늉을 하면서 뒤로는 어전에 직접 보고를 올려 조조를 음해했다. "군중의 입은 쇠를 녹이고, 비방은 쌓여 뼈도 녹인다"라고 하지 않던가. 비방이 계속되자 황제의 머릿속에도 조조는 점차 부정적인 인물로 각인되었다. 이즈음 자신이 관직에 오래 머물 수 없음을 감지한 조조는 처음으로 이 정권이 얼마나 갈 수 있을지에 대해 회의를 품기 시작했다. 어쨌든 그런 수없는 비난에도 조조는 아버지 조숭이라는 든든한 배경이 있었기에 큰 화를 피할 수 있었다. 조정에서는 승진이라는 명목을 내세워 녹봉 2000석의 동군태수로 임명했지만 조조는 몸이 아프다는 핑계로 관직을 고사하고 고향으로 돌아와 독서와 사냥을 하며 세월을 보냈다. 그러나 조조는 한시도 나라의 일을 잊지 않고 백성을 걱정하며 때가 오기만을 기다렸다.

187년에 기주자사 왕분, 남양 허유, 패국 주정 등은 영제를 폐할 음모를 짜고 조조에게 힘을 보태라고 요청했지만 그는 한마디로 거절했다. 황제 폐립은 천하에 가장 상서롭지 못한 일이라는 이유에서였다. 왕분과 허유 등 천자의 폐립을 시도하는 사람들은 역사상의 몇몇 성공 사례만 보고 현실적인 어려움은 보지 못해 쉽게 성공을 점쳤다. 명분이 바르지 못하면 말이 이치에 맞지 않는다. 당시 중앙에 맞선 명분 없는 지방의 대항은 성공할 수 없었다. 폐립 음모는 실패로 끝나 허유는 도주하고 왕분은 자살했다.

집에서 한가로이 세월을 보내던 조조는 188년 낙양을 호위하는 서원의 전군교위에 임명되었다. 이는 황건적의 난을 진압할 때 보여준 탁월한 공적에 힘입은 바도 있지만, 그가 일관되게 외척과 조정 대신들의 편에 섰던 것과도 관련 있었다. 환관과 외척의 새로운 힘겨루기 과정에서 인재를 찾고 있던 대장군 하진에게 신의 있고 경험이 풍부한 조조가 눈에 들어온 것이다. 조조는 이를 기꺼이 수락했다. 대장군 하진은 자신의 누이가 태후가 되면서 신분이 급상승한 인물로, 자신을 비롯한 외척이 조정을 장악하려면 환관 세력을 뿌리 뽑아야 한다고 생각했다. 하지만 태후의 반대에 부딪혀 이러지도 저러지도 못하다가 원소, 조조 등 뜻을 함께하는 이들과

이 문제를 상의하게 되었다. 이때 원소가 한 가지 방안을 제안했다. 외지의 장수들을 비밀리에 소집해 입성시켜 하 태후에게 환관을 주살하도록 압력을 가하자는 의견이었다. 그러나 조조는 문제를 더 간단하게 풀었다. 환관 우두머리 몇을 잡아 옥관에게 넘기고 죄를 심문한 뒤 법에 따라 엄정히 처벌하면 된다는 것이었다.

"군이 외부 병력까지 끌어들일 필요가 있겠습니까? 그냥 본보기로 타당한 이유를 들어 환관 우두머리를 죽이면 만사가 분명해질 텐데요. 저는 앞서 말한 방법이 반드시 실패할 것이라고 생각합니다."

조조가 이렇게 자신 있게 말한 이유는 지방 세력이 혼란을 조장하는 화근이라는 것을 잘 알고 있었기 때문이다. 사실 외부 병력을 끌어들이는 것은 늑대를 집 안에 들이는 것과 다를 게 없었다. 그러나 안타깝게도 하진은 조조의 정확하고 예리한 의견을 귀담아듣지 않았다. 결국 하진은 자신의 목이 잘리는 결과를 자초했을 뿐만 아니라 야심으로 가득한 동탁이 왕실을 위해 충성한다는 미명 아래 중앙을 온통 휘젓고 다니게 만들었다.

조조는 동탁을 탐탁지 않게 여겼고, 그와 의기투합하려는 생각은 추호도 없었다. 그러나 동탁은 조조를 기어코 자신의 편으로 만들고자 했다. 나관중이 쓴 《삼국지연의》에는 출처가 확실하지 않은 이야기가 있다. 바로 조조가 동탁을 칼로 찔러 암살하려다가 상황이 여의치 않자 임기응변을 발휘해 좋은 칼을 바치려 했던 것이라고 둘러대고는 서량의 말을 타고 곧장 도망쳤다는 것이다. 이 일이 있은 후 동탁과 조조는 죽음도 불사하는 대립관계가 되었다고 한다. 그러나 정사에 따르면 동탁을 암살하려 한 인물은 따로 있으며, 동탁이 조조를 영입하려고 했는데 그가 거절하자 지명 수배자로 만들었다고 한다.

전하는 바에 따르면 조조는 그렇게 도주한 뒤 노숙하며 온갖 고초를 겪다가 부친의 친구 여백사(呂伯奢)의 집에 이르렀다. 자신을 찾아온 옛 친구의 아들을 보고 가슴이 뭉클해진 여백사는 조조를 따뜻하게 맞아주며 편히 쉬도록 했다. 그리고 기쁜 마음으로 그를 위해 술과 고기를 준비했다. 여백사가 친히 술을 받으러 간 사이, 잠시 졸다가 깬 조조는 "묶어서 죽이는 것이 어떨까?"라는 말을 자기를 죽이겠다는 의미로 잘못 알아들었다. 그래서 먼저 치는 편이 유리하다는 생각에 당장 칼을 뽑아 그 집안 식솔들을 모조리 죽였다. 부엌으로 들어가 아직 빽빽 우는 돼지를 발견하고 나서야 비로소 자신의 실수였음을 깨달았지만 이미 때는 늦었다. 조조는 이렇게 외쳤다.

"내가 세상을 저버릴지언정 세상이 나를 저버리지는 못한다!"

다시 도주의 길에 오른 조조는 술을 사오던 여백사와 맞닥뜨렸다. 조조는 그가 집에 돌아가 처참한 상황을 보면 진상이 드러날 것이 두려워 그마저 죽였다.

이 사건은 조조가 저지른 악행의 중요한 예가 되었다. 그러나 현존하는 역사 자료마다 이를 서로 다르게 기록했다. 《세설신어》는 조조가 스스로 동탁의 명을 어기고 왔으므로 그들이 자신을 죽이려는 것으로 의심해 검으로 8명을 죽이고 갔다고 기록했다. 《잡기》에는 "식기 소리를 듣고 자신을 죽이려는 줄 알고 밤중에 그들을 죽였다"라는 기록이 있다. 어느 것이 진실이든 간에 도주하던 조조의 초조하고 처량한 모습은 충분히 상상할 수 있다.

조조, 적수를 물리치다

　고향으로 돌아온 조조는 동탁을 토벌하기 위해 자신의 가산을 모두 털어 병사 5000명을 모집했다. 《세설신어》에 따르면 이때 그는 처음으로 외부의 '투자'를 받았다. 중평 6년(189년) 진류의 효렴 위자(衛玆)가 조조의 반동탁 '정의 사업'에 기부한 것이다.

　190년 1월에 원술, 한복, 공주, 유대, 왕광, 원소, 장막, 교모, 원유, 포신 등이 동탁을 토벌하고자 군사를 일으키면서 원소를 맹주로 추대했다. 조조 역시 군사를 이끌고 달려왔다. 그러나 연합군과 동탁의 전쟁은 한바탕 '쇼'가 되고 말았다. 사람이 나이 들면 젊은 시절의 충동이 사라지는 대신 부귀영화를 누리는 데 익숙해져 죽음을 두려워하기 마련이다. 동탁은 관동의 연합군이 쳐들어온다는 소식을 듣고는 도주하는 것이 상책이라 생각했다. 동탁은 헌제를 협박하여 낙양의 수십만 백성을 이끌고 폐허의 도시 장안으로 이동함으로써 자신의 후방 기지를 구축하고, 이에 상응하는 위치로 군대를 움직였다. 고향에 돌아가고 싶어 하는 백성을 철저히 봉쇄하고 관동연합군의 보급로를 차단하기 위해 동탁은 견벽청야(堅壁淸野) 전략을 썼다. 사방에 불을 질러 낙양 주위 수백 리 지역을 무인지대로 만든 것이다. 한편 관동연합군은 동탁이 이끄는 양주군의 기세에 겁을 집어먹고 10만여 대군을 모두 산조 일대에 주둔시켰다. 연합군 중 누구 하나 낙양으로 들어가려고 시도하지 않았다.

조조는 동탁이 궁을 태우고 천자를 납치하여 나라를 뒤흔든다는 생각에 그와 결전을 벌일 기회만 엿보고 있었다. 하지만 제후들은 싸울 의지가 없어 보였다. 화가 난 조조는 얼마 안 되는 자신의 군사만을 이끌고 서진했다. 하남 형양에 이르렀을 때 동탁의 부장 서영(徐榮)과 만난 조조는 격전을 벌였다. 조조의 군대는 처참하게 패했고, 그 자신도 화살을 맞아 부상을 입고 말았다. 운이 없으려니 말도 격렬한 전투를 견디지 못하고 죽어버렸다. 사촌동생 조홍(曹洪)이 그에게 말을 빌려주지 않았더라면 이 난세의 영웅은 출사표를 던져보기도 전에 죽을 뻔했다.

조조가 천신만고 끝에 산조로 도주해서 보니 제후들은 날마다 연회를 베풀고 술과 노래에 취해 있었다. 그 모습을 본 조조는 화가 치밀었다. 그러나 그는 당시 형세를 날카롭게 분석하고 있었다. 그래서 무관(武關)으로 들어가 동탁을 포위함으로써 전세를 역전해보자는 자신의 전략을 이야기했다. 조조는 애써 앞날의 계획을 이야기했지만 사심을 품고 모인 관동연합군이 그와 같은 배를 탈 리 없었다. 조조는 그런 제후들에게 더 기대할 것이 없음을 알고 병사를 모으기 위해 양주로 발길을 돌렸다.

연합군이 산조에 주둔하는 사이, 식량은 바닥나고 병사들은 뿔뿔이 흩어졌다. 게다가 얼마 지나지 않아 제후들끼리 마찰이 생겨 다툼이 일어나자 관동 일대는 대혼란에 빠졌다. 이런 상황을 지켜보며 동탁은 희희낙락하면서 편안한 날을 보냈다. 그러나 그런 날이 오래가지는 못했다. 날이 갈수록 포악한 성격을 드러내던 동탁에게는 적이 점점 늘어났고, 마침내 초평 3년(192년) 장안에서 사도 왕윤과 여포의 손에 죽음을 맞는다. 정권을 잡은 왕윤은 뜻은 크지만 능력이 없는 인물이어서 동탁의 부하를 해산하지도 포용하지도 못했다. 그 결과 동탁의 부장이던 이각, 곽사 등이 장안을 공격하여 왕윤을 죽였고, 여포는 도주했다. 이렇게 싸움이 번지면서 관중 지역 역시 전란의 소용돌이에 빠졌다. 바야흐로 군웅할거의 시대가 막을 연 것이다.

제후들이 정권을 다투고 있을 때 조조는 포부를 품고 병사 4000여 명을 모아 용항으로 떠났지만 일이 뜻대로 풀리지 않았다. 병사들은 군대를 이탈해 도주했고, 심지어 밤중에 조조의 막사에 불을 지르고 그 틈에 재물을 훔쳐 달아나려는 자들까지 있었다. 곤경에 처한 조조는 육탄전을 벌이며 막사를 빠져나왔다. 결국 조조는 몇몇 측근의 도움을 받아 500여 명만을 인솔하여 건평으로 이동한 뒤, 그곳에서 다시 1000여 명을 모았다. 병력이 워낙 적다보니 조조는 황건적 잔당과 소소한 전투를 벌이며 군력을 다듬고 실력을 키워갈 수밖에 없었다. 189년 낙양에서 황급히 도주한 후 192년 천하를 두루 다니기까지가 그에게는 더없이 곤궁한 시절이었다. "호랑이가 위세를 부리지 않으면 병든 고양이로 여긴다"는 말처럼 평지에 내려온 호랑이 조조도 그저 병든 고양이 취급을 받았다.

192년, 그에게도 마침내 기회가 왔다. 청주 황건적이 5만 규모로 세를 불려 연주 일대를 주름잡고 있었다. 연주자사 유대는 자신의 직분에는 충실했지만 책략이 부족한 인물이었다. 그는 "칼날을 피하고 그 날카로움을 무디게 하라"는 제북상 포신(鮑信)의 충고를 받아들이지 않고 의욕만 앞세워 사기충천한 황건적과 무리하게 싸우다가 결국 목숨을 잃고 말았다. 연주 땅은 순식간에 주인을 잃었다. 이때 조조의 책사 진궁이 기회를 놓치지 않고 연주 땅으로 달려가 조조에 관해 과장해서 떠들어댔다. 황건적이 득세하여 판을 치는 세상에 벌벌 떨며 불안해하던 때에 자신들을 이끌어주겠다고 나선 이가 있으니 연주 사람들에게 조조는 구세주나 다름없었다.

이렇게 양측의 이해가 맞아떨어지면서 조조는 쉽게 연주목이 되었다. 반년 동안의 밤낮 없는 줄다리기 전투 끝에 조조는 끝끝내 황건적을 격파했다. 투항한 30여 만의 군사를 포함해 연주의 인구는 100여만 명에 이르렀다. 그 가운데 정예를 뽑아 군대를 조직하고 '청주병'이라 불렀다. 이리하여 조조는 마침내 자신의 근거지와 군대를 얻고 100만에 가까운 노동력을 확보하여 중원 쟁탈의 밑천을 마련했다.

이렇듯 순식간에 자신의 근거지와 군대까지 보유하게 된 조조는 곧이어 원소와 연합해 회남의 원술과 서주의 도겸까지 격파했다. 이즈음 그는 전란을 피해 태산화현에 있던 부모형제를 데려오기로 했다. 그러나 이 결정으로 조조는 오히려 자신의 가족을 처참한 죽음으로 내몰고 말았다. 이일로 한바탕 재난이 벌어지며 10만 명에 가까운 백성이 목숨을 잃었고, 조조의 잔인무도한 일면이 세상에 적나라하게 드러났다. 게다가 조조 자신도 구사일생으로 목숨을 건졌다.

이의 구체적인 정황을 두고 여러 가지 설이 난무한다. 일설에 따르면 조조가 태산 태수에게 부모형제를 데려오라고 명했는데 서주 도겸이 선수를 쳐 수천의 기병을 조조의 집으로 보냈다고 한다. 그런데 조숭은 조조가 보낸 사람들인 줄로만 알고 아무 준비 없이 이들을 맞았다가 변을 당했다는 것이다.

또 다른 설에 따르면, 조숭은 관직을 지내며 재산을 많이 모았는데 조조가 보낸 편지를 보고 이사하기 위해 짐을 꾸리니 엄청난 수레 부대가 되었다고 한다. 이들이 서주 땅을 지날 때 도겸은 조조에게 잘 보이고 싶어 도위 장개를 시켜 200명의 기병으로 그들을 호위하게 했다. 그러나 사태는 도겸의 의도와는 다르게 흘러갔다. 그 어마어마한 재산을 보는 순간 장개가 변심하여 조숭 일가를 몰살시키고 재산을 훔쳐 회남의 원술에게 도망갔다는 것이다.

어느 설이 옳든 부모형제가 도겸 때문에 죽었다고 여긴 조조는 대군을 끌고 가 서주를 처참히 짓밟았다. 그의 군대가 지나간 곳에는 닭 한 마리, 개 한 마리 남지 않았고, 백성 역시 잔인하게 살해되어 성 안팎에서 사람의 그림자를 찾아볼 수 없었다. 도겸은 벌벌 떨며 성에 숨어 감히 맞서지 못했다.

일찍이 동탁과의 전투에 참가했던 진류태수 장막과 조조의 부장 진궁은 조조가 무고한 양민까지 무차별 살육하는 데 불만을 품었다. 이들은 결국 조조를 배신하고 일전에 장안에서 도주한 뒤 여기저기 떠돌던 여포를 연주목으로 맞이했다. 순식간에 연주 각지가 이에 호응했고 세 현만이 조조의 휘하에 남았다. 조조는 이 소식을 듣고 불같이 화를 내며 서둘러 서주로 돌아와 복양에서 여포와 교전을 벌였다. 조조는 조급한 마음에 무리하게 진격을 시도했고, 양군의 대치 상황이 계속되었다. 그러다가 여포의 화공이 성공하면서 청주병은 크게 타격을 입었다. 기세를 등에 업은 여포의 군대가 조조 진영을 포위한 뒤 조조에게 "조조가 어디 있느냐?"고 물었다. 그러자 영악한 조조는 황색 말을 탄 한 교위를 가리키며 "저 사람이 바로 조조다"라고 대답했다. 여포군이 그 말에 속아 가짜 조조를 잡으러 간 틈에 조조는 소리 없이 진영을 빠져나갔다.

양군의 대치가 계속되자 조조는 치고 빠지기를 계속하며 결국에는 여포를 대파하고, 여포는 서주에서 세를 불려가던 유비(劉備)에게 몸은 의탁했다. 그해 10월 헌제가 조조를 연주목에 임명하면서 명분이 분명해졌다. 조조는 진류에서 병사를 일으켜 흥평 2년(195년)에 여포, 장막을 연주에서 몰아내고 마침내 자신만의 공고한 근거지를 확보한 것이다. 이로써 조조는 군웅을 정리하고 천하를 호령하기 위한 견실한 기초를 마련했다. 병든 호랑이가 마침내 예리한 발톱을 드러낸 것이다.

한편 유명무실한 헌제는 관중 군벌들이 서로 다투는 사이, 남의 눈치만 살피며 그들에게 좌지우지되는 신세에서 벗어나고자 낙양으로 귀환을 시도했다. 우여곡절 끝에 폐허가 된 낙양에 도착했을 때 귀하신 천자의 행색은 아무것도 가진 것 없는 거지와 다를 바 없었다. 이때 대군벌 원소는 헌제를 받아들이려다가 식견 얕은 한 참모의 말에 생각을 바꾸었다. 그런데 세력은 아직 약했지만 한나라 황실에 충성심이 있던 조조는 헌제가 그 이름만큼이나 이용 가치가 크다고 판단했다. 그래서 196년 1월, 조조는 무평으로 진격한 후 전란이 아직 끝나지 않았다는 이유로 조홍을 보내 헌제를 모셔오도록 했다. 2월에 조조는 계속해서 진군해 여남과 영천의 황건적 하의, 유벽, 황군, 보만 등의 군대를 격파하며 낙양으로 가는 통로를 열고, 헌제를 알현해 선물을 바쳤다. 헌제는 아무런 힘도 없는 허수아비였지만 그래도 황제였다.

헌제는 조조에게 인심을 많이 써 유명무실한 작위들을 내렸다. 우선 그를 건덕장군에 봉했다가 그가 병기를 아낀다는 이유로 녹상서사로 임용했고, 9월에는 대장군으로 승진시켜 무평후로 삼았다. 낙양은 폐허로 변해 몸 둘 곳이 없고 제후들마다 호시탐탐 노렸기에 조조는 헌제를 자신의 본거지인 허창으로 맞아들였다. 조조는 천자를 등에 업고 제후를 호령하며 조정 군정의 대권을 마음대로 주물렀다.

조조가 한나라 천자의 깃발을 들고 이를 명분으로 제후 토벌에 나서자 원소는 뒤늦게 깨달은 바가 있어 천자를 모셔올 준비를 했다. 이에 조조는 헌제가 자신에게 내린 대장군 칭호를 자발적으로 원소에게 줌으로써 북방의 어려운 상대를 일단 진정시켰다. 그러고는 중원 이남의 군웅을 소멸시킬 전투를 시작했다.

197년 1월, 조조가 완성을 공격할 때 장수가 투항해왔다. 그런데 조조가 장수의 숙부 장제의 미망인을 마음에 두어 첩으로 맞으려 하자 장수는 펄펄 뛰며 조조를 공격했다. 첩을 들일 생각에 들떠 있던 조조는 뜻밖의 화살을 피해 황망히 도망갔지만 장자 조앙과 조카를 잃고 말았다. 그러나 조조는 재빨리 병사를 일으켜 반격하여 장수의 군대를 대파했다.

얼마 후 원술이 황제를 칭하고 나섰다. 그러자 헌제를 정통 황제로 모시던 조조가 이를 가만히 두고 볼 리 없었다. 그는 즉시 출병하여 원술의 군대와 교전을 벌였고 황제를 자칭한 원술은 크게 패했다. 전란을 틈타 형주에 본거지를 둔 유표와 완성의 장수가 노략질을 계속하자 조조의 심기가 매우 불편해졌다. 198년 3월, 조조가 돌아와 하남 등현에서 장수와 유표의 연합군을 대파하자 이 둘은 다시는 시비를 걸지 못했다.

한편 서주에서 유비에게 몸을 의탁하고 있던 여포는 유비를 배신하고 서주를 차지한 뒤 점차 세력을 키워갔다. 여포가 힘을 더 키우는 것을 막기 위해 조조는 직접 출정하여 여포의 진지를 겹겹이 에워싸고 밤낮으로 공격했다. 기수와 사수의 물길을 옮겨 성을 무너뜨리고 여포, 진궁 등을 죽이니 이로써 남방 지역에는 조조를 상대할 적수가 없게 되었다.

이때 북방의 원소는 조조 세력이 날로 커지는 것을 보고 남하하여 그와 겨루고자 했으니, 조조와 원소의 충돌은 피할 수 없었다. 199년 8월, 조조는 군사요충지인 여양으로 진군하여 원소와 결전할 태세를 갖추었다. 조조는 군사를 나누어 일부는 관도를 지키게 하고 자신은 허창으로 돌아와 후방을 단단히 했다. 조조는 궁정 반란을 평정하고, 어지러운 틈에 서주로 도망간 여포를 섬멸함으로써 내우외환을 모두 제거했다. 이로써 원소와의 결전에 온 힘을 집중할 수 있게 되었다.

200년이 되자 원소와 조조의 전쟁은 일촉즉발의 국면으로 치달았는데 전세는 조조에게 불리했다. 원소는 대대로 관직을 역임해 4대에 걸쳐 고위 관료를 배출한 명문 집안 출신이었다. 반동탁 연합군이 해산된 후 세력을 끊임없이 확장한 원소는 4개 주에 해당하는 넓은 땅을 차지했고, 수하에 맹장을 많이 거느리고 있었다. 이와 비교하면 조조는 산동의 연주와 하남의 일부 지역만 차지했을 뿐이고 군대의 양식도 부족했다.

그러나 조조는 원소가 도량이 좁고 인재가 있어도 제대로 활용할 줄 모르는 인물임을 잘 알고 있었다. 게다가 원소의 군대 내 법제가 엄격하지 않고, 상하가 마음이 맞지 않고 갈등이 심해 방대한 규모에 걸맞은 폭발력을 갖추지 못했다. 하지만 조조에게는 규모는 작아도 수차례 전투를 거치는 동안 단련된 경험 있는 문무관들이 있었고, 이들은 군신의 구분도 상하의 구분도 없이 결속력이 강했다. 그런 까닭에 원소가 공세를 펼치려는 움직임을 보일 때도 조조는 원소 군대를 섬멸할 자신이 있었다.

200년 2월, 원소는 곽고, 순우경, 안량 등을 보내 백마에 주둔한 동군태수 유연을 공격하라고 시키고, 자신은 병력을 이끌고 여양으로 이동했다. 그해 4월 조조군이 유연을 지원하고 나섰다. 순유의 계책에 따라 조조군은 백마에서 원소군에 대승하고, 안량을 참수했다. 3개월 후 관도전투에서 원소군과 싸우던 조조는 일부러 수레를 여기저기에 버려두어 모든 것을 버리고 뿔뿔이 도망친 것처럼 꾸몄다. 이에 원소군이 마음 놓고 사방으로 흩어져 전리품을 다툴 때 수백의 조조군이 갑자기 밀어닥쳐 원소군을 대파했고, 장수 문추를 죽였다. 원소의 용장인 안량, 문추가 차례로 죽자 원소군의 사기는 순식간에 바닥으로 떨어졌다. 8월에 원소군과 조조군은 수십 리를 사이에 두고 대치했다.

대치가 장기화되면서 원소는 자신의 생각만을 고집했다. 허창을 공격하자는 허유의 건의를 여러 차례 묵살하고 직접 조조의 후방을 쳐 식량 기지를 강화하고자 했다. 원소군의 내부 갈등이 심화되면서 참모 허유가 조조 편으로 돌아섰다. 그는 원소군의 사정을 조조에게 낱낱이 고하며 원소군의 식량 기지를 직접 공격하라고 건의했다. 조조는 보병과 기병 5000명을 직접 인솔하여 한밤중에 순우경 진영을 급습함으로써 원소군을 대파하고 순우경 등을 참살했다.

한편 순우경 진영이 섬멸되었다는 소식에 원소가 부하들의 공격력 부족을 질타하자 장합과 고람이 조조군에 투항했고, 조조는 이 기세를 타 대대적인 공격을 감행했다. 원소군의 식량이 모두 타버리고 장령들이 죽거나 항복하면서 원소군 전체가 대혼란에 빠졌다. 원소는 장자인 원담 등과 함께 황망히 북쪽으로 도주했고, 7만 명이 넘는 원소군은 섬멸되었다.

조조는 이렇게 자신의 최대 적수를 물리치면서 최강의 군사력을 바탕으로 절대자로 등극했고, 누구도 그에게 감히 대적하지 못했다.

얕은꾀와 큰 지혜

조조에게 패전의 경험이 전혀 없는 것은 아니다. 208년의 그 유명한 적벽대전 외에도 조조가 전투에서 패한 경우는 적지 않다. 남방의 손권(孫權), 서남부 일대의 유비, 서량의 마초(馬超)에게는 물론이고, 용맹하나 계략이 부족한 여포와 대전했을 때도 크게 패하여 떠돌이 개와 다름없는 신세로 전락하기도 했다. 그러나 일련의 힘겨루기를 거쳐 마침내 회남을 거점으로 한 원술, 명문가 출신으로 4개 주를 장악한 원소, 넓고 기름진 땅형주를 다스리던 유표(劉表), 인중여포 마중적토(人中呂布 馬中赤兎), 즉 사람중에는 여포, 말 중에는 적토마라 할 만큼 뛰어난 용맹을 자랑하던 여포, 그 이름만 들어도 벌벌 떨게 한 서량의 맹장 마초 등이 차례로 조조의 손에 무너졌다.

훗날 흥미진진한 전투로 유명한 적벽대전에서 천하를 삼분했던 당사자 가운데 한 명인 손권은 아버지와 형의 후광에 힘입어 강남 일대를 다스렸을 뿐이고, 일찍이 조조에게 의탁한 바 있는 유비는 서남 지역에서 사촌형제와 땅을 놓고 다투는 것에 만족해야 했다. 한때 전성기를 구가한 제후들도 하나같이 조조 앞에서 힘없이 죽음을 맞거나 요행히 살아남더라도 조조의 세력권 안에서 마음을 졸이며 살아야 했으니 조조는 그야말로 사실상의 승리자이자 절대 권력자였다.

흉포한 제후들과 비교하면 사실 조조는 가진 것이 없었다. 내세울 만한 뒷배경은 대환관이었던 조부 조등뿐이었다. 조조는 그에 힘입어 일찌감치 정계에 입문했지만 역설적이게도 이것은 그의 최대 약점이 되고 말았다. 200년 가까운 후한의 역사는 환관과 외척의 투쟁의 역사라 해도 지나친 말이 아니다. 투쟁 결과는 대개 환관의 승리로 끝났지만 황제를 등에 업은 환관들의 영향력은 중앙에 국한되었을 뿐 여러 권문세가와 관료들이 장악하고 있던 지방에는 미치지 못했다. 당시 최대 사대부였던 관료 집단은 늘 출신이 비천한 환관 집단과 대립했다. 이런 상황은 출신 배경이 비천한 조조에게 큰 약점으로 작용했다.

조조의 행적을 살펴보면, 원소를 필두로 한 반동탁 연합군은 결성될 당시 10만 명의 군사를 모았지만 조조의 군사는 겨우 5000명에 지나지 않았고, 이마저도 소소한 전투에서 모조리 잃어버렸다. 조조와 원소가 관도에서 결전을 벌이며 중원의 패권을 다툴 당시 양측의 전력을 비교해보면 매와 토끼의 싸움과 다를 것이 없었으니 조조 자신조차 힘들다는 생각에 의욕이 나지 않을 정도였다. 그러나 이렇게 출신이 비천하고 하는 일마다 순조롭지 못했던 조아만(曹阿瞞, 조조의 어릴 때 이름)이 훗날 군웅 가운데 절대자가 될 수 있었던 것은 《조아만전》에서 말한 것처럼 정말 그의 얕은꾀 덕이었을까? 물론 그가 자주 술수를 부린 것을 부인할 수는 없다. 그러나 그가 군웅을 제패할 수 있었던 진정한 이유는 큰 지혜와 더불어 그만의 안목과 책략이 있었기 때문이다.

조조가 크게 뻗어나갈 수 있었던 첫 번째 발판은 헌제라는 그럴싸한 간판이었다. 헌제는 후세가 생각하는 것처럼 그렇게 무기력한 인물이 아니었다. 그는 동란 중에도 비범한 냉정함과 기지를 발휘함으로써 동탁에게 낙점되어 어린 나이에 황제의 자리에 올랐다. 이 대목에서 동탁의 어리석음을 짚고 넘어가지 않을 수 없다. 황제를 허수아비처럼 만들어 쥐고 흔들려면 황제가 백치 같은 인물이어야 한다. 황제가 무기력할수록 전권을 휘두르기 쉬울 테니 말이다. 그런데 동탁은 굳이 연약한 황제를 폐하고 영리한 황제를 세웠으니 스스로 무덤을 판 격이 되었다.

한 왕조의 마지막 황제인 헌제는 늘 선조의 유업을 회복할 길만 생각했기에 동탁이 죽고 관중이 대혼란에 빠지자 중앙정부를 인솔해 낙양으로 복귀하여 새롭게 황제의 위신을 세우려 했다. 그러나 건안 원년(196년) 7월, 헌제 일행이 천신만고 끝에 낙양에 도착했을 때 낙양은 이미 동탁에 의해 폐허로 변해 있었다. 헌제 일행은 머물 곳이 없어 가시덤불을 덮은 채 벽에 기대어 자야 했을 뿐만 아니라 식량도 없어서 "주군(州郡)이 각기 강력한 병사를 보유했으나 식량보급이 미치지 못하니 많은 관리가 굶더라. 상서랑 이하의 관리들은 스스로 나와 야생의 곡식을 캐어 먹거나 벽 사이에서 굶어 죽는 이도 있었다"라는 기록이 있을 정도였다.

이런 헌제의 안타까운 상황에 대한 제후들의 태도는 가지각색이었다. 도울 마음이 있어도 능력이 없는 자가 있는가 하면 능력은 있지만 돕고 싶어 하지 않은 자도 있었다. 원소처럼 대대로 황실의 넘치는 은혜를 받은 귀족조차도 손오공의 머리띠를 쓰고 싶어 하지 않았다. 제후들은 헌제 일행이 죽든 살든 강 건너 불구경하듯 방관할 뿐이었다.

이러한 생각은 얼핏 영리한 듯 보이지만 사실 유치하기 짝이 없는 것으로, 정치 투쟁에 관해 근본적으로 이해하지 못하고 후한의 역사를 세세히 알지 못해 빚어진 무지의 소치였다. 황제는 천하의 으뜸이라 "광활한 하늘 아래 왕토 아닌 것이 없고, 천하의 백성 중 왕의 신하 아닌 사람이 없다"고 했다. 그러나 황권은 반드시 강력한 중앙정부 위에 건립되어야 하며, 지방이 중앙보다 강력해져 신하의 역량이 군주를 넘어서면 황제는 허수아비로 전락하여 신하의 통제를 받게 된다. 후한의 역사를 살펴보면 장제 이후 황제는 늘 외척과 환관에 의해 유명무실한 존재로 자리를 지켰을 뿐이고, 몇몇 황제만이 외부세력에 의존해 자신의 권력을 찾기도 했다.

황제를 받아들이는 것을 뜨거운 감자쯤으로 여기며 회피한 제후들의 판단은 잘못된 것이었다. 돌아가는 형세를 지켜보던 조조와 그의 측근들은 기회가 오기만을 기다렸다. 일찍이 초평 3년(192년) 조조의 책사 모개(毛玠)가 "천자를 모심으로써 신하를 부려 경작지를 늘리고 군수물자를 비축하자"는 전략을 제시하자 조조는 이를 곧 실행하기로 한다. 건안 원년 8월, 조조는 직접 낙양으로 가 헌제를 알현했다. 그리고 곧 헌제를 허창으로 옮겨오도록 했다. 이로부터 조조는 천자를 끼고 제후를 호령하는 위치에 서게 되었다. 이는 조조의 정치 인생이 크게 발돋움하는 계기가 된다.

조조의 성공을 이끈 두 번째 발판은 둔전의 시행이었다. 떠돌이 건달을 모아 병사로 주둔하면서 땅을 경작하게 함으로써 병사와 백성이 승리의 근본이라는 원칙을 직접 관철해나갔다. 한나라와 위나라 사이에 벌어진 전란으로 생산력이 심각한 타격을 입어 두 나라 백성은 엄청난 기근에 시달렸다. 기근에 전란으로 생긴 전염병까지 돌자 후한 초에 4000만여 명이던 인구가 급격히 감소하여 후한 말에는 500~600만 명에 그쳤다.

인구가 크게 줄었음에도 제후들은 여전히 자신의 세력을 확장하는 데만 열을 올리고 있었다. 한 집단이 중원의 각축전에서 살아남아 강성해지려면 강력한 군대가 절대적으로 필요했기 때문에 어느 집단이든 군비 확충에 필사적이었다. 그러나 이들이 한 가지 간과한 문제가 있었다. 바로 식량이 없으면 군사를 모을 수 없다는 진리였다. 식량이 없는데 무엇으로 군사들을 먹여 살린단 말인가. 또 일단 전쟁이 터지면 병마(兵馬)가 움직이기 전에 식량이 선행되어야 했고, 식량이 충분히 공급되지 않으면 군대는 전쟁을 치르기도 전에 스스로 무너질 수밖에 없었다. 군벌이 혼전을 벌이는 속에서도 이러한 교훈은 여실히 증명되었다.

조조와 여포가 연주에서 전투를 벌일 때였다. 100일이 넘도록 대치가 계속되는데 메뚜기 떼가 몰려들어 식량을 모두 바닥냈다. 호시탐탐 서로 노리던 양군은 어쩔 수 없이 모든 것을 내려놓고 우선 먹을 것을 찾아 곳곳을 헤매야 했다. 200년에 벌어진 관도전투에서도 조조는 결전을 앞두고 식량이 부족해 잠을 이루지 못했고, 심지어 후퇴할 준비까지 했다. 만일 참모 순욱이 적극적으로 말리지 않았다면 조조는 정말로 말머리를 돌려 허창으로 돌아왔을지도 모른다. 그런데 다행히도 식량이 거의 바닥났을 즈음, 허유가 조조 진영으로 넘어와 원소의 식량 창고를 모조리 불태울 묘책을 제시했고, 결국 식량이 모두 타버린 원소군은 섬멸되었다. 연나라와 조나라의 큰 땅을 기반으로 한 원소도 식량 문제로 무릎을 꿇고 말았으니 당시 군대를 유지하는 데 식량 공급이 얼마나 중대한 문제였는지 알 수 있다. 전쟁은 어떻게 보면 후방에서 어떻게 받쳐주는지를 겨루는 장이기도 하다.

조조는 여러 세력 가운데 처음으로 떠돌이 백성을 모아 생산을 독려하고 식량을 축적하기 시작했으며, 가장 크게 성공을 거두었다. 건안 원년, 조조는 부하 조지 등의 건의를 받아들여 황건적을 물리치고 얻은 물자를 이용해 허하(許下)에서 백성을 모집해 둔전제를 시행했는데 당장 그해에 큰 성과를 거두어 곡식을 100만 곡(斛)이나 얻었다. 그래서 조조는 각 주군에 전관(田官)을 설치하고 둔전을 시행토록 했다. 또 각종 조치를 취하여 자경농을 육성했다. 당시 인구 급감과 농지 유실을 고려하여 유민 모집, 인구 이동, 뽕나무 농사 장려, 수리 발전, 호적 정리 등을 차례로 시행했을 뿐만 아니라 주민 대장을 충실히 작성하여 농업 생산력 향상에도 힘썼다. 이 밖에도 잇달아 법령을 반포해 정상적인 세금 조절 제도를 회복함으로써 부호의 소농 합병을 방지했다. 건안 5년에 조조는 새로운 징수 제도를 마련했고, 건안 9년에는 다시 "전조는 토지 1무(畝)당 속(粟) 4승(升)을 거두고 가구별로 견(絹) 2필과 면(綿) 2근을 부과하며, 그 밖에는 절대 멋대로 거둘 수 없다"고 명확히 규정했다.

둔전제는 조조군의 식량 문제를 효과적으로 해결했을 뿐 아니라 동란 시기에도 백성의 생명과 재산을 지켜 정권을 공고히 하는 데 강력한 뒷받침이 되었다. 전쟁에 필요한 군사와 식량이 모두 확보되자 조조는 이렇게 말할 수 있었다. "뒤에 대규모 경작지가 있어 나라에 쓸 것이 풍족하니 반역을 잠재우고 천하를 평정할 수 있다." 둔전, 유민 흡수, 세수제도 반포 등 일련의 조치로 조조군은 탄탄한 경제 기초를 갖추었고, 이는 그가 천하를 다툴 두 번째 카드가 되었다.

정치, 경제면에서의 뛰어난 조치 외에 조조의 최대 강점은 인재를 볼 줄 아는 안목에 있었다. 삼국의 다툼과 흥망성쇠는 사실상 인재의 각축전이라 해도 지나친 말이 아니었으니, 인재를 얻는 자가 흥하고 인재를 잃는 자가 쇠하거나 망하는 것은 변치 않는 이치였다. 조조는 인재를 모으고 임용하는 데 탁월한 안목을 갖추었고 늘 성심을 다해 노력했다.

조조가 원소와 함께 군사를 일으켜 동탁을 토벌할 때 원소가 조조에게 물었다.

"만일 일이 뜻대로 되지 않으면 어느 곳을 근거지로 삼을 수 있겠소?"

조조가 말했다.

"당신 생각은 어떻소?"

원소가 대답했다.

"내가 남으로 황하에 의지하고 북으로 연(燕), 대(代)를 막으며 오랑캐의 군세를 합치고 남으로 천하의 패권을 다투면 성공할 수 있지 않겠소?"

그러자 조조가 다시 말했다.

"내가 천하의 지혜로운 자들을 얻어 왕도로 그들을 다스리면 못할 것이 없을 것이오."

원소는 험난한 지세를 이용해 천하를 쟁탈하겠다는 구체적인 구상을 한 반면 조조는 천하의 지혜에 의지하겠다는 큰 틀, 즉 등용한 인재의 지혜와 장수들의 전투력을 충분히 활용하여 천하를 제패하겠다는 전략을 이야기했다. 더욱이 조조는 실천하는 인물이었다. 인재 등용에서 그는 넓은 포용력을 보여주었으며, 틀에 얽매이지 않은 인재전략은 오늘날까지 귀감이 되고 있다.

사실 역사상 위, 촉, 오 삼국의 규모와 실력은 그들이 확보한 인재의 수와 정비례했다. 삼국시대에는 하늘이 내린 재상과 인재가 숱하게 등장했지만, 겸손하게 인재를 구했다는 유비마저 삼고초려를 제외하고는 인재 육성에 별다른 관심을 두지 않은 것과 비교해 조조는 많은 인재를 공정하게 등용해 적재적소에 배치함으로써 대업을 이룰 수 있었다.

조조의 인재 등용 방법은 실로 다양했고, 유비의 삼고초려와 비교해도 다른 특색이 있었다. 군사 순유가 조조에게 투항한 것은 그의 간곡한 초청 서한 때문이었다. "오늘날 천하가 크게 어지러우니 바로 지혜로운 인사가 마음을 써야 할 때입니다. 그런데 선생께서는 수수방관하며 산속에 은둔한 지 너무 오래되었다고 느끼지 않으시는지요?" 명사 완우는 조조가 자신을 부를까봐 백이, 숙제의 고사를 흉내 내어 머리를 풀어헤치고 산으로 들어갔다. 하지만 조조는 뜻을 굽히지 않고 산에 불을 지르는 초강수를 두었고, 불길이 사납게 타오르자 결국 완우는 산에서 걸어 나와 충성을 맹세했다. 조조는 또한 태사자(太史慈)의 명성을 듣고 자기 사람으로 만들기 위해 사람을 시켜 선물을 보냈다. 태사자가 열어보니 안에는 서신 한 장 없이 한 가지 한약재만 들어 있었는데 그것은 당연히 돌아오라는 이름의 '당귀(當歸)'였다.

조조의 인재 등용 일화에서 그가 승상 신분으로 210년, 214년, 217년에 반포한 3개의 구현령(求賢令)을 빼놓을 수 없다. 신분의 고하를 막론하고 재능 있는 사람이면 인재로 등용하라는 구현령에서 조조는 인재 제일을 주장했을 뿐만 아니라 이 주장을 모든 원칙에 우선하도록 했다. 조조는 모욕적인 일 또는 수치스러운 일을 당했거나 오기처럼 아내를 죽여 충성을 나타내거나 어머니가 죽어도 돌아오지 않은 대죄를 저질렀더라도 능력만 있으면 중용했다. 조조의 구현령은 전통적인 인재관을 철저히 파괴한 것으로, 중화의 전통 유교 신념에 반기를 든 조치였다.

조조가 구현령에서 언급한 오기는 후세 사람들에게 크게 비난받는 인물이다. 그는 춘추전국시대 위나라 사람으로, 훗날 노나라로 건너가 공자의 제자인 증자를 스승으로 모시며 유가를 공부했다. 공부하는 동안 모친이 세상을 떠났는데 그는 학업을 마치지 못했다는 이유로 집에 가지 않았다. 이로써 오기는 증자에게 불효자로 낙인찍히고 유가에서 쫓겨났다. 할 수 없이 법가로 방향을 전환한 오기는 법률과 병서를 공부해 노나라에서 명성도 얻었다.

그 후 제나라가 노나라를 공격하자 노나라 군주는 오기를 총사령관으로 임명하여 제나라를 제압하고자 했다. 그러나 오기의 아내가 제나라 여인이라는 사실을 꺼림칙하게 여겼다. 그러자 오기는 성공을 향한 야망 때문에 아내를 죽여 자신과 제나라 사이에는 아무 관계도 없다는 것을 증명했다. 노나라 군주는 결국 그를 총사령관으로 임명하고 군대를 인솔해 제나라를 공격하도록 했다. 그의 활약으로 노나라는 승리했지만, 유가사상을 존중하는 노나라 사람들은 오기의 이 같은 행동을 곱게 보지 않았다. 오기는 위, 초 등의 나라에서도 정치, 군사 방면에서 큰 성공을 거두어 춘추시대 법가의 대표적 인물이 되었다.

그러나 한 무제가 오직 유가의 학술만을 존중한다고 제창한 이후, 어머니가 죽어도 가보지 않고 아내를 죽여 신의를 얻은 오기의 행동은 계속 비난을 받아왔다. 그런데 조조가 공공연하게 오기의 명예 회복을 시도한 것이다. 이는 유가의 인재관에 대한 부정이자 사회 전체의 도덕관념을 뒤흔드는 것으로, 이러한 그의 용기는 당시 아무도 흉내 낼 수 없었다.

인재 제일을 내세운 조조는 곳곳에서 온갖 경로를 활용해 인재를 모았다. 그들 중에는 노병 가운데 선발된 우금·악진·전위, 적군에서 투항한 인재 가운데 기용된 장료·서황·장합·진림·가후, 지방 호족 중에서 뽑힌 이전·이통·허저·장패, 후한 정부의 하급관리 가운데 선발된 순욱·순유·왕랑, 일반 사병 가운데 뽑힌 곽가·정욱·유엽 등이 있었다. 조조는 적진에서도 인재를 발굴했을 뿐만 아니라 그 인재가 자신의 원수라 하더라도 기꺼이 받아들였다. 장수는 조조의 장자인 조앙을 죽이고 그를 곤경에 빠뜨린 인물이지만 투항하자 곧 제후에 봉했다. 조조는 또한 유비가 어려움에 처해 의탁하자 다른 속셈이 있음을 알면서도 예주자사의 직함을 달도록 도왔을 뿐 아니라 유황숙(劉皇叔)이라는 호칭까지 써가며 예우했다.

조조의 수하에는 문인과 참모, 장군 등 나라를 편안하게 다스릴 인재들이 구름같이 모여들었고, 조조 자신은 그 인재들이 역량을 최대한 발휘할 수 있도록 기회를 주었다. 조조의 인품을 극도로 폄하한 명나라 홍매(洪邁)는 《용재수필》에서 조조에 관해 이렇게 결론 내렸다. "순욱, 순유, 곽가는 모두 충성스러운 참모로 큰일을 도모했으니 칭찬할 만하다. 그 나머지도 지혜롭게 직무를 감당하며 나누어 다스리니 저마다 직분에 탁월한 능력을 발휘했다. 관중의 여러 장군이 위협이 되니 사례교위 종요가 서쪽을 돌보았다. 천하가 어지러운 때에 군량이 부족하니 조저, 임준이 둔전을 세워 군국을 풍요롭게 했다. …… 장료는 손권을 합비에서 쫓아내고, 곽회는 촉나라를 평양에서 몰아내고, 서황은 관우를 번(樊)에서 내보내니 모두 적은 수로 대군을 제압했다. 조조에게 대적할 자가 없었던 것은 행운이 아니었다."

조조가 군웅을 제치고 패권을 차지하며 중원의 권력자로 이름을 떨칠 수 있었던 것은 인재를 많이 발굴해 그들의 능력을 마음껏 펼칠 수 있는 환경을 제공함으로써 사람을 움직일 줄 알았던 인재 운용전략이 있었기 때문이다.

제 2 장

내가 세상을 저버릴지언정
세상이 나를 저버리지는 못한다

패권주의, 강권 정치는 어느 한 사회제도의 전유물이 아니다. 중국 역사상 봉건 왕조는 모두 왕

도(王道)를 숭상했지만, 어느 왕조에도 예외 없이 왕도의 탈을 쓴 '패도(覇道)'가 판을 쳤다는

사실을 사람들은 알까?

몰락하는 제국의 왕권

   왕도와 패도는 역대 통치자와 사상가들이 가장 흥미롭게 생각하는 문제다. 왕도와 패도의 차이는 간단히 말하면 덕으로 사람을 설득하느냐와 힘으로 사람을 굴복시키느냐다. 가장 먼저 체계적으로 왕도의 규범을 확립한 사람은 서주의 주공(周公)이다. 훗날 공자와 노자가 숭배해 마지않았던 서주 초년의 유명한 정치가인 주공은 완전한 도덕규범을 세우고, 예(禮), 악(樂), 형(刑), 정(政)을 표현 형식으로 하여 문무규범과 법률규범을 통일했다. 이것이 바로 중국 왕도의 기원이다.

   그러다가 주나라 왕권이 쇠약해지면서 주나라 사람들이 숭상했던 예악은 온데간데없이 사라지고 '춘추시대에는 정의로운 전쟁이 없다'는 춘추무의전(春秋無義戰)의 혼란한 국면이 이어졌다. 이때 공자와 맹자를 비롯한 유가학파가 다시 한 번 춘추제후에 의해 내팽개쳐진 왕도의 기치를 올리고 더욱 완벽한 규범을 확립함으로써 백가쟁명의 중요한 기틀을 마련했다.

   한 무제 때 유가학파의 걸출한 대표 인물 동중서(董仲舒)는 유가, 왕도, 음양가의 사상을 한데 합쳐 봉건 왕권에 완전히 영합한 도덕규범을 세우고 천자를 최고 지위에 올려놓음으로써 한 무제의 환심을 샀다. 이로써 유가는 아무도 넘볼 수 없는 지위를 다졌고, 덕례(德禮)를 주요 내용으로 하는 왕도는 역대 통치자들이 대대적으로 선전하는 수신제가치국평천하의 주요 전략이 되었다. 그러나 통치자와 정치가들이 온힘을 다해 왕도를 선전하고 덕으로 사람을 설득한다고 주장했지만 사실 진정한 중국 역사는 보일 듯 말 듯한 패도의 역사였다.

하상주(夏商周) 세 왕조 가운데 가장 이른 하 왕조는 사실상 피비린내 나는 패도의 바탕 위에 세워졌다. 전설에 따르면 양위를 받아 왕위에 오른 대우는 원래 씨족연맹 지도자 자리를 백익에게 양위하려 했지만 하계가 강력한 힘을 무기로 씨족연맹 수장의 대권을 빼앗아 중국 역사상 최초의 절대 정권을 세웠다. 이렇게 전통을 저버린 정권 탈취는 부족의 반대에 부딪혔다. 특히 호씨가 반대의 뜻을 거세게 제기하여 수차례 전쟁까지 치렀는데, 하계가 결전을 치르기 전 반포한 것이 바로 중국 최초의 군령(軍令)이라고 전해진다.

하나라 말기, 황하 하류에 살던 상 부락민들은 하 왕조에 대한 불만이 날로 커져 결국 폭도를 제거하여 백성을 편안케 한다는 기치를 내걸고 전쟁을 일으켜 하 왕조를 물리쳤다. 하나라 마지막 통치자 걸왕(桀王)은 밖으로 쫓겨나 타향에서 객사했고, 상 부락은 상 왕조를 건립했다. 상나라 말기 주왕(紂王)이 주지육림에 빠져 지내는 동안 사회 갈등은 급격히 심화되었다. 이때 관중 위하 유역의 작은 부락 주 사람들은 조용히 힘을 축적하며 상나라의 기반을 잠식해나가고 있었다.

주 문왕은 재위 40여 년 동안 겉으로는 소리 없이 고분고분한 치세를 펼쳤지만, 안으로는 지속적으로 병사와 말을 모으며 실력을 충실히 다져

임종 직전에는 세 개로 나뉜 천하에서 주나라가 두 번째라 할 정도로 국력을 키워놓았다. 문왕이 죽자 즉위한 무왕은 2년 동안 끊임없이 군사를 일으켜 주왕을 공격했다. 상주 격전에서 노예로 구성된 상나라 군대가 창머리를 돌려 상나라를 배반하자 무왕은 손쉽게 새로운 왕조를 세울 수 있었다.

이것이 바로 하상주의 역사인데, 훗날 피로 얼룩진 정권교체의 역사와 다를 바가 없다. 이 어느 곳에서 덕으로 사람을 설득한 역사를 찾을 수 있겠는가? 옛사람들이 왕도만을 칭찬하고 패도를 비난하여 이 둘이 완전히 대립관계인 것 같지만 사실상 이 둘은 형제와 비슷하다.

그렇다면 후한시대에 들어서 왕도와 패도는 어떻게 흘러갔을까? 조조는 또 어떤 영향을 받았을까? 후한 왕조는 대다수 관료들이 근본적으로 타격받지 않은 상태에서 건립되었다. 광무제는 대단히 난폭한 인물이었는데, 그를 따르는 이른바 28명의 장수와 365명의 공신은 대부분 귀족, 관료, 지주였다. 정권 수립 후 이들 귀족과 지주는 제후에 책봉되거나 작위를 받아 세력을 한층 더 확대하며 권력 집단을 형성했다. 전국 각지에 분포한 이들 권세가는 자신과 자신이 속한 집단의 이익을 지키려 안간힘을 썼다. 이처럼 후한 왕조는 시작부터 중앙과 지방, 지방과 지방, 큰 권세가와 작은 권세가 사이의 수많은 갈등을 안고 있었다. 후한 전기의 중앙집권 체제에서 조정은 위신을 크게 떨쳤지만 권세가들의 이익을 방해하지 않는 한도에서 일정한 통제권을 발휘할 뿐이었다. 이로써 중앙과 지방, 지방과 지방 사이에 충돌 없이 편안하게 지낼 수 있었다.

그러나 명제, 장제 이후 즉위한 황제는 모두 허수아비였고, 환관과 외척이 돌아가며 중앙의 대권을 좌지우지했다. 지방에 대한 통제권은 갈수록 쇠약해지고, 지방은 점차 중앙의 권력을 침범하려 했다. 여러 세력의 갈등이 심화되고 투쟁이 가속되면서 백성의 삶은 날로 곤궁해졌다. 결국 184년에 황건적의 봉기가 일어났다. 그러나 지방 권세가들은 이 기회에 자신의 세력을 확장하고 중앙에서 독립하고자 하는 마음이 있을 뿐이었다. 통일 제국은 사실상 붕괴되기 시작한 것이다.

조조가 역사 무대에 등장하기 전 중국의 역사는 왕도라는 미명 아래 숨은 패도의 발전사다. 후한 정권의 특수한 건국 기반과 발전 역사는 이 혼란한 시대를 사는 모든 정치가, 군사가, 야심가가 어떤 목적에서든 패도의 길을 걸을 수밖에 없게끔 했다. 강권 정치만이 어지러운 시대에 살아남을 수 있는 유일한 길이기 때문이다. 정치적 통일을 이룬 후 그들은 전쟁을 멈추고 문화와 교육을 제창하며 덕과 예로써 국가의 장기적인 안정을 실현했다.

시련을 부르는 패권

후한 왕조는 대지주, 대관료들의 지지를 기반으로 건국되었다. 게다가 황제의 나이가 어려 왕권은 외척과 환관에게 좌지우지되고, 여러 세력의 야심은 더욱 커져만 갔다. 이러한 왕조의 역사를 꿰뚫고 있던 조조는 정계에 입문할 때부터 교화나 덕, 예 같은 왕도의 방식이 통하지 않으리라는 것을 잘 알고 강한 정책을 시행했다.

후한은 환관이 가장 위세를 떨친 시대다. 조조는 환관인 할아버지 덕에 관직에 진출했지만 환관을 억누르기 위해 온갖 수단을 동원했다. 《잡어》의 기록에 따르면 조조는 젊은 시절 당시 대환관이던 장양의 집에 몰래 숨어들어 암살을 시도했다가 호위병에게 발각되어 잡힌 일이 있다. 복면을 한 그는 자신을 잡은 호위병을 죽인 뒤 태연히 뒷담을 넘어 도망갔다. 환관 장양을 암살하려 한 사실에서 당시 부패 세력에 대한 조조의 원망이 어느 정도인지는 물론 아무도 흉내 낼 수 없는 그의 비범한 담력과 용기를 엿볼 수 있다.

그러던 그가 20세 되던 해, 파벌 관계에 힘입어 효렴으로 천거되고 낭(郞)이 되어 낙양 북부위에 임명되었다. 조조는 부임 후 우선 성문을 수리하는 등 치안 확보에 주력했는데, 이는 불순 세력이 빠져나가지 못하게 한 뒤 척결하려는 의지의 표현이었다.

특히 조조가 발명한 오색봉은 흥미롭다. 곤봉이라면 모르는 사람이 없을 것이다. 이는 고대에 가정교육의 필수품이자 조정의 공청에서도 사용하던 도구다. 청나라 말기에 이를 때까지도 곤봉은 여전히 관아의 필수품이었다. 이러한 곤봉을 언제부터 사용했는지는 아무도 모른다. 다만 한나라 때 곤봉을 사용해 형벌의 기준을 세운 사람은 경제(景帝)였다고 전해온다.

경제 시대 전에는 곤봉으로 형벌을 가할 때 형벌 시행자가 도중에 사람을 바꿔가며 매를 가했는데, 형벌이 다 끝나기 전에 죽는 사람도 종종 있었다. 역사적으로 인본주의자라고 불리는 경제는 추령을 반포해 곤봉의 재질과 길이, 폭, 두께에 관해 명확하게 규정하고, 형벌 도중에 매질하는 사람을 바꿀 수 없도록 했다. 이것은 중국 역사상 최초로 황제가 형기 개량과 표준화를 시도한 것이다. 한나라 경제와 비교할 때 조조의 곤봉 개량은 좀 엉뚱한 면이 있었다. 곤봉 색깔을 바꾸어 요란하게 장식한 뒤 관아의 대문 양쪽에 걸어두게 한 것이다. 이는 백성에게 경각심을 불러일으키고 정책에 대한 믿음을 심어주려는 일종의 신호였다.

조조는 곤봉으로 자신의 치안 정책을 선전했고, 이를 과감하게 실천에 옮겼는데 그 대상은 권문세가들이었다. 조정의 법률을 위반하면 조조는 "누구를 막론하고 모두 몽둥이로 때려잡는다"며 법 집행을 엄격히 했다. 후한 말기 조정은 부패하기 이를 데 없었고, 영제는 공개적으로 관직을 팔기까지 했다. 사회 전체에 반항의 목소리가 가득했고, 잘 알려진 황건적의 난도 이때부터 봉기를 준비했다. 이러한 시대 상황을 잘 알고 있던 조조는 있는 힘을 다해 비뚤어진 국면을 바로잡고자 애썼다. 이는 귀족 관료와 백성 사이의 갈등을 완화할 수 있는 방법이기도 했다. 조조가 임기에 행한 일 가운데 가장 유명한 것은 외압을 두려워하지 않고 당시 영제가 가장 총애한 환관 건석의 숙부를 죽인 일이다. 그는 자신의 세력을 믿고 공공연히 통금령을 어겼다가 조조에 의해 가차 없이 처단되었다.

조조의 패도는 백성에게는 물론 통쾌한 일이었지만, 그에게 돌아온 것은 보이지 않는 공격이었다. 그는 돈구령으로 승진되어 환관들의 낙토를 떠나갔다. 그리고 매부의 일에 연루되어 파직되었다가 오래지 않아 다시 임용되었다. 이때 후한은 환관과 관료의 투쟁이 가장 치열했던 시기였다. 투쟁 결과, 파벌이나 관련자들의 정치 활동을 막는 '당고(黨錮)의 화'가 두 차례나 몰아치면서 수많은 관료와 그 가족이 관직에 나가지 못하게 되었고, 관료 집단의 우두머리인 대장군 두무와 태부 진번은 환관의 손에 죽었다. 이를 모두 목도한 조조는 조정이 재편되어 백성이 편안하게 살 수 있기를 바라며 상소를 올렸다. 그는 상소에서 정직한 사람이 모함당하고 사악한 무리가 조정에 판치니 선량한 인재가 뜻이 있어도 펼칠 기회를 얻을 수 없다고 지적했다. 그러나 우매한 영제는 여전히 간악한 소인배들을 임용했고, 조정은 날로 썩어갈 뿐이었다. 이에 조조도 더는 입을 열지 않고 자신의 몸을 보존하려 노력했다.

후한의 정치가 날로 부패하면서 백성의 고통이 깊어가고 있을 때, 민간에는 태평도(太平道)의 우두머리 장각이 10여 년 동안 8개 주에서 신도 수십만 명을 모았다. 세력이 커지자 그는 봉기를 일으키기 위해 전국을 36방(方)으로 나누어 대방에는 1만여 명을, 소방에는 6000~7000명을 두는 방식으로 신도들을 체계적으로 조직했다. "푸른 하늘은 이미 죽었으니 바야흐로 누런 세상이 이루어지리라. 갑자년에 이르면 천하가 좋아지리라"라는 노래를 퍼뜨려 수많은 농민에게 혁명에 참여하라고 독려했다. 또 낙양과 각 주군에 사람을 보내 관부의 문 위마다 흰 흙으로 '갑자'라는 글씨를 써서 공격 목표로 삼았다. 184년에 마침내 그 유명한 황건적의 난이 발발했다.

기세등등한 황건적의 봉기에 후한 왕소는 내혼란에 빠졌다. "병이 위급하면 아무 의사에게나 보인다"는 말처럼 조정은 동원할 수 있는 모든 역량을 모아 지방의 수많은 군정에게 보냈으나 이는 고양이에게 생선을 맡긴 꼴이었다. 하지만 이렇게 어지러운 정세는 지략가로서 공을 세울 방법만 생각하던 조조에게는 더없이 좋은 기회가 되었다. 그는 기도위에 임명되어 영천 일대의 황건적을 진압했다. 황건적의 기세는 대단했지만 원활하게 협력하지 못해 결국 섬멸되고 말았다. 진압 과정에서 공을 세운 조조는 제남상으로 승진했다.

조조는 다시 한 번 의지를 불태우며 한 왕조가 환골탈태하여 회생할 수 있는 방법만을 생각했다. 그는 자신의 관할 지역이 다른 지역의 모범이 될 수 있도록 곤봉 정책을 시행했고, 그 칼끝은 이번에도 귀족, 관료와 지주를 향했다. 조조는 제남상을 역임한 3년 동안 지주와 관료의 부패를 척결하는 데 힘썼다. 후한은 개국과 동시에 유방(劉邦)이 제후들에게 땅을 나눠준 봉방건국(封邦建國)을 모방하여 유(劉)씨 자제와 공신 귀족을 왕이나 제후로 봉했다. 하지만 그들에게 조세를 거둘 수 있도록 했을 뿐 정치 권한은 주지 않았다.

그러나 중앙이 쇠약해지면서 지방 통제가 느슨해지자 힘 있는 제후들은 기회를 놓칠세라 지방 세력과 결탁하여 지방의 패주 노릇을 했다. 경제가 부흥함에 따라 지주가 많아지고, 지주들은 제후보다 부를 더 많이 축적하게 되었다. 사마천은 그들을 소봉(素封)이라고 했는데, 이는 비록 작위는 없지만 재산이 제후 못지않음을 뜻하는 말이다.

탄탄한 경제력을 갖춘 지주들은 왕조에 조세를 바침으로써 관직과 작위를 사고자 했다. 특히 영제 때는 공개적으로 관직을 경매에 올렸고, 심지어 외상까지 가능했으며, 작위를 상으로 받은 세력가들이 비일비재했다. 이들은 자신의 정치적 지위와 경제력을 업고 사치스러운 향락을 즐기며 백성을 업신여기고 교묘하게 약탈했다. 승냥이 같은 무리가 판치는 세상에서 백성의 눈에는 눈물이 마를 날이 없었다.

조조의 치세 아래 있던 제남 성양은 경왕 유장의 봉토였다. 그는 한 왕실에 공을 세웠다는 이유로 이곳에 사당을 세우고 철마다 제사를 모심으로써 자신의 지위를 과시했다. 후한 말 청주 전체에서 이를 따라 사당을 짓기 시작했는데 제남은 특히 심하여 크고 작은 사당이 600개가 넘었다. 이는 막대한 재력 낭비일 뿐 아니라 귀족, 지주들이 선조에게 제사 지낸다는 명목으로 가난한 백성과 소작농을 착취하는 도구기도 했다. 마구잡이로 사당을 짓는 행태는 봉건제도가 엄격하게 시행되던 당시에는 분명히 제도를 위반한 것이었다. 더욱이 조정에서 작위를 구매한 지주들과 상인들은 자신들의 정치 · 경제적 지위를 이용하여 사치만을 추구한 탓에 백성의 시름은 날로 깊어만 갔다. 역대 관리들은 강대한 지방 세력의 눈치를 보느라 이를 보고도 눈감아주었다.

그러나 전쟁으로 단련된 조조는 달랐다. 그는 부임하자마자 관할 지역의 사당을 모두 불태우고 관료와 지주들이 사당을 짓거나 제사지내는 것을 금했다. 곧이어 그는 풍속을 바로잡고, 잔꾀를 부려 재산을 긁어모으는 작태를 척결했다. 문란했던 사회 풍조는 일순간 개선되었다. 조조는 자신의 정책을 따르지 않는 관리는 인정사정없이 파직하고 의식 있는 관리로 교체했다. 조조는 강한 힘을 이용해 자신에게 대항하는 세력을 과감히 척결하는 한편, 조정에 자신의 뒷배가 되어줄 든든한 세력을 심어두며 3년 동안 제남상을 역임했다. 백성을 농락하던 악덕 지주들은 꼬리를 내리거나 다른 지역으로 떠나갔다. 《사기》에 따르면 그의 치세 아래 "정치와 종교가 크게 흥하니 모든 곳이 편안했다"고 한다.

그러나 조조는 탁월한 업적을 쌓았음에도 중용되지 못했다. 도리어 다시 한 번 명목뿐인 승진을 거쳐 유명무실한 동군태수에 임명되었다. 이 직책은 다른 사람의 수하로 시키는 일만 할 뿐 자신에게는 최종 결정권이 없음을 깨달은 조조는 병을 핑계로 집으로 돌아가 글 읽기와 사냥으로 심신을 단련하며 기회를 기다렸다. 이때 그는 난세에는 오직 군권, 강권만이 세상을 움직이는 힘이라는 사실을 깨달았다.

패도 정치의 시작

188년에 서북 금성의 변장과 한수가 양주자사와 금성태수를 죽이고 10여만 명의 군사를 데리고 반란을 일으켜 수도를 위협했다. 이에 조정에서는 조조를 낙양의 서원 전군교위로 임명했다. 일정 규모의 병력을 장악할 수 있는 관직을 그가 거절할 리 없었다. 그러나 이 어려운 시기에 황음무도한 영제가 죽고 태자가 보위를 잇자 하 태후가 섭정을 했고, 후한 왕조는 외척과 환관 사이에서 마지막 투쟁을 이어갔다.

하 태후는 자신의 오빠 하진을 대장군에 임명하여 조정 대권을 장악했는데, 안타깝게도 그는 뜻은 크지만 재능은 없는 인물이었다. 그는 환관이 자신의 세력에 위협이 된다는 사실은 알았지만 누가 주동자인지 알 수 없자 차라리 환관을 일망타진하자고 주장했다. 우둔한 하진은 식견이 얕은 원소의 건의를 받아들여 동탁에게 군대를 이끌고 낙양으로 들어와 환관을 죽여 없애라고 명했다. 그러나 하 태후가 결정을 내리지 못하고 우물쭈물하는 사이, 이 소식이 환관들의 귀에 들어가 하진은 환관의 손에 죽고 말았다. 그 후 원소 형제와 조조가 이끄는 금군(禁軍)이 환관을 모두 주살하고, 곧이어 동탁이 수도에 입성하여 중앙 대권을 장악했다.

동탁은 자기 자신을 정확히 알고 있었다. 동탁은 자신이 감숙에서 이끌고 온 자들이 싸움만 할 줄 알지 통치경험이나 교양이 전무하다는 사실을 잘 알았다. 그래서 동탁은 조정 명의로 권문세가의 자제들을 지방 주요 지역의 자사로 임명하는 한편, 조정의 사대부와 고위층을 자기편으로 끌어들이려고 했다. 원소는 포부만 컸지 겁이 많고 나약하여 꽁무니를 빼고 도망가고 말았다. 조조는 동탁이 일개 군인이지만 야심이 가득한 승냥이 같아 언젠가는 천하를 뒤흔들어 혼란에 빠뜨릴 인물임을 알고 있었기에 역시 그를 피해 도망갔다. 동탁이 지명수배를 하는 바람에 조조는 눈 깜짝할 사이에 한 군대의 수장에서 수배자로 전락하여 곳곳을 전전하며 노숙하는 처량한 신세가 되었다.

190년 1월, 원술, 한복, 공주, 유대, 왕광, 원소, 장막, 교모, 원유, 포신은 함께 군사를 일으켜 동탁을 치자는 데 뜻을 모으고 원소를 맹주로 추대했다. 재미있는 사실은 이들의 직위와 본거지를 모두 조정에서 동탁이 정해주었다는 것이다. 그런데도 그들은 조정을 구하자는 명목으로 동탁을 반대하고 나섰다. 조조는 수천의 병사와 말을 모아 여기에 참여하여 분무장군을 맡았다. 그러나 서량의 정예 군대에 맞서 관동연합군이 관망만 할 뿐 진격하지 않자 조조는 홀로 분전을 거듭하다 동탁의 부장 서영에게 패했고, 자신은 화살에 맞아 부상을 입고 겨우 도망 나왔다. 관동연합군이 붕괴된 뒤 조조는 원소의 부름도 거절하고 독자적으로 세력을 키워나갔다.

사실 후한 왕조는 황건적의 난 이후 지방에 대한 통제력을 눈에 띄게 상실했다. 동탁이 홀로 대권을 주무르자 그 힘은 더욱 약화되었고, 제후들은 각자 패권을 다투며 스스로 왕이라 칭하기 시작했다. 승냥이 같은 무리가 여기저기서 일어나 다투는 난세 속에서 조조는 세력이 약했기 때문에 패권 쟁탈이 순조롭지 않았다. 그러나 조조는 시종일관 패도 전략을 취했다. 패도 전략은 때로는 이득이 되기도 하고 때로는 손해를 끼치기도 했지만 조조가 북방을 통일하는 밑거름이 되었다.

밑천이 많지 않았던 조조는 줄곧 황건적 잔당을 소탕하는 데 주력했다. 192년에 연주로 가 황건적을 진압하는 과정에서 수십만 황건적이 조조에게 투항했다. 조조는 그들 중 정예 병사들을 뽑아 청주병을 조직함으로써 자신의 위신을 세운 뒤 연주 땅을 점령했다. 그러나 193년에 부친 조숭을 비롯한 가족이 자신에게 오는 길에 서주 도겸의 부하에게 살해되자 일생에 지울 수 없는 오점을 남긴 서주 양민 살육을 시작했다.

당시 서주의 백성 가운데 상당수가 관중 지역에서 동탁의 난을 피해 온 양민이었는데, 평화를 찾아 도망 온 서주에서 그들을 기다린 것은 불행히도 공포의 대학살이었다. 조조는 끝내 도겸의 담성을 함락시키지 못하고 다른 세 현만을 차지했다.

사실 서주 양민들은 조조 부친의 죽음과 조금도 관계가 없었다. 조조가 이렇게 대대적인 학살을 감행한 데는 물론 아버지의 원수를 갚는다는 의미도 있었지만 난세를 기회로 삼아 입지를 다지겠다는 생각이 더 컸다. 도겸이 서주에서 민심을 얻은 인물이었으므로 조조는 그에게 공포감을 심어줘 압력을 가하고자 했을 가능성이 크다. 이후 조조는 계속 양민을 학살하는 방법을 택했는데, 이러한 전략은 북방 지역을 평정할 때까지 계속되었다.

그러나 양민을 대상으로 한 조조의 대학살 전략은 실패했다. 조조의 서주 대학살은 그 후 유비가 서주에서 시행한 인의(仁義) 정책과 극명히 대조

된다. 이 일은 훗날 천하를 삼등분한 적벽대전에까지 영향을 미치게 된다. 조조가 형주를 공격했을 때 유종은 투항했지만, 형주 백성은 병력이 보잘것없는 유비의 그늘로 피난하는 한이 있더라도 조조에게 의탁하려 하지 않았다. 강남의 백성 역시 조조군과 결사항전에 나섰으니 이는 모두 조조의 양민학살 정책의 후유증이었다. 조조의 학살은 그에게 몸을 의탁했던 연주 세력마저 실망시켰다. 조조가 도겸을 다시 정벌하러 나선 기회를 틈타 한때 함께했던 장막, 진궁 등이 등을 돌렸다. 그들이 조조를 배신하고 여포를 맞으니 연주 지역 전체가 이에 호응했다. 조조는 연주에서 여포와 2년 가까이 대치한 끝에 겨우 근거지를 수복했다.

서주가 양민학살 정책의 대표지로 회자되지만 그 후 전쟁에서도 조조는 학살로 상대를 위협하는 방법을 계속 사용했다. 연주 수복 전쟁에서 용감하지만 지략이 없던 여포는 조조에게 대패한 후 장막, 진궁 등을 데리고 서주의 유비에게 투항했다. 장막은 동생 장초에게 옹구에서 가족을 지키게 했다. 조조는 8월부터 12월까지 성을 포위하고 철저히 파괴해 장막의 삼족을 멸했을 뿐 아니라 성안의 양민까지도 모두 죽였다. 이처럼 성내 모든 것을 도륙하는 방식은 이후 전쟁에서도 곳곳에서 나타난다.

조조는 전장의 적에게도 냉혹하기 그지없었다. 200년에 있은 관도전투에서 조조는 적은 병력으로 대규모 군사를 물리치는 역사적으로 유명한 전례를 남겼지만, 그는 다시 한 번 자신의 잔인함을 드러냈다. 전투에서 승리한 후 그는 포로 1000여 명의 코를 자르고(죽인 후 베었다는 설도 있다), 소와 말의 입술과 혀를 자르는 등 피비린내가 진동하게 하는 방법으로 원소의 군사들에게 공포심을 주었다. 관도전투가 끝난 뒤 조조가 전쟁포로를 모두 생매장하니 전후로 죽은 자가 7만 명이 넘었다고 한다. 이로써 알 수 있듯, 조조의 양민학살은 모두 계획적이고 목적성 있는 전략이었으며, 패도의 방식으로 땅과 세력을 쟁취하려는 책략이었다.

헌제의 가치를 가장 먼저 알아차린 조조는 196년 낙양에서 헌제 일행을 찾은 후 곧바로 자신의 본거지인 허창으로 데려왔다. 이로부터 황제는 조조의 가장 가치 있는 꼭두각시가 되었다. 조조가 헌제를 맞은 것은 왕실을 재건하기 위해서가 아니라 헌제라는 간판을 이용해 자신의 세력을 넓혀 뜻을 실현하기 위해서였다. 그러했기에 조조는 헌제가 자신을 배신하려는 어떠한 움직임도 용인하지 않았다.

사실 헌제는 때를 잘못 타고났을 뿐이지 결코 우매하고 무능한 군주가 아니었다. 일부 기록에 따르면 그는 적어도 두 차례 정도 조조와 힘겨루기를 했다. 건안 4년(199년) 헌제의 장인 동승은 헌제가 보낸 밀서를 받고 종집, 오자란, 왕자복, 유비 등과 함께 조조를 죽이자고 모의한다. 그러나 결국 이 일이 탄로나 조조는 관도의 결전이 있기 전날 허창으로 돌아와 동승 일행을 모두 멸족했다. 당시 동승의 딸은 헌제의 귀인으로 임신 중이었기에 헌제는 조조에게 수차례 살려달라고 호소했으나 조조는 그녀마저 잔인하게 도륙했다. 이 일이 있은 후 헌제의 복 황후는 조조의 잔악한 면모를 보고 자신도 조만간 죽음을 면치 못하리라는 예감에 아버지 복완에게 편지를 보내 기회를 봐서 조조를 제거해달라고 청했다. 야심가를 없애자는 이런 큰 계획을 헌제가 몰랐을 리 없고, 적어도 함께 손발을 맞추었거나 묵인했을 것이다.

조조를 위협하는 세력은 점차 세를 불렸지만 아무도 계획을 실행에 옮기지 못했다. 건안 19년(214년) 마침내 계획이 탄로나자 조조는 헌제에게 황후를 폐위하라고 종용하는 한편, 화흠에게 병사를 이끌고 황궁으로 쳐

들어가 숨어 있던 황후를 찾아내 끌고 오라고 명령했다. 마침 헌제는 어사대부 치려와 조당에 앉아 있었는데 산발한 황후가 비틀거리며 그 앞을 지나갔다. 이때 황후가 헌제의 손을 잡고 애원했다. "소첩을 구해주실 수 없나요?" 그러자 헌제가 "짐도 언제 죽을지 모르오"라고 말하고는 고개를 돌려 어사대부에게 "치공, 세상에 이런 일이 또 있겠소?"라고 탄식했다. 짧은 이 몇 마디 속에 헌제의 어찌할 수 없는 비통함과 분노가 잘 담겨 있다. 조조는 복 황후를 죽이고 그녀 소생인 두 왕자와 수백의 일가족을 모두 독살했다. 이렇듯 그의 잔인한 패도 정치는 후세에 크게 비난받았다.

봉건사회에서 조조의 일련의 행위는 신하가 군주를 죽이고 아랫사람이 윗사람을 범하는 대역무도한 짓이다. 모두 상대가 빌미를 제공했다고는 하지만 사실은 조조가 자신의 권위를 강화하고 사전에 우환을 막으려는 데서 비롯된 것이다. '내가 세상을 저버릴지언정 세상이 나를 저버리게 두지는 않겠다'는 생각은 그를 더욱 극단으로 몰아갔고, 이는 훗날 사람들이 조조를 평가절하하는 결정적인 근거가 되었다.

통일의 기초를 닦은 조조

　조조의 패권 정치는 위로는 천자에서 아래로는 백성과 군인에 이르기까지 모든 계층에 수많은 재앙을 가져다주었지만, 당시로서는 나라를 통치하기 위한 비교적 확실한 방법이었다. 후한 중기부터 정권이 점차 부패하기 시작해 환관, 외척이 100년이 넘도록 백성을 유린한 탓에 이전의 방법으로는 결코 변화시킬 수 없었다. 기강이 해이해져 지방 세력이 커지고 야심가가 끊이지 않았으니 이런 시절에 누가 나서서 고단한 백성을 보호할 수 있으며 누가 한 왕조를 이어가겠는가?

　조조는 비록 잔인했지만 명의상으로나마 헌제가 이끄는 한 왕조의 기치 아래 중원 지역을 대부분 재통일했다. 이로써 부분적이지만 다시 중앙 집권을 이룬 것이다. 그는 갈 곳 없는 헌제를 허창으로 맞아 궁전을 짓고 조정을 세워 왕실의 일상을 복구하는 한편, 궁정 경비를 마련했다. 수십 년에 걸친 동서 정벌 과정에서 조조는 한 왕조의 영토 대부분, 13주부 가운데 7주(州) 1부(部)를 모두 통일함으로써 이들 주부 내에서 소규모 군벌, 비적, 오랑캐가 더는 판을 치지 못하게 했다. 그뿐만 아니라 기승을 부리던 탐관오리들 역시 모습을 감추어 백성이 편안하게 살 수 있었다.

조조의 패권 정치의 최대 성과는 당시 지방 호족, 권문세가를 제압하여 후한 중엽 이래 중앙집권을 위협해온 지방 세력을 강력하게 다스린 데 있다. 조조가 벼슬길에 입문하면서 보인 행동에서 알 수 있듯이 그는 처음에 법률을 엄격히 적용해 당시 세도가들의 무분별한 권력남용을 척결하고자 했다.

　그러나 그 뿌리가 중앙에 있었기에 세력이 약한 조조로서는 부패한 조정을 변화시킬 방법이 없었고, 조정 전체의 부패 세력과 겨룰 힘도 없었다. 낙양에 있을 때도, 제남상을 지낼 때도 그는 괄목할 만한 성과를 냈음에도 결국 관직에서 물러나야 했다. 이러한 경험 때문에 그는 조정에 더는 희망을 두지 않고 천자를 끼고 제후를 호령하는 조정을 스스로 구축함으로써 자신의 의지를 철저히 관철해나가고자 했다.

　조조가 정권을 장악한 후에야 비로소 호족을 통제하는 법치 정책을 전면적으로 시행할 수 있었다. 조조는 "형벌은 백성의 생명이다", "어지러운 세상을 다스리는 방법은 형벌이 가장 우선이다"라고 말하기도 했다. 조조는 왕수, 사마지, 양패, 여건, 만총, 가규 등 지방관리를 기용하여 불법행위를 자행하는 호족을 다스렸는데, 귀족 관료를 향한 날카로운 칼날은 그가 민심을 얻고 승리할 수 있는 소중한 밑거름이 되었다.

　원소와 조조가 기주에서 차례로 추진한 정책을 비교해보면, 관용과 패도 정책이 전혀 다른 결과를 가져왔음을 알 수 있다. 원소의 관용 정책 아래 호족들은 방종하며 결탁했고, 백성은 세금과 부역을 대느라 연명하기도 어려운 형편이었다. 원소는 중상위층 관료 지주의 이익을 대변했기 때문에 중상위층이 다수의 하층 관리나 백성들을 잔혹하게 착취하며 사회 전체의 자원을 대부분 차지하는 결과를 낳았다. 그러니 이러한 관용이 백성을 포용하고 군대를 강성하게 키울 리 만무했다. 그래서 원소가 넓은 근거지와 대규모 병력, 충분한 식량을 확보하고 있었음에도 통치집단의 내부 갈등이 심화되면서 구심력이 약해졌고, 하층 사병을 위한 보상도 적어 전투력이 강력하지 못했다. 이 때문에 전세가 유리할 때는 표면적인 단결을 유지할 수 있었지만 일단 전세가 역전되면 도망치거나 투항하는 자가 부지기수였으니 결국 조조에게 무릎을 꿇을 수밖에 없었다.

조조는 기주를 손에 넣은 뒤 즉시 호족에 대한 토지겸병 억제책을 시행했다. 그 대상은 주로 지방 호족이었는데, 사실상 호족의 지나친 착취와 압박을 저지하여 백성의 부담을 줄임으로써 더 많은 인재와 물질적 자원을 흡수하는 데 목적이 있었다. 물론 조조 자신을 위한 것이었지만 사회 발전에도 영향을 미쳤으므로 백성의 환영을 받기에 충분했다.

지방 호족을 제압하는 동시에 자신의 세력권에 들어온 관료에 대해서도 감독을 강화했다. 조조는 후한 정권의 환관, 외척, 관료가 결당하여 사사로운 이익을 도모한 것을 거울삼아 어떠한 형태의 결당 행위도 용인하지 않았다. 그는 "지금은 태평 시절이지만 나라에 충성을 다하고 왕실의 일에 진력해야 한다. 사사로이 결당하여 남을 위해 비단 1000필, 곡식 1만 석을 쓴다 해도 유익할 게 아무것도 없다"고 주창했다.

조조는 군신들을 감시하기 위해 전한시대의 감찰 제도를 모방한 '교사(校事)'를 두었다. 이 과정에서 관료의 반대에 직면한 조조는 조금도 물러서지 않았다. 그는 이렇게 설명했다. "불법을 자행하는 자들을 잡아내 백성을 위해 일하는 것은 현인군자가 할 수 없습니다." 즉 '교사는 결점을 잡아내어 일반 대중을 위해 일하는 곳이니 당신들 같은 현인군자는 이 일을 할 수 없다'는 뜻이었다. 여기서 현인군자는 주로 권문세가 대신들을 가리키는데, 이들은 대대로 관직을 맡으며 어마어마한 명성을 누리고 있었다.

조조는 이들을 구슬리기 위해 높은 자리를 주었지만 실권은 부여하지 않았고, 출신이 미천한 교사들에게 이들의 행위를 감시하게 했다. 이 조치는 후한 초기 광무제 유수(劉秀)가 하층관리를 뽑아 실권을 장악한 어사대를 세우고, 관리들을 감시하게 함으로씨 황권을 공고히 한 방법과 비슷하다. 그렇다면 제도의 효과는 어떠했을까? 훗날 손권의 말에서 그 답을 찾을 수 있다. 손권은 "진군의 무리가 과거 선한 것을 지킬 수 있었던 것은 조조가 그 머리에 오라를 씌웠기 때문이다. 조조의 엄정함을 두려워했기에 감히 그른 일을 행하지 못했다"라고 평했다. 진군 같은 귀족이 전전긍긍하며 온힘을 다해 조조의 정책을 따른 것은 모사의 움직임이 보이기만 해도 멸족의 화를 면할 수 없음을 잘 알고 있었기 때문이라는 것이다.

이러한 고압적 정책 아래 조조 정권은 지속적으로 발전하며 승승장구했다. 사실 신료들을 감독하고 압력을 강화한 것은 조조만의 정책은 아니다. 손권은 조조를 모방하여 교사직을 설치했고, 제갈량은 촉나라를 다스릴 때 '촉과(蜀科)'를 반포하여 귀족 관료들을 다스리면서 촉한의 작은 조정을 보호했다. 이처럼 교사를 설치해 오랫동안 성행한 대신들의 결당과 파벌의 재현을 방지한 것은 정권을 공고히 하기 위한 필수 조치였다.

사실 조조의 위나라는 내부 구조로 볼 때 귀속된 인재들 중에 권문세가의 대신이 가장 많았기 때문에 중대한 잠재적 위험이 도사리고 있었다. 조조가 자신을 위해 교사를 설치하여 대신들을 감찰한 것은 가혹했지만 그렇지 않고는 이들을 제압할 수 없었다.

조조가 자신의 권위를 공고히 하는 과정에서 휘두른 패도 정치 중 중앙

집권과 가장 거리가 멀었던 것은 바로 400년 가까이 중단되었던 육형(肉刑)제도를 부활함으로써 공포 정치의 효과를 누리려 한 것이다. 이른바 하의 우형(禹刑), 상의 탕형(湯刑), 주의 구형(九刑) 등이 모두 체계적인 육형이었다. 고대의 육형은 사지를 절단하고 살을 도려내 육신을 죽이는 형벌이었다. 형벌에는 대체로 얼굴에 기호나 문자 등 문신을 새기는 경(黥), 코를 베는 의(劓), 발을 자르는 월(刖), 생식기를 못 쓰게 만드는 궁(宮) 등이 있었다. 구체적으로는 형벌마다 수백 가지씩 조항이 있었으니 모두 합치면 수천 가지가 넘었다. 통치자의 육형 남용 때문에 "신발은 싸고 의족은 비싸다"는 말까지 돌 정도였다.

한나라 유방이 정권을 잡는 데 주효했던 조치 가운데 하나는 진 왕조의 잔혹한 형벌을 폐지한 것이다. 한 문제 때에는 제(齊)의 태창현령 순우의가 죄를 지어 형벌을 받게 되었는데, 그의 딸 제영이 상서를 올려 육형은 과오를 고쳐 스스로 새롭게 되려는 사람에게서 기회를 앗아간다며 선처를 호소했다. 문제는 깊이 감동받아 육형의 폐지를 명했고, 그 후 경제는 한발 더 나아가 수천 년을 이어온 육형 제도를 없앴다.

그러나 213년, 조조는 일부 관료의 지지를 업고 이러한 육형의 부활을 시도했다. 육형이 폐지된 지 440년 만에 부활된 것은 당시는 물론 지금까지도 많은 사람의 비난을 받는 역사상 엄청난 퇴보였다. 물론 법률이 귀족 관료에게 유린당하는 나라에서는 육형을 부활하면 가장 고통받을 계층은 일반 백성이겠지만, 부패 세력을 극도로 증오하는 조조의 통치 아래에서는 백성을 약탈하는 악독한 상류층 역시 육형의 칼날을 피할 수 없었다. 육형의 부활은 패권 정치의 극단적인 한 단면일 뿐이었다.

조조의 성정이 잔인한 것은 타고난 악독함의 발로기도 하지만 난세에 살아남아 패권을 쟁탈하기 위한 것이기도 했다. 바로 이러한 패도 정치로 황하 유역을 통일했고, 정치가 어느 정도 안정을 되찾았으며 경제는 점차 회복되었다. 중앙에서 지방에 이르기까지 정치와 사회면에서 모두 과거와는 확실히 달랐다. 조정에서는 알력을 다투며 사사로운 이익만을 도모하던 대신이 줄었고, 지방에서는 요리조리 형벌을 피해가며 경거망동하던 관리와 호족이 어느 정도 제압되었으며, 귀족 관료도 지나친 사치와 향락을 감히 즐기지 못했으니 사회 전체의 기풍이 호전되었다. 사마광이 조조를 두고 "어지러움을 다스림의 기회로 삼았다"라고 한 것이 결코 헛된 말이 아님을 알 수 있다. 역사가 증명하듯, 조조가 기초를 닦은 위나라는 강력한 정치력과 경제력을 갖추었기 때문에 중국 재통일이라는 위업을 달성할 수 있었다. 그런 점에서 패도가 당시 중국 통일의 유일한 길이었음을 부인할 수 없다.

제 3 장

작은 것을 버려 큰 것을 취하라

역사적으로 볼 때 490여 명의 황제가 2000여 년 동안 중국을 다스렸다. 그러한 황제의 모습이 위

풍당당하기만 했다면 무엇 때문에 황제를 위해 애통해하고, 다음 생애에는 절대 왕가에서 태어

나지 않기를 바랐을까? 털 빠진 봉황은 닭만도 못하니 권력을 잃은 황제는 일반 백성만 못했다.

환관과 외척의 권력 투쟁

중국 최초의 황제 진시황은 황제라는 칭호를 만들어 최고의 지위에 올려놓았을 뿐 아니라 일련의 제도를 창조하여 절대 권력을 보장했다. 그는 명(命)을 제(制)로, 령(令)을 조(詔)로 바꾸었으며, 황제는 스스로 짐이라 칭하고, 신하와 백성은 황제를 폐하라 칭하도록 했다. 폐하는 궁전 앞의 계단을 말하는데 황제를 지칭하는 말로 바꿔 황제에 대한 존중을 나타냈다. 아울러 모든 권력을 황제에게 집중하여 일의 대소에 관계없이 모두 황제가 결정하도록 하고, 신하들은 건의와 집행 의무만 지도록 했다.

이와 같이 진시황이 창안한 황제 제도는 사회 전체를 황제를 핵심으로 하는 피라미드형 고도 중앙집권 체제로 만들었다. 이 제도는 장기간의 분열을 마치고 통일로 나아가는 제국에서 반드시 필요한 것이었다. 그러나 권력이 집중될수록 신에 가까운 황제에게는 더욱 큰 능력과 지혜가 필요했다. 만약 황제가 방대한 제국을 제어할 수 없게 되면 권력이 남용되거나 남의 손으로 넘어가 제국은 대재앙에 휩싸이게 된다. 이는 진시황 이후의 봉건 역사에서 거듭 증명된 사실이다.

진시황의 보위를 물려받은 2대 황제 호해(胡亥)는 치국 경험도 없었고 충성심 있는 대신을 임용할 줄도 몰랐다. 기댈 곳이라고는 그저 음흉하기 짝이 없는 조고(趙高)뿐이었다. 조고는 황족을 몰살하고 천하의 대신과 백성을 도륙함으로써 자신의 절대 권력을 보호하려는 세력의 우두머리였다. 여기에 진시황이 시행한 폭정이 합쳐져 결국 농민봉기를 불러왔다. 이로써 한 시대를 풍미한 대제국은 잿더미로 변하고 말았다. 진 왕조의 폐허 속에서 창건된 나라가 한나라다. "한(漢)은 진의 제도를 승계한다"며 황제 제도를 받아들인 전한은 11명의 황제가 보위를 이어갔다.

개국황제 유방은 강산을 다시 세웠으니 그 능력이야 말할 나위도 없었고, 혜제는 전란을 겪으면서도 나라를 지켜냈다. 문제, 경제는 내란을 겪었지만 나라를 안정되게 다스리며 위기를 헤쳐 나가 '문경지치(文景之治)'의 업적을 이뤘다. 또 무제는 제국을 전성기로 이끌었다. 전한의 황제들은 성년이 되고 나서 황위를 물려받았으므로 200여 년 역사가 안정적으로 흘러갈 수 있었다. 왕망(王莽)이라는 유생이 어린 황제를 죽이고 예언과 미신 등을 이용해 전한 왕조를 수중에 넣은 뒤 신(新)나라를 세우기 전까지는 말이다. 복고정치만을 주장한 왕망은 당시의 사회문제를 해결할 능력이 없었기 때문에 나라는 날로 엉망이 되어갔다. 결국 경제의 후예 유수가 정권을 회복하여 후한 왕조를 세우기에 이르렀다.

그러나 후한은 망할 징조가 가득한 왕조였다. 무능한 황제들에게 권력이 과도하게 주어지면서 황제 제도의 폐단이 적나라하게 드러났다. 광무제 유수는 천하를 얻은 후 넘치는 기백과 비범한 치국 수단을 동원하여 건국 초의 어려운 국면을 잘 타계했다. 하지만 귀족 관료의 도움으로 황제가 된 광무제는 여러 방면에서 이들 세력의 특권을 인정하지 않을 수 없었다. 이는 후일 중앙과 지방을 분열시키는 불씨가 되었다. 광무제 이

후 명제, 장제는 모두 성년이 된 뒤 즉위하여 국사를 돌보고 지켜가는 어려움을 잘 알고 있었고, 그만큼 열성적으로 임했기에 후한 정권은 지속적으로 발전할 수 있었다. 그러나 장제 때에 이르러 외척이 등장했다.

장제 이후의 황제들은 모두 어린 나이에 등극했기 때문에, 아무도 넘볼 수 없는 최고 권력은 타인의 손에 넘어갔다. 황제는 진열품 신세로 전락해 세력간 권력 투쟁을 지켜볼 수밖에 없었다.

88년에 막강한 왕권을 자랑했던 장제가 서거하고 10세 된 화제가 즉위했으니, 이는 아기가 거대한 산을 받쳐 든 것이나 다름없었다. 어린 황제는 무엇을 해야 할지 몰랐고 지속 가능한 발전은 요원한 일이었다. 이리하여 황제의 신권(神權)은 제삼자의 손에 넘어갔다. 두 태후가 섭정을 하면서, 태후의 오빠 두헌은 대장군 직위에 앉아 조정을 장악했다. 이것이 외척 정권의 시작이다. 두씨들은 조정을 점령한 뒤 요직을 두루 섭렵했고, 백관은 그들의 눈치만 보았으니 황제는 허수아비일 뿐이었다. 황제는 점차 나이가 들면서 두씨 일가의 전권에 큰 불만을 품었지만, 궁 안 깊은 곳에서 내외 신료들과 단절되어 지냈기 때문에 의지할 대상이라고는 환관밖에 없었다. 92년, 황제는 환관 정중이 장악한 금군을 이용하여 태후 옆을 지키던 두씨 일당을 죽였고, 정중 등의 환관은 제후에 봉해져 조정에 참여하게 되었다. 후한 환관들의 정치 관여는 이렇게 시작되었다.

어느 정도 성장하여 정치를 알고 백성을 살필 줄 알게 된 황제가 좀 오래 살면 좋았겠지만, 그들은 대부분 황권을 넘겨받아 제국을 손에 넣고 나면 술, 여자, 돈, 노여움 등 여러 가지 원인으로 몸이 급속히 쇠약해졌다. 그러고는 한때 모든 것을 누렸던 속세에 숱한 한을 남기고 떠났다. 재위 기간이 짧은 후한의 황제들은 계속해서 교체되었다.

105년에 화제가 27세의 꽃다운 나이에 서거했다. 대권은 또다시 외척들의 손아귀로 넘어갔고 화제의 황후 정씨는 갓 100일을 넘긴 상제를 옹립했지만, 상제는 이듬해 8월 세상을 떠났다. 그 후 정 태후는 화제의 조카 안제 유우(劉祜)를 황제로 세웠다. 정 태후가 오빠 정즐의 힘을 빌려 정권을 장악하면서 정씨 일가가 조정을 좌지우지하자 안제는 불만을 품지 않을 수 없었다. 121년에 정 태후가 세상을 떠난 뒤 안제가 환관 세력을 등에 업고 외척 척결에 나서자 정즐은 자살했고, 정씨 가문은 몰락했다. 안제를 도운 환관 이윤, 강경은 중용되었다.

125년에 안제가 32세의 젊은 나이로 서거했다. 관례에 따라 염 태후가 정권을 잡았으나 능력이 모자랐던 그녀는 환관 세력과 계속 충돌했다. 염 태후는 동생 염현과 함께 장제의 손자 북향후 유의(劉懿)를 황제로 세우니 그가 소제다. 그러나 소제는 1년을 버티지 못하고 병사하고 말았다. 염 태후는 다시 어린 황제를 세우고자 했으나 환관 손정 등이 비밀리에 모의하여 강경, 염현을 죽이고 궁녀 소생인 폐태자(廢太子)를 옹립했다. 이리하여 11세 된 유보(劉保)가 보위에 올랐으니 그가 순제다. 이에 순제는 손정 등을 후(侯)에 봉했고, 환관 세력은 날로 커져만 갔다.

안제, 순제 시대에 환관 세력은 이미 커질 대로 커져 조정 일에 간섭하고 심지어 황제의 명령을 조작하여 멋대로 일을 꾸미는 지경에까지 이르렀다. 환관 세력을 견제하기 위해 순제는 외척을 키우기 시작했고, 황후의 부친 양상과 그 아들 양기를 대장군에 임명했다. 외척과 환관은 몇 차례 힘겨루기를 거쳐 투쟁 경험을 쌓으면서 어린 황제를 세우는 데 맛을 들였다. 황제는 이들이 권력을 다투고 상대를 제압하는 데 필요한 카드로 전락했다.

순제가 서거한 뒤 외척 양씨가 정권을 쥐었다. 양 태후와 양기가 2세 된 충제 유병(劉炳), 8세 된 질제 유찬(劉纘), 15세 된 환제 유지(劉志)를 차례로 보위에 올리면서 외척의 전성기를 맞았다. 어려서부터 총명했던 질제는 양기가 전권을 휘두르는 것을 못마땅하게 여기다 결국 그에게 독살되고 말았다. 양기는 질제를 독살한 후 대신들을 탄압하며 독재를 계속했다. 146년에는 자신의 매부인 15세의 유지를 보위에 세웠는데 그가 바로 환제다. 외척 양기가 전권을 행사한 24년 동안 세 황제가 즉위하며 양씨 일문에서 일곱 후(侯), 세 황후, 여섯 귀인, 두 대장군이 배출되었고, 낙양 주위 황하 남북의 1000리 가까운 땅이 이들의 재산이 되었다.

159년에 양 태후가 세상을 떠나자 성년이 된 환제도 더는 대권의 주변에만 머물러 있기를 원치 않았다. 그는 환관 단초 등과 모의하여 병사를 보내 양기의 저택을 포위한 뒤 자살하도록 함으로써 대권을 되찾아왔다. 그러나 이때 권력을 되찾은 이는 황제가 아니라 환관이었다. 양씨 일가가 몰락한 후 공을 세운 환관 다섯 명은 제후에 봉해져 오후(五侯)라 불렸다.

환제가 양기를 제거한 후부터 영제 시대까지는 후한 역사상 환관이 가장 크게 전횡을 일삼은 때다. 이때 환관들은 추천을 받아 관리를 뽑는 찰거(察舉)제도를 이용해 결당하여 사사로이 이익을 도모하고 자신들의 세를 전국 각지로 퍼뜨렸다. 환관은 황제의 권위를 빌려 사법권을 장악했으며, 수도의 금군 역시 손에 넣었다. 세력 싸움이 일어날 때마다 그들은 자신들이 장악한 군대와 황제를 이용했다. 황제에게 압력을 넣어 자신들에게 유리한 조서를 쓰게 하거나 조서를 멋대로 꾸며내기도 했다. 이렇게 그들은 중앙정부를 손아귀에 쥐고 나라 전체를 통치했다. 168년에 12세의 영제가 즉위하자 환관들의 기세는 더욱 높아졌다. 그들은 황권을 빌려 관료 집단을 박해했다. 황제마저도 환관들의 눈치를 살펴야 하는 신세가 되었다. 영제는 종종 이렇게 말했다. "장상시는 내 아비고, 조상시는 내 어미라." 후한 전체가 이미 환관의 손바닥 안에 있었다.

외척, 환관의 암투는 봉건 통치집단 내부의 모순을 명확히 드러낸다. 후한 초기 최고통치자는 권력을 황제에게 집중시켰기 때문에 권력을 노리는 사람은 모두 황제를 옆에 끼고 있어야 했다. 후한은 장세 이후 환관, 외척이 번갈아가며 정권을 장악했는데, 이들은 누구랄 것도 없이 모두 극단적인 부패 세력이었다. 어느 세력이 집권하더라도 백성은 끝을 알 수 없는 재난에 허덕여야 했다. 후한 정부 역시 끊임없는 정권 탈취의 소용돌이 속에 하루하루 역량을 소진하며 몰락으로 치달았다.

후한의 역사를 살펴보면 장제 이후 황권이 다시는 황제의 손으로 넘어오지 않았다. 환관과 외척의 권력 투쟁은 계속되었고, 황제는 정권 쟁탈의 도구이자 간판일 뿐이었다. 후한 중후기에 들어서 황제는 더욱 무능한 존재가 되었다. 설령 황제가 다른 세력의 힘을 빌려 집권 세력을 숙청하더라도 권력을 한 집단에서 다른 집단으로 이양한 것과 같았다. 상황이 그러하니 제아무리 노련한 조조라도 무슨 수로 능력을 인정받고 망국의 기운을 걷어낼 수 있었겠는가? 이러한 시대적 상황은 청년 조조에게서 충신이 되겠다는 꿈을 가져가고, 후한 마지막 황제의 운명마저 비극적으로 몰고 갔다.

마지막 황제의 구명줄

　후한 마지막 황제인 헌제 유협의 정치 인생은 비극으로 얼룩져 있다. 그는 왕에서 황제를 거쳐 제후에 봉해지기까지 이리저리 떠돌며 고단한 삶을 살았다. 훗날 조조의 보호 아래 20여 세에 꼭두각시 황제가 된 후에는 비록 먹고 입을 걱정은 없었지만 위로는 부모에게 효를 다할 수 없고, 아래로는 처자식을 거둘 수 없는 신세였다. 천자라는 귀한 자리에 있으면서도 자신의 처와 자식을 보호해줄 수 없었으니 그 고통이야 이루 헤아릴 수 없었을 것이다. 조조가 죽자 그의 아들 조비는 즉시 이 꼭두각시 황제를 끌어내리고 '양위'라는 방식으로 위풍당당하게 황제의 자리에 올랐다. 이후 헌제가 제후에 봉해진 후 병사했는지, 조비에게 독살되었는지는 명확하지 않다. 어쨌든 이 마지막 황제가 30년 가까이 황제 자리를 보존할 수 있었던 것은 끊임없는 정치 투쟁과 음모 속에서 자신의 구명줄인 조조를 잘 붙잡고 있었기 때문이다. 조조 역시 상황을 받아들일 줄 아는 황제가 필요했으니 이 둘의 이해관계가 맞아떨어져 상생을 위한 거래가 성사된 셈이었다.

　189년에 영제가 붕어하자 하 황후와 미성년인 두 아들이 남았다. 당시 태자 유변은 하 황후 소생이었고, 진류왕 유협은 한 미인 소생이었다. 영제는 유협을 더 사랑하여 생전에 그를 태자로 세우려고 했지만 대신들의 반대에 부딪혀 포기할 수밖에 없었다. 태자를 탐탁지 않게 여긴 영제는 임종을 앞두고 금군을 장악한 환관에게 유협을 황제로 올리라고 당부했다. 그러나 권력을 잡은 환관이 원소 등에게 죽임을 당하자 결국 태자 유변이 황제의 자리에 올랐다. 후한의 두 번째 소제시만 어린 황제로서는 몇 번째인지 정확히 알 수 없다. 하 황후가 태후가 되었지만 그녀는 천하를 다스릴 능력이 없어 자신의 오빠 하진을 기용함으로써 후한은 환관과 외척의 마지막 싸움을 맞이하게 된다.

하진은 모든 환관을 제거하고 자신을 비롯한 외척이 조정대권을 독점해야 한다고 생각했다. 그러나 하 태후는 진류왕 유협의 모친을 독살한 일로 영제의 노여움을 사 거의 폐위당할 뻔했을 때 환관 몇몇이 영제에게 1000만 냥을 바쳐 황후 폐위가 흐지부지되면서 환관의 신세를 톡톡히 졌기 때문에 그들을 죽이자는 데 차마 동의하지 못했다. 결국 하진은 원소의 건의를 받아들여 동탁을 낙양으로 불러들였는데, 동탁이 낙양에 채 들어오기도 전에 환관들이 이 일을 눈치 채고 먼저 하진을 없애고 말았다.

그러자 원소 형제가 군사를 이끌고 궁으로 들어가 환관을 모두 죽였고 이로써 중앙정부는 큰 혼란에 휩싸였다. "조개와 도요새가 서로 다투니 어부가 이익을 얻는다"고 하지 않던가! 환관과 외척이 한데 얽혀 싸우는 과정에서 백여 년 동안 조정을 주물러온 환관이 죽어나가고 외척들도 우두머리를 잃고 우왕좌왕하는 사이 동탁은 손쉽게 기회를 잡았다.

동탁은 낙양으로 오는 도중 궁정에 대란이 일어나 황제가 실종되었다는 사실을 알게 된다. 실로 엄청난 일이 벌어진 것이다. 나라에는 하루도 군주가 없어서는 안 되었기에 모두 나서서 황제를 찾았는데 황제는 동탁의 눈에 먼저 띄었다. 동탁의 흉측하고 사나운 모습에 갓 14세 된 어린 황제는 두려워 벌벌 떨며 한마디도 하지 못했지만, 9세인 유협은 동란의 정황을 조목조목 설명하여 동탁에게 정보를 주었다. 이로써 동탁은 중앙 정권 장악의 발판을 마련했다.

초평 원년(190년) 동탁은 중앙에 진출한 후 소제 유변을 보위에서 끌어내리고 진류왕 유협을 황제로 세웠다. 그러고는 후환을 없애기 위해 소제와 하 태후를 독살해버렸다. 동탁은 이렇듯 황제를 폐립함으로써 중앙 대권을 차지하고 자신의 절대적 권위를 구축했다. 동탁이 권력을 잡았지만 중앙에서 지방에 이르기까지 대대로 귀족신분을 세습한 이들은 무력으로 일어난 그를 무시했다. 그리고 오래지 않아 관동의 반동탁 연합군이 그의 숨통을 조여오기 시작했다.

동탁은 형세가 심상치 않음을 느끼고 견벽청야 전략을 펼치며 서둘러 황제를 장안으로 옮겼다. 그리고 낙양과 주위 수백 리를 모두 불태웠다. 이 과정에서 이주를 반대하는 백성은 죽이고 재물을 약탈했다. 후한 왕조가 쌓아온 모든 것이 동탁과 서량군에게 짓밟히고 전소되어 흔적조차 없이 사라졌다. 장안은 폐허가 되었고 잿더미가 된 궁정에서 9세의 황제와 대신들은 동탁의 눈치만 보며 지내야 했다.

헌제는 동탁에게 높은 평가를 받았지만 그렇다고 존중받은 것은 아니다. 헌제는 그저 꼭두각시 황제로 보위에 앉아 찍소리도 못하는 신세일 뿐이었다. 한편 관동 반동탁 연합군은 병력이 부족하여 조조, 손견만이 동탁 부대와 두 차례 격렬한 전투를 치른 후 물러났을 뿐이고, 나머지는 내분이 일어나 더는 동탁을 건드리지 못했다. 외환이 사라지자 동탁은 더욱 활개를 쳤다. 헌제와 백관은 안중에도 없어 황제의 후궁까지 취하고 재물을 약탈했을 뿐 아니라 양민을 혹형으로 도륙하기를 일삼아 관료지주부터 일반 백성에 이르기까지 그를 증오하지 않는 이가 없었다.

하지만 동탁 세력 내부에서도 갈등이 일어나 사도 왕윤은 동탁의 수양아들 여포와 손잡고 헌제 명의로 동탁을 제거한다. 초평 원년 낙양에 발을 디딘 뒤부터 초평 3년 죽을 때까지 3년 동안 동탁은 한나라가 400년 동안 쌓아온 문화적 자산을 모두 태워버렸다. 당시 가장 번화했던 낙양을 폐허로 만들었으며, 중앙의 위신을 땅에 떨어뜨리고 승냥이 같은 서량 군벌이 관중을 초토화하도록 방관했다. 말로 형언할 수 없을 정도의 잔악무도함이 결국 황건적의 난까지 불러왔고, 후한 정권이 다시 일어설 희망은 사라지고 말았다.

동탁이 주살된 후 정권을 잡은 왕윤은 워낙 완고하여 남의 말을 들을 줄 몰랐기 때문에 신료들의 큰 실망을 샀다. 더욱이 그는 동탁이 데려온 서량군을 사면하지도, 해산하지도 않아 신료들을 벌벌 떨게 만들었다. 동탁의 부하 이각, 곽사는 동탁이 죽은 후 아무런 처분도 받지 못하고 두려움으로 하루하루를 보내게 되자 차라리 군대를 해산하고 도주할 생각까지 했다. 이때 가후가 군대를 소집해 장안을 공격하여 결판을 지으라며 그들을 부추겼다. 이기면 정권을 잡을 수 있고, 지면 그때 가서 도주해도 늦지 않다는 것이었다. 오합지졸인 그들은 어차피 이판사판 죽을 각오였기 때문에 한번 해보자는 심정으로 장안을 향해 진격했다. 그런데 의외로 장안으로 가는 길은 쉽게 열렸고 장안성에 이르렀을 때 10만의 군사가 모였다. 반란군은 여포를 내쫓고 왕윤을 제거한 뒤 한나라를 차지했다.

헌제는 또다시 동탁 잔당들의 꼭두각시가 되었다. 이각과 곽사는 황제를 전면에 내세워 백관을 새로 임명하고 조정을 새로이 구축했다. 이각은 차기장군, 곽사는 후장군, 번조는 우장군, 장제는 표기장군을 각각 맡았다. 이각, 곽사, 번조 세 사람은 장안에서 조정을 장악했고, 장제는 군대를 이끌고 홍농에 주둔해 있었다. 관동의 제후들이 기회를 틈타 반격해올지도 모른다고 생각했기 때문이다.

그렇다면 관동의 제후들은 그사이 무엇을 하고 있었을까? 그들은 서로 땅을 조금이라도 더 차지하기 위해 다투느라 저 멀리 있는 관중과 어린 황제에게는 전혀 관심이 없었다. 이때 관중의 작은 조정을 아직도 기억하고 있는 이는 과거 서량군에게 호되게 당한 경험이 있는 조조뿐이었다.

반동탁 연합군에 참여했다가 실패한 후 조조는 독자적인 발전을 꾀하기로 했다. 193년에 조조는 연주 관원들의 옹호를 받으며 연주의 실제 통치자가 되었고 반년 남짓 분전한 끝에 청주의 황건적을 완전히 소탕하고 자신만의 무장 세력과 기반을 마련했다. 조조가 연주에서 점차 안정적인 지위를 확보하자 수하의 참모 모개는 그에게 천자를 끼고 천하를 호령하라는 구상을 제시했다. 그는 천하가 뿔뿔이 나뉘어 종묘사직이 어지럽고 백성은 갈 곳을 잃어 배고픔에 신음하는 현실을 인식했다. 나라 창고에 남은 식량으로는 1년도 버티기 어려웠으니 편안한 삶은 생각할 수도 없었다. 만일 천자를 전면에 내세워 각지의 반란군을 토벌하고 농사를 장려하여 군대의 식량을 비축한다면 패업을 달성하는 것도 어려운 일이 아니었다.

모개는 이때 두 가지를 제안했다. 첫째 천자를 맞이하여 정치적 명분을 확보하고, 둘째 떠돌이 부랑배들을 모아 생산을 강화함으로써 전쟁에 필요한 인력과 물력을 확보하면 장차 조조의 대업성취에 큰 밑거름이 될 것이라고 했다. 조조는 이에 동의하고 곧 사자를 장안으로 보내 헌제에게 하례를 전했다. 조조와 헌제의 첫 번째 접촉이었다. 헌제는 아직도 이렇게 공손한 신하가 있음을 알게 되었고, 조조는 중앙으로부터 연주목으로서의 직위와 통치의 합법성을 인정받았다.

다음 문제는 천자를 어떻게 자신의 본거지로 맞이하는가 하는 것이었다. 이 문제로 고심할 무렵 연주와 관중은 모두 혼란에 빠져 있었다. 조조는 부친의 죽음 때문에 서주의 도겸을 두 차례 성벌했으나 도리어 내부에서 갈등이 생겨 연주가 여포 등에게 점거되자 여포와 필사적인 결전을 벌였다. 한편 조조가 도겸, 여포와 싸우느라 정신이 없을 때 서량의 마등은 사사로운 일로 이각과 틀어져 다투느라 여념이 없었고, 얼마 후 이각과 곽사까지 서로 의심하다 각자 수만 군대를 이끌고 장안성에서 혼전을 거듭했으니 장안은 죽은 도시나 다름없었다. 헌제는 사람을 보내어 화해를 시도했지만 군벌들은 누구 하나 그의 청을 귀담아 듣지 않았고, 도리어 그를 인질로 삼기까지 했다.

이각과 곽사의 전투가 수개월 동안 계속되자 헌제도 더는 장안에 머물 수 없었다. 194년 7월, 그는 문무백관을 데리고 장안을 떠나 장제가 주둔한 홍농으로 향했다. 하지만 도중에 수차례 습격을 받았다. 처음에는 장군 단외와 후장군 양정이 사사로운 원한 때문에 이들을 습격하여 전투가 벌어졌는데 결론이 나지 않고 흐지부지 끝났다. 이어서 이각, 곽사가 병사를 모아 추격해왔다. 그들은 헌제가 이끌고 있던 왕공과 대신을 모조리 죽였다. 이 과정에서 황실의 의장, 관직 명부마저 소실되었으며 헌제 곁에 남은 사람은 100명이 채 되지 않았다. 이렇듯 위험한 처지에 놓이자 대신들은 수로를 통해 낙양으로 돌아가자고 했다. 196년에 헌제 일행은 천신만고 끝에 수도 낙양으로 돌아왔다. 이때 낙양은 이미 폐허가 되어 눈

뜨고 볼 수 없을 정도로 처참해져 있었다. 황제와 백관들은 먹을 것과 마땅히 기거할 곳이 없어 거지나 다름없이 지내야 했다.

헌제의 처참한 형편을 두고 제후들은 각자 주판알을 튕겼다. 헌제를 이용해 천자를 끼고 제후를 호령하자는 계책을 먼저 내놓은 이는 원소의 참모 저수였다. 그러나 다른 참모들은 이에 찬성하지 않아 원소는 쉽게 결정하지 못했다. 원소가 우물쭈물하는 사이 조조 측은 이미 의견을 통일해 마침내 한 걸음 먼저 헌제를 맞이했다.

헌제는 보위에 오른 이후 어느 하루도 편안한 날이 없었다. 장안에서 낙양까지 가는 동안 겪은 고생은 이루 다 말할 수 없었다. 낙양에 이르러서는 하루 세 끼를 때우기도 어려운 지경이었으니 위엄은 땅에 떨어지고 제후들을 두려워하는 신세가 되었다. 바로 이때 충성스러운 신하가 직접 찾아와 공손히 하례하고 공물까지 바치니 헌제는 천군만마를 얻은 양 기뻐하며 즉시 조조를 사례교위, 녹상서사에 임명했다. 이로써 조조는 실권을 쥐게 되었다. 그 후 조조는 다시 동소의 건의를 받아들여 낙양의 궁전이 심하게 파괴되고 식량이 부족하다는 핑계로 황제를 달래, 결국 건안 원년(196년) 헌제를 자신의 본거지인 허창으로 맞이했다.

조조는 비록 천자를 끼고 제후를 호령한다는 속셈이 있었지만 헌제를 만난 뒤로는 늘 한 왕조의 예의에 따라 정중히 모셨고, 황제의 일상을 세심하고 주도면밀하게 보살폈다. 그동안 황제의 삶이 어떤 것인지 경험할 기회조차 없었던 헌제는 그 덕에 인생의 즐거움을 느꼈고, 이렇게 자신의 구명줄을 찾아준 조조 세력에 자신의 모든 것을 의탁했다. 이리하여 일개 지방군벌이 황금열쇠를 갖게 된 셈이다.

황제의 그늘 속에서

　헌제를 허창으로 맞이한 뒤 조조는 이 마지막 황제를 안정시키기 위해 갖은 수단을 동원하여 그에게 황제로서의 존엄을 느끼게 했다. 헌제가 허창에 도착하자 조조는 즉시 황제를 위해 행궁을 지어 편안히 지낼 곳을 마련해주었다. 또 당장 필요한 식기, 비단 등 많은 생활용품을 보냈고 하루 세 끼 식사를 융성하게 차려 헌제의 의식주 문제를 단번에 해결해주었다. 그뿐만 아니라 조조는 필요한 모든 물건을 보낸 뒤 '상잡물소(上雜物疏)'라는 상소문을 올렸다. 바친 물건은 모두 선제께서 자신의 조부와 부친에게 하사한 것인데, 조부와 부친이 사용하지 않고 집에 공손히 모셔두었다가 이제 다시 황제께 바친다는 내용이었다. 몇 푼 나가지 않는 일상용품이 순식간에 천금 가치를 지닌 어용품으로 둔갑했고, 발톱을 숨긴 야심가가 절개 넘치는 충신으로 바뀐 순간이었다. 가진 것 없이 하고 싶은 말도 제대로 하지 못하고 지내온 황제는 기꺼운 마음으로 신하의 섬김을 받았다. 헌제는 어느새 마음의 안정을 되찾아갔다. 헌제는 조상의 사당까지 지어 허창을 자신의 장기 거점으로 삼았다. 그리고 자연스럽게 자신과 한나라의 미래를 조조라는 환관의 자식에게 완전히 의탁하게 되었다.

조조가 헌제에게 물질을 제공하고 황제로서 존중하자 기대만큼 커다란 보답이 돌아왔다. 낙양에 머물던 시절 헌제는 조조를 사례교위, 녹상서사에 임명했는데 이는 재상 보조 겸 수도군 사령관에 상당하는 직책이었다. 허창으로 천도한 후에는 그를 대장군에 임명했다. 후한의 대장군은 삼공보다 높은 자리였다. 진시황은 진을 창건한 뒤 승상, 어사대부, 태위를 설치하고 이를 삼공이라 불렀으며, 그 아래 구경(九卿)을 두어 중앙 정권의 기본 기구로 삼았다. 한 왕조는 기본적으로 이 제도를 승계했지만 전국시대에 기원한 대장군이라는 직책은 빈발하는 대외 전쟁 때문에 점차 중요해졌다. 예컨대 한 무제는 위청(衛靑), 곽거병(霍去病)을 차례로 대장군에 임명했는데 이들은 천하의 병사들을 통솔하며 삼공보다 높은 지위를 누렸다. 그러나 이 직위는 사람에 따라 삼공을 지휘하기도 하고 때로는 삼공보다 낮은 위치에 있기도 했다.

후한시대 광무제는 귀족 세도가의 권력을 약화시키기 위해 상서대를 설치하여 국가의 진정한 권력을 장악했다. 상서대의 수석장관은 상서령이었는데 이는 어사중승, 사례교위, 태위 등의 직위와 함께 모두 세도가들이 맡았다. 그러나 이들 직위는 명망은 높았지만 실질적인 권력은 크지 않았다. 광무제는 이 방법으로 수많은 공신들을 통제했다. 하지만 대장군의 직위는 점차 지위가 높아져 후한에 이르러 삼공보다 높은 직위로 굳어졌고, 전국의 군사를 통솔하여 실질적으로 군권과 정권을 겸임하는 자리가 되었다. 따라서 대장군 조조는 사실상 전군의 총사령관이었다.

하지만 이것은 시작에 불과했다. 조조는 헌제를 발판으로 정치적 입지를 굳건히 다졌다. 그는 무슨 일을 하든지 황제의 명의로 포장했다. 각 지역을 정벌하러 나설 때도, 반란 세력을 평정할 때도 황제의 이름으로 자신의 뜻을 펼쳤다. 조조는 황제를 전면에 내세워 군웅을 제거했다. 조조의 눈에 가장 먼저 들어온 자는 헌제가 낙양으로 돌아올 때 공을 세운 양봉(楊奉)이었다. 양봉은 조조를 경계해 그가 헌제를 허창으로 옮길 때 반대한 사람이다. 그래서 조조는 그를 위협적인 존재로 인식하고 있었다.

196년 9월, 헌제는 조조를 대장군으로 임명하고 무평후에 봉했다. 10월에 조조는 천자의 명의로 양봉을 정벌하러 나섰다. 헌제가 허창으로 옮기려 할 때 양봉이 저지했다는 이유에서였다. 조조가 무서운 기세로 치고 나오자 양봉은 회남까지 쫓겨 가 원술에게 의탁하는 신세가 되었다. 이로써 조조는 땅과 군대까지 차지했으니, 천자를 끼고 천하를 호령하는 달콤함을 처음으로 맛보게 되었다.

이때 조조와 헌제는 처음으로 상생하는 국면을 형성했다. 한 사람은 의식주를 걱정해야 하는 고달픔에서 벗어나 황제로서 섬김을 받게 되었고, 다른 한 사람은 자신의 세력을 확장할 마땅한 명분을 찾았다. 그러나 제후들에게는 달갑지 않은 일이었다. 조조에게 맞서는 것은 곧 천자에게 대항하는 꼴이니 제후들에게는 대단히 불리한 상황이었다.

조조는 각 제후들의 경계 대상 1순위가 되었다. 조조를 비롯한 중앙정부에 가장 먼저 불복하고 나선 이는 하북의 광활한 땅을 차지하고 100만 인구와 10만에 육박하는 군대를 거느린 원소였다.

원소에 관해 조조는 손금 보듯 훤히 알고 있었다. 유년시절 두 사람은 함께 닭서리를 하고 말을 달리던 가까운 사이였다. 환관의 난, 반동탁 연합군에서 그들은 한때 같은 배를 탄 적도 있었다. 조조는 자신의 세력이 약하고 차지하고 있는 땅도 협소할 뿐 아니라 기동력은 우수하나 사방에 적이 도사리고 있어 그 장점을 살리기 어렵다는 것을 잘 알고 있었다. 장수, 여포, 원술, 유표 등 각 세력들이 조조를 에워싸면서 전시 상황을 형성하고 있었다. 그 반면에 당시 원소는 줄곧 하북 공손찬(公孫瓚)의 세력을 병탄해가고 있었다. 상황이 이러하니 조조와 원소 측은 특별한 다툼 없이 잠정적인 평화 상태를 유지하고 있었다.

조조에게 당면 과제는 작은 것을 버림으로써 자신의 세력을 하루속히 키우는 것이었다. 이러한 전략을 기초로 하여 조조는 천자의 이름을 등에 업고 북방의 위협에 대처했다. 조조는 황제에게 원소를 태위에 임명하라고 건의했다. 태위는 진시황이 만든 관직으로 삼공의 지위에 있는 명의상의 삼군 총사령관이었다. 그러나 이는 허울뿐인 자리였다. 군대는 국가의 근본이기 때문에 진한시대에는 줄곧 황제가 직접 통제했고, 나중에 생긴 대장군만이 실제로 병력을 통제할 권한이 있었다. 후한시대의 대장군은 이미 태위보다 높은 자리였다.

조서가 하북에 도착하자 원소는 크게 화를 냈다. 사세삼공의 후예인 그는 태위라는 자리의 성격을 잘 알고 있었다. 자긍심이 하늘을 찌르는 정통 세도가의 자제에게 조조보다 낮은 직위를 맡으라니 있을 수 없는 일이었다. 원소는 조정에서 보낸 대신에게 이렇게 말했다. "그가 천자를 옆에 끼고 내게 명령을 내리려 든단 말인가?" 과거의 친구이자 미래의 라이벌이 불만을 토로하자 조조는 허울뿐인 이름 따위는 재빨리 벗어던졌다. 조조는 곧 헌제 명의로 원소를 대장군에 임명하고 황제에게 자신을 사공, 행차기장군에 임명하도록 했다. 사공은 오늘날의 수리건설부 장관에 해당하고, 행차기장군은 차기장군 대리로 정식 군대조차 없는 자리였다. 이에 원소는 매우 만족해했다. 조조는 조정 명의로 원소에게 허울뿐인 직함을 내어줌으로써 당시 가장 강력한 세력을 우두커니 하북에 머물러 있도록 만들고, 3년이라는 시간을 벌었다.

그 3년 동안 격렬한 투쟁의 최전선에서 조조는 무엇을 했을까? 197년 1월, 조조는 완성의 장수를 공격해 수차례 전투를 벌인 끝에 마침내 그를 물리쳤다. 이때 회남에 있던 원술이 꿈틀대며 움직임을 보였다. 헌제를 황제로 모신 정통 한 왕조로서는 황제를 자칭하는 그를 용인할 수 없었다. 조조의 칼은 다시 원술을 향했다. 세력이 약한 데다 황제라고 자칭하는 것을 두고 제후와 백성의 불만을 샀으며 수하마저도 반대했기 때문에 대항할 능력이 없던 원술은 결국 조조에게 패해 죽음을 맞았다.

원술을 정벌하는 동안 유표, 장수가 수차례 조조를 공격하자, 조조는 그들이 다시는 군사를 일으키지 못하게 만들었다. 이때 조조의 숙적 여포가 유비를 몰아내고 서주를 차지해 위협적인 세력으로 성장했다. 198년 9월, 조조는 여포를 직접 정벌한다. 10월 들어 조조군은 서주를 도륙하고 하비를 포위했다. 조조는 순유, 곽가의 계책에 따라 사수와 기수의 물줄기를 끌어 성으로 들어가게 했고, 1개월여 만에 하비성은 무너졌다. 조조는 여포, 진궁 등을 처형하고 장패 등 장수들의 투항을 받아들였다. 199년 4월에 조조는 임하로 진군하여 혜고 등을 대파하고, 8월에는 여양으로 진격했다. 9월에는 다시 허창으로 돌아와 군사를 나누어 관도를 지키며 원소와 대치했다.

이 3년여 동안 조조의 세력은 가장 약했다. 조조의 세력은 장수, 유표, 원술보다 약간 강한 정도였으니 그야말로 강적으로 둘러싸인 형국이었다. 조조에게는 각개격파의 전략만이 살아남을 수 있는 유일한 길이었다. 만일 조조가 남쪽 지방 세력 집단과 각축을 벌이는데 원소가 어느 한 집단과 동맹을 맺고 동시에 협공했다면 버텨낼 재간이 없었을 것이다. 그러나 대장군이라는 감투가 원소의 경계심을 흐려놓은 틈에 조조는 천자의 이름을 내걸고 대담하게 남쪽 지방의 제후들을 정벌했다.

3년 동안 조조는 광활한 땅을 차지했을 뿐 아니라 규모는 크지 않지만 전쟁에 강한 정예 부대를 보유하게 되었다. 게다가 둔전제가 성공을 거두면서 후방기지 또한 안정되어 경제적 기초도 든든했다. 여기에 천자까지 곁에 두고 있었으니 백성과 사대부들이 모두 허창을 중심으로 한 중앙정부를 인정했고, 어느 군벌이든 조조와 전쟁하는 것은 곧 중앙에 대한 도전이며 분열을 획책하는 반란이 될 수밖에 없었다. 이리하여 정치, 경제, 군사면에서 조조의 세력은 급속히 팽창했고 마침내 어떠한 세력과 힘겨루기를 해도 밀리지 않을 밑천이 마련되었다. 북방 최대의 세력 집단인 원소와 결전을 치를 준비가 모두 끝난 것이다.

200년에 유명한 관도전투가 발발했다. 이때 조조는 최후의 승리를 거둠으로써 북방 통일의 기초를 다지고 한 왕실 정통으로서 허창 정권의 지위를 더욱 확고히 했다. 그리하여 그 후 어떤 세력도 감히 조조와 맞설 수 없게 되었다. 조조는 원소의 잔여 세력까지 공격했고, 북방 호족은 자연스럽게 그에게 귀속되었다. 이어 조조는 조환(鳥桓)을 정벌하고, 208년에는 남하하여 전국 통일을 시도했다. 조조는 먼저 한나라 승상의 이름으로 유표 정벌에 나섰다. 그런데 유표가 병사하자 그의 아들 유종(劉琮)은 강력한 정치·군사적 압력에 투항한다.

적벽대전이 벌어지기 전 조조는 헌제의 이름을 내세우며 동오를 공격하여 강동 세력을 혼란에 빠뜨렸다. 북방 지역 출신인 조조군이 만일 수전(水戰)에 강했고, 병사들 사이에 전염병이 돌지 않았다면 삼국의 역사는 이것으로 끝났을지도 모른다. 그 후 조조는 서북 군벌과 강족 반란 세력을 모두 정벌하며 후한 중엽부터 시작된 서북 반란을 잠재웠다. 215년에 조조는 한중으로 진군했는데 이미 3대째 한중을 지배하던 장로 정권도 통일의 깃발을 당해낼 수 없어 결국 투항하고 말았다. 이리하여 조조는 중국을 대부분 통일했다.

거듭된 군사상 승리는 정치적으로도 조조에게 커다란 수확을 가져다 주었다. 208년 6월, 조조는 승상에 책봉되었다. 212년에 헌제는 조조에게 어전에 들 때 허리를 굽혀 절하지 않아도 되며 신발을 신고 칼을 찬 채 들어와도 좋다고 윤허했다. 이는 한나라 개국공신 소하(蕭何) 이후 처음 있는 일이었다. 213년 5월에 위공에 봉해진 조조는 7월부터 위의 사직과 종묘를 짓기 시작했다. 10월에는 위군을 동서로 나누어 도위를 두었다. 11월에 조조는 처음으로 상서, 시중, 육경을 설치했다. 214년이 되자 헌제는 위공의 지위를 제후보다 높이고 금새와 붉은 인수, 원유관을 주었다. 216년 5월에 헌제는 조조에게 위왕의 작위를 내렸다. 217년 4월에는 천자의 깃발을 세우도록 명했으며, 그의 가마가 행차할 때 통행을 금하여 길을 치우라고 했다. 5월에 조조는 반궁(泮宮)을 지었다. 10월 들어 헌제는 위왕의 관모에 술을 12개 달게 하고 말 여섯 필이 끄는 금근차(金根車)를 타되 그 뒤로는 음양오행에 따라 각각 다섯 가지 색깔의 수레를 거느리도록 했다. 또 조비를 위의 태자로 세웠다.

이에 이르러 조조는 정치적으로 한 왕조를 대체할 조건을 충분히 갖추었고 군사면에서는 중국을 대부분 통일했다. 최소한의 대가를 치르고 황제를 모심으로써 정치, 경제, 군사면에서 최대 수익을 얻은 셈이었다.

황제를 끼고 천하를 호령하다

헌제가 갈 곳 없는 떠돌이 개와 같은 신세였을 때, 제후 군벌들은 이를 본체만체하며 누구도 몰락해가는 황제를 떠안는 귀찮은 일을 맡고 싶어 하지 않았다. 그러나 조조는 헌제를 허창으로 맞이하여 그 면모를 일신시키고 성심성의껏 모심으로써 커다란 변화를 가져왔다. 조조는 천자의 합법적인 지위를 업고 많은 백성의 지지를 얻었으며, 더욱이 정의라는 이름의 그럴싸한 명분을 얻었다. 그는 이를 이용해 걸핏하면 황제의 이름으로 명령하고 군사를 일으켰다.

헌제를 등에 업은 조조 세력에 가장 먼저 대응하고 나선 원소는 결코 아둔한 인물이 아니었다. 그는 헌제가 조조의 손아귀에 들어감으로써 자신의 미래에 어떠한 위해가 닥칠지를 직감했고, 즉시 이 불리한 화근을 잘라야겠다고 생각했다. 원소는 우선 조조가 그랬듯이 헌제를 자신의 본거지로 옮겨오려 했다. 그는 낙양이 폐허가 되었고 허창 역시 안전하지 못하므로 자신의 근거지인 견성으로 옮겨오는 것이 좋겠다는 내용의 상서를 올렸다. 그리고 이로써 헌제라는 최고의 카드를 손쉽게 손에 넣을 수 있으리라 기대했다.

그러나 조조는 원소의 얕은꾀를 훤히 꿰뚫어보고 있었다. 조조는 헌제의 이름으로 조서를 보내 황제가 위급할 때는 구하러 오지 않고 자신의 세력을 키우며 군비를 확장하는 일에만 힘을 쏟았으니 한나라 정권에 조금의 충성심도 없다며 꾸짖었다. 원소는 이것이 조조의 뜻이라는 것을 잘 알고 있었지만 황제의 이름으로 자신을 질책한 것이니 함부로 맞설 수도 없는 노릇이었다. 할 수 있는 일이라고는 그저 억울할 뿐이라는 내용의 서한을 보내는 것 정도였다.

조조가 태위라는 공허한 직위를 내려 원소를 위로하려고 하자 원소는 조조가 천자를 끼고 제후를 호령한다는 원망만 늘어놓았다. 그러자 조조는 원소가 높은 관직에 욕심이 있다는 것을 알고 그에게 대장군 자리를 양보한 뒤 자신은 두 등급이나 강등했다. 한편 자신의 대장군 지위가 조조보다 높다는 것을 과시하고 싶었던 원소는 조조에게 자신과 불화가 있었던 양표(楊彪), 공융(孔融)을 죽이라고 요구했다. 이에 대응하여 조조는 다시금 헌제의 이름을 빌려 "나라가 어지러운 형국에 가장 중요한 것은 민심을 얻고 인재를 모으는 것이니 살육으로 민심을 잃어서는 안 된다"며 원소를 꾸짖었다. 정의롭고도 준엄한 그의 말에 원소도 더는 토를 달지 못했다.

200년에 벌어진 관도전투는 원소가 똑똑하지 않고 사리에도 밝지 않다는 것을 명확히 드러낸 한판이었다. 천자의 이름을 내세운 조조에게 수차례 봉변을 당한 원소는 헌제의 대리인인 조조에게 공공연히 대항해봤자 명분이 약할 수밖에 없고, 중앙에 맞서는 반란 세력이라는 이미지만 심어줄 뿐이라는 사실을 깨달았다. 그래서 원소의 참모인 저수와 전풍은 더욱 현실적인 구상을 내놓았다. 당시는 천하가 크게 혼란하고 민생이 불안했다. 북방은 이제 막 안정되어가고 백성은 평화를 갈망하니 먼저 나서서 전쟁을 일으킨다면 그저 민심을 잃을 뿐이었다. 원소의 세력은 이미 기주, 청주, 유주, 병주 네 지역을 확보했고 공손찬까지 없애 광대한 지역을 안정시켰으니 큰 공을 세운 상태였다. 그러니 마땅히 황제를 만나 이 사실을 고하고 자신이 국가 안정과 통일을 위해 위대한 공헌을 했음을 알려야 한다는 것이었다.

조조는 진퇴양난에 빠졌다. 원소가 황제를 만나도록 하면 헌제는 틀림없이 그를 칭찬할 것이다. 이로써 원소의 이름이 높아지는 것은 물론, 헌제와 그의 관계가 긴밀해지면서 자신의 영향력이 약해질 게 뻔했다. 반대로 원소가 황제를 알현하지 못한다면 황제의 길을 가로막는 것이 되어 신하로서 큰 불충이니, 원소가 조조를 처단할 명분이 생기는 셈이었다. 어느 쪽이든 원소는 전략적인 주도권을 잡을 수 있었다. 또 구체적인 전술면에서도 그들은 기동전, 지구전, 소모전의 방식으로 조조를 얼마든지 무너뜨릴 수 있었다.

이 방법은 원소에게 분명히 매우 효과적인 것이었다. 원소의 세력은 강력했고 정치적으로 주도권만 잡는다면 명분을 챙기고 민심을 얻을 수 있었기 때문이다. 게다가 소모전에서는 조조를 무너뜨릴 만한 역량을 충분히 갖추고 있었다.

그러나 뜻만 클 뿐 재능이 부족했던 원소는 속전속결을 택했다. 그래도 처음에는 머리를 써서 조조와 헌제를 이간질하기 위해 자신의 수하 중 글솜씨가 뛰어난 진림(陳琳)에게 전투격문을 쓰도록 했다. 이것이 바로 유명한 격예주문(檄豫州文)이다. 여기서 진림은 먼저 조조의 죄상을 낱낱이 까발렸다. 진림은 조조의 조부인 조등은 백성을 학대한 환관, 부친인 조숭은 돈으로 관직을 샀으니 나라를 그르친 간신, 조조를 두고는 쓸모없는 환관이 추한 것을 남겼으니 본래 덕이 없다고 평했다. 한마디로 조조는 환관의 후손이니 출신도 비천하고 덕도 없다는 것이었다. 그 밖에도 조조가 정적을 살해하고 묘를 파헤쳐 재물을 훔친 일까지 속속들이 폭로하며 비난했다. 또 조조가 헌제를 모신 행위를 두고 황제를 구금해놓고 황제 이름만 빌려 천하를 호령한다며, 원소가 헌제를 구하기 위해 조조를 정벌하는 것이라고 했다. 진림의 한마디 한마디는 조목조목 옳아 보였다. 이제 조조는 헌제 곁에 있는 간적일 뿐이니 원소의 출병에는 충분한 명분이 생긴 것이다. 당시 최강의 세력을 자랑하던 원소마저 조조와 황제를 떼어놓기 위한 구실을 찾아야만 황실에 맞선다는 따가운 눈총을 피할 수 있었던 이 대목에서, 봉건시대의 천자가 정의와 통일을 대표하는 존재였음을 다시 한 번 확인할 수 있다.

진림의 필치가 어찌나 날카로웠던지 조조는 충격을 받아 온몸이 땀에 젖었고, 그 덕에 고질병이던 두통까지 사라졌다고 한다. 그러나 원소는 전략적인 착오로 끝내 처참하게 패하고 쓸쓸하게 최후를 맞았다. 2년 후 원소의 못난 두 아들이 서로 으르렁대며 싸우는 사이 조조는 황하 유역까지 손에 넣었다.

원소가 자신의 관료를 동원하여 조조에게 인격적인 모욕만을 준 것과 비교할 때, 훗날 유비와 손권은 훨씬 더 영민하게 대처한다. 제갈량은 유비를 대신해 융중(隆中)에서 전략을 짤 때 조조가 하늘이 준 기회와 참모의 지략에 힘입어 원소를 이길 수 있었다고 명확히 지적한 바 있다. 조조는 이미 수백만의 백성을 거느렸으며 천자까지 곁에 두고 제후를 호령하지 않았는가. 이는 군사 방면에서뿐 아니라 정치적으로도 절대적으로 유리한 위치였다. 그래서 제갈량은 교전을 벌여서는 안 된다고 결론 내리고, 유비에게 먼저 정치적으로는 유황숙이라는 자신만의 카드를 이용해 한 왕실의 정통성을 지키며 한 왕실 부흥을 호소하자고 제안했다. 군사적으로는 형주와 익주를 근거지로 하여 때를 기다리며 군사를 두 편으로 나누어 중원을 북벌하자는 전략을 세웠다. 이는 사실상 정치, 군사 두 마리 토끼를 잡아 조조에 대처하자는 훌륭한 전략이었다.

그러나 유비와 제갈량이 자신의 전략 배치를 끝내기도 전인 208년, 헌제에 의해 승상에 책봉된 조조는 천자의 이름으로 남방의 유비와 강동 지방의 손권을 소탕해 천하를 통일할 준비를 끝냈다. 이 중요한 시기에 형주의 핵심 인물인 유표가 죽자 뒤죽박죽이 된 형주는 겨우 14세 된 유표의 아들 유종에게 넘어갔다. 당시 유종은 형주 땅을 그대로 차지하고 대업을 이어 천하를 넘보고자 했으나 괴월(蒯越) 등이 이를 만류했다.

"강함과 약함, 순리를 따름과 거스름에는 대세가 있습니다. 지금은 적이 강하고 우리가 약한 때입니다. 신하로서 군주에 항거하는 것은 하늘을 거스르는 행위고, 형주의 땅만으로 중원에 맞서는 것 역시 역부족입니다."

군사, 정치, 경제 등 모든 면에서 유종이 천자를 앞세운 조조 대군에 맞서기는 불가능하다는 것이었다. 이렇게 맥 빠지는 이야기를 늘어놓는 신하를 앞에 두고 14세짜리 어린 제후가 무슨 생각을 할 수 있었겠는가. 유종은 형주의 수십만 인구를 이끌고 조조에게 투항하고 말았다.

천자를 앞세운 조조에 대항하기 위해 유비와 손권은 전략을 구상하느라 여념이 없었다. 유비는 조조에 필적할 만한 군사력을 갖추지는 못했지만, 일찍이 여포에게 쫓겨 조조에 투항했을 때 조조의 추천으로 헌제에게 유황숙의 칭호를 얻은 뒤 세상에 인자한 인물로 각인되었다.

십 몇 년 동안 서주에서 기주로, 기주에서 형주로 쫓기며 유비는 비록 탄탄한 근거지와 강력한 군사력을 갖추지는 못했지만 정치적으로는 나름대로 명성이 높았다. 그 덕분에 치명적인 재앙이 닥쳤을 때 유황숙이라는 이름을 내세워 손권과 연합할 수 있었다.

한편 손권 세력은 조조가 보낸 전서(戰書)를 받은 상태였다. 80만 명의 군사를 이끌고 천자를 대신해 시찰하러 올 것이며, 동오를 치고자 한다는 내용이 들어 있었다. 손권은 조조의 강력한 군사력도 겁이 났지만 그들의 정치적 명분에 더욱 두려움을 느꼈다. 그러던 찰나 제갈량이 유황숙의 카드를 들고 손을 내밀자 손권은 마음을 놓았다. 주유(周瑜)는 조조를 두고 이름은 한나라 재상이나 실제로는 한나라의 적이라고 비난하며 그를 한 왕조의 난신적자로 몰아세우기까지 했다. 이리하여 손권과 유비의 연합군이 결성되었다. 이들은 유황숙의 이름을 내세워 조조를 한나라의 적으로 규정하고 자신들은 간신을 몰아내는 청렴한 신하로 자처했다. 이로써 정치적인 명분이 완벽하게 선 것이다. 이들은 전략을 훌륭하게 구사했다. 여기에 조조가 적을 얕보고 움직인 덕에 적벽대전은 손권과 유비 연합군의 승리로 끝났고 천하삼분의 구도가 윤곽을 드러냈다.

적벽대전이 끝난 후 유비는 유황숙의 이름을 내세우며 세력을 확장해 나갔고, 손권은 여전히 한나라의 적을 섬멸하자는 명분을 걸고 땅을 다투었다. 한편 조조는 상황을 역전시키기는 어려웠지만 그래도 서북 군벌과 한중의 장로를 정벌하는 등 여유는 남아 있었다. 본래 오합지졸인 서북 군벌이 수십 년 동안 서북 지역을 주름잡을 수 있었던 것은 한나라 중앙 정부의 무능력함과 인재의 부재 때문이었다. 상황이 그러하니 조조의 정예 부대와 한 황실의 정의라는 깃발 아래 그들은 전투를 몇 차례 치르지도 않고 투항하거나 도망치고 말았다.

215년에 조조가 장로 정벌에 나섰을 때 있었던 일이다. 3대째 한중을 지배한 장로는 원래 비천한 가문 출신인데 한 말의 난세에 종교의 힘을 빌려 정교합일을 주창하고 일어선 인물이었다. 황제의 책봉은커녕 그 비슷한 일도 애당초 없었으니 정통 봉건주의의 관점에서 볼 때 이는 명백한 불법 정부였다. 이 때문에 한나라 승상이 정벌에 나서자 장로는 목숨을 국가에 돌린다며 처음부터 맞설 의지가 없음을 드러냈고, 양평 요새까지 함락되자 천자에 대항하지 않겠다는 뜻을 더욱 견고히 하며 순순히 중앙에 투항했다.

조조가 천자의 이름으로 동서를 정벌했기 때문에 제후들은 도의적인 면에서 이러지도 저러지도 못하는 어려움에 봉착했다. 한 치의 땅이라도 더 차지하고 가능하다면 천하까지 넘보려는 욕심이 있었지만, 백성들은 통일과 평화롭고 안정된 삶을 원한다는 사실을 제후들 역시 분명히 알고 있었기 때문이다. 따라서 조조가 천자의 깃발을 내세우자 제후 군벌은 피동적일 수밖에 없었고, 주도권은 조조의 손에 있었다. 하루라도 빨리 정벌에 종지부를 찍을 수 있는 유리한 조건을 갖춘 것이다.

제 4 장

실패를 성공의 밑거름으로 삼다

삼국시대, 사방에서 군웅이 일어났지만 천하제일의 지위에 선 사람은 조조였다. 그는 빛나는 가문 출신도 아니고 든든한 밑천도 없었을뿐더러 군대 생활을 하며 수차례나 죽을 고비에서 살아났다. 천하를 다투는 전쟁을 치르면서 그는 어떻게 점점 더 강해질 수 있었을까? 그는 어떻게 수많은 전투에서 패배를 역전시켜 승리로 만들었을까?

장사를 하려면 밑천부터 만들라

조조는 명문가 출신이 아니었다. 《삼국지》에 전한의 개국공신 조참(曹參)이 조조의 족보에 올라 있어 그가 명인의 후예라는 기록도 있지만, 사실 이는 전혀 근거 없는 낭설이다. 조조의 조부 조등은 환관이었고 아버지 조숭은 수백만 냥을 주고 태위의 벼슬자리를 샀으니 집안에 돈이 좀 있었던 것은 분명하지만 일개 졸부였을 뿐, 인문 교양은 고사하고 훌륭한 군사교육을 받았을 리도 만무했다. 그러나 조조는 걸출한 군사전문가였고, 《손자병법》을 직접 정리하여 주해까지 달았다. 《손자병법》의 작가 손무는 병법 명문가의 자손으로 태어나 오나라와 초나라 사이에 10년 남짓 이어진 패권전쟁의 소용돌이를 겪은 후에야 비로소 이론을 세우고 그 이름을 천고에 길이 전하게 되었다. 그런데 800년 후 배경이 일천한 조조가 여기에 주해를 달고 이것이 후세에 인정받았으니 얼마나 대단한가. 그의 군사지식은 도대체 어디서 온 것일까?

조조는 군사적 경험을 전쟁에서 쌓았다. 175년에 조조는 효렴으로 천거되어 낙양 북부위에 임명되었다. 이는 무관직으로 오늘날의 관점에서 보면 대단히 출세한 것이다. 그는 외압을 두려워하지 않고 법을 공평하게 집행했다. 184년에 황건적의 봉기가 일어나자 영제는 조조를 기도위에 임명하여 노식(盧植) 등과 합세하여 영천 황건적을 공격하게 했다. 이것이 조조가 겪은 최초의 전쟁이다. 노식은 동안 말기의 유능한 장수로, 황건적을 진압하는 과정에서 조조는 그에게 많은 것을 배우고 군사경험을 쌓게 된다.

제남상을 지낸 3년 동안 조조는 사회치안을 정비하고 낡은 풍속과 관습을 고치는 한편 세도가의 횡포를 단속하는 데 주력했다. 이를 통해 적지 않은 성과도 거두었지만 당시 후한 왕조는 이미 한 사람의 노력만으로 지탱되기에는 너무 부패해 있었다. 정치 경험이 풍부한 조조는 뒤에서 남을 비방하는 무리가 너무나 많은 것을 두고 "군중의 입이 금을 녹이고 그것이 쌓여 뼈를 녹이는구나"라고 한탄하며 낙향했다.

조조가 낙향한 뒤 무엇을 했는지는 《삼국지》에 "성 밖에 집을 짓고 봄여름에는 책을 읽고 가을겨울에는 사냥을 하며 스스로 즐거워하더라"라고 상세히 기록되어 있다. 이를 통해 조조가 이미 의식적으로 자신을 단련하고 있었음을 알 수 있다. '봄여름에는 책을 읽었다'는 부분에서 조조가 역사서를 비롯한 각종 서적을 섭렵했다는 사실을 알 수 있다. 또 사냥은 고대에 일종의 오락이자 운동이었으며 군사적 소양을 기르는 수단이기도 했다. 이때의 경험은 조조 개인의 발전을 위한 밑거름으로 작용하여 조조라는 걸출한 군사가, 문학가를 배출해낸 든든한 토양이 되었다.

188년에 수도방위를 위해 조정에서 서원팔교위를 신설했을 때 조조는 전군교위로 임명되어 다시 한 번 무관직을 맡게 되었다. 이 기간에 조조는 환관과 외척의 투쟁, 동탁의 수도입성과 권력탈취 등 앞으로의 정치 판세를 좌우할 만한 일련의 큰 사건들을 경험했다. 그중에는 정치투쟁도 있었고 군사적 다툼도 있었으니 조조에게는 더없이 좋은 단련 기회였다.

동탁은 수도로 입성하여 정권을 장악한 후 중앙 문무백관을 포섭했는데 조조도 동탁의 포섭대상 중 한 사람이었다. 그러나 신분이 비천하고 잔악무도하기 짝이 없던 동탁을 조조는 탐탁지 않게 여겨 끝까지 반대했고, 결국 낙양을 탈출하기에 이른다.

낙양을 떠난 조조는 반동탁 연합군을 모았다. 당시만 해도 한 왕실을 향한 충성심이 충만했던 조조의 눈에 동탁은 소제를 폐한 뒤 헌제를 세우고, 무고한 양민을 멋대로 죽이며, 병사들의 노략질을 눈감아주는 난신적자일 뿐이었다. 조조의 비통함은 이루 말할 수 없었다. 그는 가산을 모두 쏟아부어 가며 군사를 모았다.

이 대목에서 그의 군사 모집에 관한 해설이 필요하다. 군대는 국가를 유지하는 가장 중요한 수단으로 중앙정부의 힘이 막강할 때는 다른 세력이 사사로이 군대를 만들 수 없었다. 그러나 후한은 원래 귀족 관료의 지지를 받아 건립된 정권이다 보니 지주 관료의 개인 농장에조차 부곡이라는 이름의 개인 호위대를 둘 정도였다. 184년에 황건적의 난이 일어나자 막다른 길에 이른 중앙정부는 지방 호족들이 군사를 모집하여 농민군에 대항하도록 독려했다. 이 조치로 황건적의 난을 진압할 수는 있었지만 결국 나라의 분열을 심화하는 결과를 낳았다. 동탁이 장악한 조정에서 지명수배자가 된 조조가 군사를 모은 것도 이러한 배경이 있었기에 가능했다. 189년 12월, 조조는 천하가 혼란한 틈을 타 5000명의 군사를 모아 동탁을 칠 준비를 했다.

190년에 원소 등이 연합하여 중앙의 조서를 구실로 동탁 토벌에 나섰다. 당시 반동탁 연합군에는 후장군 원술, 기주목 한복, 발해태수 원소, 진류태수 장막, 동군태수 교모 등 하나같이 고위 간부 일색이었다. 모두 수만 명의 군사를 거느린 권신인 이들이 한꺼번에 군사를 일으키니 그 기세가 엄청났다. 연합군은 세도가 집안 출신인 원소를 맹주로 추대했다. 조조 역시 얼마간의 밑천을 가지고 이 혁명대오에 참여하여 분무장군으로 활약했다.

그러나 이 전쟁은 조조에게 최대의 실패작이 되고 말았다. 당시 조조는 고작 군사 5000명을 거느린 것이 전부였고, 직함을 봐도 태수나 장군 일색인 이들과 비교되는 지명수배자일 뿐이었다. 사실 분무장군이라는 직책도 어릴 적 친구인 원소가 특별히 조조를 배려해준 것이었다.

그러나 조조에게는 웅대한 뜻과 기지가 있었고 동탁을 무너뜨려 천하를 바꾸겠다는 신념이 있었다. 그의 전략적 구상에 따르면 만일 동탁이 황제를 끼고 장안에서 낙양에 이르는 넓은 지역을 아우르며 지역적 우세를 무기로 공격과 수비를 병행한다면 쉽지 않은 상대가 될 터였다. 그러나 동탁은 관동 제후들이 거병했다는 소식을 듣고 황궁을 불태운 뒤 천자를 납치하여 장안으로 도주했다. 자신의 흉포함을 드러내며 세상을 벌벌 떨게 한 그가 스스로 죽을 길을 찾은 것이다.

이제 천자를 구하는 일은 연합군의 사명이었고 전술만 제대로 짠다면 천하를 단번에 평정할 수 있는 상황이 되었다. 그러나 관동의 고명한 집안 자제들은 전쟁다운 전쟁을 치러본 적도 없었을뿐더러 용맹한 서량군의 기세에 겁이 나서 진군하지 못하고 우물쭈물했다. 이에 빈약한 군사를 거느린 조조가 의연하게 앞장서자 제후들 중에서 장막만이 병력을 약간 보탰을 뿐이다.

조조가 동탁의 부장 서영과 마주쳐 교전을 치르고는 패하여 연합군이 있는 산조의 진영으로 도주해오니 제후들은 여전히 10여만 명의 군대를 거느렸지만 종일 술에 취해 흥청망청 시간을 보내고 있었고 진군할 생각은 꿈에도 없는 듯 보였다. 조조는 화가 치밀었지만 다시 한 번 이들에게 자신의 전략을 설명했다.

"먼저 발해태수 원소가 군사를 이끌고 맹진을 공격하고 나머지 제후들은 성고, 오창, 태곡 등 전략 요충지를 차지합니다. 그런 후 원술 장군을 보내 남양군을 이끌고 단(丹), 석(析)을 점령하여 무관에서 관중으로 진입하게 함으로써 장안을 포함하는 동부, 서부를 아우르는 겁니다. 이렇게 유리한 고지를 점하면 서량군과 교전하지 않고도 동탁을 제거할 수 있습니다. 또 천자를 맞이하려는 열렬한 기세를 드러내 우리가 못할 것이 없음을 저들에게 보여줄 수 있습니다. 지금 정의의 깃발을 들고도 우물쭈물 행동에 옮기지 못하면 세상 사람들의 실망과 비웃음만 사게 됩니다."

조조의 제안은 훌륭했지만 그나마 가지고 있던 얼마 안 되는 밑천마저 모두 전장에서 잃고 돌아온 그의 말에 귀 기울이는 사람은 아무도 없었다. 조조는 할 수 없이 사촌동생 하후돈(夏侯惇) 등과 함께 양주를 빠져나와 다시 군사를 모았다. 산조에 주둔한 연합군은 식량이 바닥나고 술도 떨어지자 그대로 각자의 본거지로 돌아갔다.

그 후 동탁은 관중에서 더욱 활개를 쳤으며, 관동 제후들은 누구도 감히 그를 건드리지 못하고 각기 자신의 땅만을 다스렸으니 어지러운 군웅할거의 시대는 이렇게 막이 올랐다. 한편 충성심이 충만한 조조는 자신의 제안도 묵살당하고 군사마저 모두 잃어 괴로운 시절을 보냈다. 연주의 황건적 봉기가 그에게 일대 전기를 가져다주기 전까지 말이다.

전쟁, 그 고난의 일지

"용이 얕은 물에서 놀면 새우의 놀림을 받고, 호랑이도 평지에서는 개에게 무시당한다"고 하지 않는가? 조조는 천신만고 끝에 양주에서 수천의 병사와 말을 모은 뒤 다시 동탁과 일전을 벌이기 위해 떠났다. 하지만 중도에 병사들의 이탈이 잇따르고 심지어 조조를 해치려는 반란의 무리까지 나타났다. 반란을 평정하고 나니 남은 병사라고는 500여 명이 전부였다. 다시 차근차근 병사를 모으며 전진할 때 관동연합군의 해산 소식이 들려왔다. 조조는 갈 곳을 잃고 하내(河內)에 군대를 주둔시켰다.

조조가 거취를 정하지 못하고 있을 때, 한때 그와 같은 참호를 썼던 전우들은 공공의 적인 동탁을 어찌하기는커녕 도리어 자기들끼리 다툼을 벌이고 있었다. 연주태수 유대와 동군태수 교모는 사이가 점점 악화되어 급기야 유대가 교모를 죽이고 자기 수하인 왕굉(王肱)에게 동군태수 자리를 맡겼다. 발해태수 원소는 동탁을 모방하여 또 다른 황제를 세운 뒤 천하를 호령하려는 나름대로의 전략을 꾸미고 있었다. 그는 기주의 한복과 함께 유주목 유우(劉虞)를 황제로 추대하기로 하고, 자신의 세를 불리기 위해 갖가지 방법을 동원하여 조조를 포섭하려 했다. 그러나 뜻밖에도 조조는 이를 단칼에 거절했고 유우 역시 원소의 꼭두각시가 되기를 원치 않았다. 원소는 이도저도 뜻대로 되지 않자 일단 기주 한복의 근거지부터 병합했다.

이때 황건적의 잔당이 동군을 공격해왔다. 태수 왕굉이 이를 당해내지 못하자 조조가 군대를 이끌고 동군으로 가 황건적을 진압했다. 원소는 기회를 놓치지 않고 중앙에 이 공을 보고하여 조조를 동군태수에 임명함으로써 다시 한 번 조조 포섭을 시도했다. 사실 당시 동탁이 장악한 중앙은 지방을 통제할 능력이 없었다. 그러니까 보통 지방에서 먼저 임명을 행하고 후에 조정에 상주하는 형태였다. 구석의 작은 땅 동군은 조조라는 대어가 자라기에는 너무 좁았다. 그러나 조조는 아직 세력이 약했고 세를 불릴 뾰족한 방안도 없었다.

바로 이때 조조에게 기회가 왔다. 192년에 청주 황건적이 다시 대규모로 봉기한 것이다. 100만의 군사가 연주 지역으로 쳐들어와 전투가 끊일 날이 없었는데 그 기세가 엄청나 백성이 모두 공포에 떨었고 병사들의 사기는 바닥에 떨어졌다. 연주의 유대는 무능한 인물이었다. 유대는 방벽을 튼튼히 쌓고 방어하며 전투에 응하지 않음으로써 황건적이 공격도 후퇴도 하지 못하게 만들어 지치게 한 뒤 느슨해진 틈에 공격하자는 주부 포신의 전략을 무시했다. 그리고 황건적의 기세가 하늘을 찌르는 것을 보면서도 사기가 땅에 떨어진 군사들을 이끌고 결전에 나섰다가 허무하게 죽고 말았다. 주인을 잃은 연주는 대혼란에 빠졌다. 이를 지켜보던 조조의 참모 진궁이 곧 포신과 손잡고 조조를 연주목에 천거했다. 포신은 조조의 재능을 잘 알고 있던 터라 쉽게 의기투합했다. 이로써 조조는 칼에 피 한 방울 묻히지 않고 산동과 하남을 가로지르는 연주를 차지했다.

조조는 병력은 적었지만 젊어서부터 황건적과 수차례 맞선 바 있어 황건적이 근거지 없이 옮겨 다니며 싸우는 전술을 꿰뚫고 있었다. 반년이 채 못 되는 기간에 조조는 황건적을 길들여 결국에는 100만 명이 모두 그에게 투항했다. 조조는 그중 정예군을 뽑아 청주병을 조직하고 나머지는 농경에 참여하게 함으로써 그들의 본업으로 돌아가도록 했다. 조조는 순식간에 군대와 본거지를 챙겨 함부로 넘볼 수 없는 세력을 형성했다. 한편 이때 원소, 원술 형제간에는 다툼이 일어났다. 북방의 공손찬은 원술의 지원 요청을 받아들여 유비는 고당에, 단경은 평원에, 도겸은 발간에 주둔하게 하고 합동 공격을 준비했다. 이에 원소는 조조와 연합하여 대승을 거두게 된다. 곧이어 조조는 자신의 군사를 이끌고 원술과 연이어 격전을 벌이며 구강까지 치고 올라갔다. 이때 서주목 도겸이 산적과 결탁했다는 소문이 돌았다. 조조가 잇따라 10여 현성을 함락시키며 토벌하러 나서자 도겸은 감히 맞서지 못했다. 조조는 백전백승을 거두며 그야말로 순풍에 돛단 듯 상승행진을 계속했다.

즐거움이 극에 달하면 슬픔이 찾아온다 했던가? 194년 봄에 조조의 부친 조숭이 서주의 도겸 휘하 장수들에게 살해당하자 여름에 조조는 군대를 이끌고 서주를 공격했다. 연로한 도겸은 조조의 적수가 못 되었고, 순식간에 10여 개의 현이 함락되었다. 양군은 서주의 대전에 주력했으나 도겸은 다시 패하고 말았다. 복수심에 불탄 조조는 분노를 터뜨리며 광적인 도륙을 일삼았으니 그가 지나는 곳마다 개미 한 마리 살아남지 못했다.

조조가 서주에서 광기어린 대량 학살을 저지르고 있을 때 생각지도 못한 내부 문제가 발생했다. 당초 조조를 연주로 맞이했던 장막과 진궁이 동탁을 죽이고 그 잔당들에 쫓겨 사방을 떠돌던 여포에게 연주를 넘긴 것이다. 자신에게 세 현만이 남았음을 안 조조는 황급히 서주 전선에서 철수했다. 여포가 견성을 함락시키지 못하고 군대를 복양에 주둔시키고 있다고 전해들은 조조는 일단 한시름 놓으며 이렇게 말했다.

"여포는 하루아침에 연주를 얻었지만, 동평을 근거지로 하여 항부와 태산의 길을 끊어버리고 요충지를 이용해 우리를 공격하지 않고 오히려 복양에 주둔하고 있다. 이것을 보니 그에게 전략적 안목이 없음을 알겠다."

조조는 마음 놓고 자신의 근거지를 되찾기 위한 교전에 임했다.

그러나 조조는 여포의 능력을 너무 얕잡아봤다. 여포는 사실 용맹하기만 하고 지략은 없는 필부가 절대 아니었다. 다만 운이 따라주지 않아 늘 간사하고 속을 알 수 없는 고수들을 대적해야 했고, 결국 죽음을 맞았다. 복양 전투에서 여포는 주로 방어 전략을 펼쳤고, 공격은 조조가 했다.

조조는 자신과 내통하고 있는 부호 전씨 덕에 쉽게 성안으로 들어갔다. 전씨는 동문까지 태워가며 조조를 향한 자신의 충성심이 거짓이 아님을 증명했다. 그러나 이는 여포가 쳐놓은 덫이었다. 전씨는 여포의 사주를 받고 조조와 내통하는 척했던 것이다. 조조군이 성으로 들어오자 여포는 기병을 동원하여 조조군의 대열을 끊어놓았다. 지휘 체계를 잃은 청주병은 순식간에 무너져 뿔뿔이 흩어졌다. 막 성에 들어온 조조는 반격할 새도 없이 여포의 기병에게 잡혔지만 운 좋게 빠져나와 자신의 진영으로 돌아왔다. 혼란에 휩싸였던 그의 수하들도 그제야 안심했다.

타격을 크게 입고 사지에서 겨우 살아나온 조조는 군대를 재정비하고 무기를 마련하여 여포와 백여 일을 대치했다. 이때 메뚜기가 온 하늘을 덮으며 곡식을 한 톨도 남김없이 먹어치웠다. 양측 군대는 식량이 없어 더 버틸 수 없게 되자 철수할 수밖에 없었다. 조조는 군사도 없고 식량도 없어 그야말로 끈 떨어진 연 신세였다. 이때 원소가 다시 한 번 조조에게 기주로 오라고 권유했다. 조조는 연주를 잃고 식량도 바닥이 나 있는 절박한 상황에서 하마터면 그 청에 응할 뻔했다. 그러나 참모 정욱이 극력 만류하자 조조는 승리에 급급해하지 않고 동아로 돌아와 심기일전했다.

역경을 겪으며 한층 성숙해진 조조는 안정적인 기반을 마련한 뒤 195년 들어 여포와 자웅을 가리는 결전을 준비했다. 봄이 되어 조조군이 정도를 습격하자 여포가 지원에 나섰다. 그해 여름에 조조가 다시 거야에 주둔한 여포의 장수 설란과 이봉을 포위하자 여포는 이 둘을 구원하려다 패해 달아났다. 그러나 사실 여기에도 조조의 계책이 숨어 있었음을 여포는 알지 못했다. 조조는 겉으로 거야를 포위하여 공격하는 체했지만 실은 여포가 지원에 나서기를 기다렸다가 그를 잡으려는 데 주력했다. 한편 여포가 달아나자 조조는 성을 공격하는 데 힘을 집중해 거야를 함락하고 여포의 두 장수를 참수했다.

분노한 여포는 수만의 병사를 모아 조조와 결전을 벌였다. 이때 조조의 병사는 원래 모두 군량미를 수확하러 나가 진영에 남은 병사라곤 1000명이 채 넘지 않았다. 이 절체절명의 위급한 순간 조조는 공성계를 생각해냈다. 그는 부녀자들을 진영에 남겨두고 모든 병사는 전선에 나서서 적을 맞이하게 했다. 조조의 진영은 서쪽에 제방이 있고 남쪽에는 울창한 숲이 있어 은폐되어 있었다. 여포는 최전선에 나온 병사가 1000명이 넘지 않는 것을 보고 조조가 제방 뒤쪽 숲에 군사를 매복해두고 유인한 뒤 앞뒤에서 협공하려는 것으로 의심했다. 그래서 오히려 10여 리를 후퇴함으로써 조조를 칠 절호의 기회를 놓치고 말았다.

이튿날 여포가 다시 공격에 나섰을 때는 조조의 병사들이 모두 복귀한 뒤였다. 조조는 군사 절반을 제방을 등지고 적군과 맞서게 하고, 나머지 절반은 제방 안과 숲 속에 매복하게 했다. 여포는 어제처럼 조조의 정예군이 모두 출전한 걸로 생각하고 전력을 다해 공격했다. 조조군이 제방을 등지고 대치하는 동안 여포군은 점점 체력이 소진되었고, 매복하고 있던 군사들마저 뛰쳐나와 앞뒤에서 총공세를 펼쳤다. 여포군은 더 맞서지 못하게 되자 전차와 북을 내팽개치고 도망쳤다. 전열을 가다듬은 조조가 잇따라 공격을 퍼붓자 여포는 한밤중에 어둠을 틈타 도주했다. 조조는 이 기세를 몰아 연주의 각 주현(州縣)을 되찾았다. 여포는 근거지를 잃고 서주의 유비에게 의탁했다. 이로써 조조는 마침내 큰 패배를 딛고 일어서 자신의 근거지를 회복했다.

여포와 연주에서 대치하던 조조는 무모하게 진군했다가 일개 기병의 손에 목숨을 잃을 뻔했지만 순간적인 기지를 발휘해 겨우 목숨을 보존할 수 있었다. 조조는 실패를 경험한 뒤 오만함과 조급함을 경계하는 법을 배워 더욱 신중하면서도 대단한 용병술로 전세를 뒤집고 자신의 대업을 향해 한 발 더 나아갔다. 《삼국지연의》에 등장하는 제갈량의 공성계는 그저 침착하게 퇴각하는 전략이었지만, 조조의 공성계는 기대 이상의 성과를 거둬 그에게 승리를 안겨주었다.

자신의 잘못을 인정하다

196년에 조조는 연주에서 여포를 축출한 뒤 헌제를 허창으로 맞았고, 9월 헌제는 조조를 대장군, 무평후에 책봉했다. 10월에 조조는 헌제의 이름을 걸고 직권을 행사하기 시작했다. 먼저 헌제를 자신의 본거지로 불러들이는 것을 반대한 양봉을 정벌함으로써 그를 원술이 있는 회남으로 쫓겨가게 했다. 이때 조조의 형편은 그리 여의치 않았다. 청, 병, 기 3개 주를 차지한 원소, 서주의 여포, 회남의 원술, 형주의 유표, 남양의 장수와 하내의 장양 등이 그의 주변을 에워싼 형국이었기 때문이다. 당시 조조가 차지한 연, 예 2개 주는 적대 세력으로 둘러싸여 상대적으로 약세에 놓여 있었다. 이러한 형국에 직면하여 조조는 약한 상대부터 차례로 하나씩 공격한다는 전략을 세웠다. 북방을 차지한 원소의 세력이 가장 강력한 것을 고려한 조조는 그에게 대장군 직함을 양보함으로써 잠정적인 평화를 확보한 후 힘을 집중하여 남쪽 지역의 군벌들을 공격했다.

조조가 헌제를 맞이했을 때 동탁의 부장이던 장수가 숙부 장제를 따라 관중으로부터 남양 일대까지 들어왔다. 장제가 죽자 장수는 유표에게 의탁하며 남양에 근거지를 두었다. 남양은 허창과 맞닿은 곳이어서 언제든 조조에게 일격을 가할 수 있었기 때문에 눈엣가시 같은 곳이었다. 이 눈엣가시를 제거하여 후환을 없애고 싶어 하던 차에, 마침 세력이 미약한 장수가 새로 들어오자 조조는 손쉽게 탐나는 열매를 획득할 구상을 떠올렸다. 하지만 영민한 조조도 보잘것없어 보이던 장수 정벌이 자신에게 평생에 남을 상처를 남기리라는 사실을 예감하지는 못했다.

건안 2년(197년) 봄에 조조는 헌제의 이름을 앞세워 장수를 정벌했다. 천자의 기치를 걸고 몰려오는 조조군에 장수는 확실히 두려움을 느꼈다. 자신의 군사력이 조조에 훨씬 못 미칠 뿐 아니라 도의상으로도 황제의 군대와 맞서기 어려웠기 때문이다. 사실 장제와 장수는 헌제에게 충성심이 남아 있었다. 헌제가 장안에서 이각, 곽사 등 동탁 잔당들에게 둘러싸여 설 땅을 찾지 못하고 있을 때 홍농에 주둔하던 장제는 헌제를 자신의 주둔지로 맞이하여 피난시키기도 했다. 다만 훗날 장제와 헌제를 모시던 장수들 사이에 마찰이 있어 헌제가 다시 홍농에서 낙양으로 도망해야 했지만 말이다. 이렇듯 장제와 장수는 헌제와 중앙정부에 대항하겠다는 마음을 품은 적이 없었다. 조조의 대군이 기세 좋게 진격해오자 중앙정부가 보낸 황군을 맞은 장수는 곧 투항했다.

조조는 천자의 이름을 빌려 손에 피 한 방울 묻히지 않고 지방 군벌을 제압하자 득의양양해져 경계심이 느슨해졌다. 그런데 이때 장수가 참모 가후의 계략에 따라 돌연 마음을 바꾸어 반격해오자 조조는 당황한 나머지 속수무책으로 당하고 말았다.

이 과정에서 장자인 조앙, 맹장 전위, 조카 조안민이 차례로 전사했고, 조조 자신도 화살에 맞아 중상을 입었다. 특히 조앙은 조조가 애지중지 키운 아들이고, 전위는 조조가 가장 아끼는 친위병의 장군이었으니 이 전투로 입은 손실은 실로 엄청나다고 할 수 있다.

이렇게 갑작스러운 반격으로 조조에게 처참한 패배를 안겨준 반란의 원인을 정사에서는 상세히 기록하지 않았다. 다만 《위서》에는 "조조가 타는 말 절영은 머리와 다리에 화살을 맞았다. 조조도 오른쪽 어깨에 화살을 맞았다"는 기록이 있다.

《세어》에는 "장자 조앙은 자신의 말을 부친에게 양보하여 조조는 살아나고 조앙은 죽었다"는 기록이 있다. 이들 기록을 종합해볼 때 사전에 아무런 조짐도 없이 갑작스레 밀어닥친 공격에 조조 진영은 속수무책으로 당할 수밖에 없었다. 조카 조안민과 전위가 이미 죽고 적군의 추격을 벗어나지 못한 상태에서 다친 조조의 말은 더 달리지 못했다. 이 위급한 순간, 조앙은 자신의 말을 부친에게 주어 부친은 탈출시키고 자신은 죽음을 맞은 것이다.

정사의 기록에 따르면 장수는 나중에 조조와 원소가 결전을 앞두고 있을 때 당시 세력이 약했던 조조에게 다시 한 번 자발적으로 투항하여 그의 신임을 얻었다고 한다. 결국 투항할 것을 어째서 첫 번째 투항 후에는 돌연 태도를 바꾸어 반격을 시도했을까?

야사에 따르면 당시 조조는 전쟁도 치르지 않고 승리를 얻자 마음이 들떠 호색한의 본능이 발동하여 조카 조안민에게 적당한 여자를 물색하라고 했다. 충성스러운 조카의 눈에 들어온 여인은 하필 장수 숙부 장제의 미망인이었다. 전하는 바에 따르면 이 여인은 나라를 대표할 만한 미인이었으니 타향에서 정복전쟁과 외로움에 지친 조조는 그녀를 보자마자 한눈에 반해 첩으로 맞았다. 이제 막 투항해온 장수에게 이 일이 어떤 영향을 미칠지는 전혀 생각지 못하고 말이다.

이런 조조를 보고 장수는 수치심과 모욕감을 느꼈다. 만일 장수가 평범한 무사였다면 노여움이 그리 큰 결과를 가져오지 않았을지도 모른다. 그러나 그는 군대를 지휘하는 장군이었고, 그의 곁에는 참모 가후가 있었다. 가후는 장수에게 겉으로는 잔도를 수리하는 척하면서 암암리에 진창을 습격한다는 36계 중 하나를 귀띔했다. 이리하여 장수는 경계를 선다는 핑계로 조용히 군대를 움직여 조조 진영에 접근했다. 장수는 부장인 호거아(胡車兒)에게 전위 뒤를 바싹 따르게 한 뒤, 조조 진영 군사들이 모두 깊이 잠들고 조조가 달콤한 시간을 즐기고 있을 무렵 돌연 공격했다.

한 여인 때문에 야기된 한바탕 반역으로 천자의 깃발을 내세운 조조는 가족과 용맹한 장수를 희생시켜야 했다. 그러나 그 도화선은 바로 조조 자신이었다.

다시 본론으로 돌아가보자. 참담한 패배에 직면하여 조조는 특유의 영웅적 본색을 드러내며 잘못을 남에게 돌리지 않고 자발적으로 책임을 졌다. 그는 수하의 장군들에게 장수가 투항했을 때 즉시 그의 군사를 처리하지 않은 것이 큰 실수였다며 앞으로는 절대 이러한 실수를 범하지 않겠다고 말했다. 조조는 하남 무양까지 후퇴하면서 장수의 추격을 물리쳤다. 다시 군사를 추스르고 있을 때 회남의 원술이 스스로 황제를 칭한다는 소식이 들렸다. 이는 헌제를 내세운 허창 중앙정부에 대한 명백한 도전이었으므로 조조는 서둘러 말머리를 돌렸다.

조조가 무양에서 철수하여 원술을 공격하자 남양, 장능을 다시 원소가 점령했다. 조조가 조홍을 보내 반격을 시도했으나 전황은 불리하게 돌아갔다. 이때 장수와 유표가 연맹을 맺고 조조의 근거지를 때때로 공격해왔다. 197년 11월, 조조는 어쩔 수 없이 다시 장수 토벌에 나섰다. 그리고 마침내 장수와 유표 연합군을 대파하여 무음을 차지했다. 육수에서 조조는 전사한 장령들을 위한 제를 올리며 대단히 슬피 울었다. 조조는 병사들에게 이렇게 말했다. "나는 내 아들과 조카를 위해 제사를 지내는 것이 아니라 대장군 전위와 희생된 병사들 때문에 슬퍼하는 것이다." 이 말에 병사들은 깊이 감동받았다. 조조의 이러한 행동은 자신의 잘못에 대한 후회기도 했지만 병사들을 자신의 편으로 만들려는 고도의 수완이기도 했다.

198년 장수를 제거하고 싶어 몸이 단 조조는 세 번째 남쪽 정벌에 나섰다. 이때 순유가 조조에게 말했다.

"장수는 유표와 서로 의지하고 돕지만 다른 지역에서 들어온 터라 식량과 자금을 모두 유표에게만 의존하고 있습니다. 이 상황이 오래 지속되면 유표는 결국 제때에 식량을 지급할 수 없게 되고 장수는 이에 불만을 품을 것입니다. 이렇게 둘 사이에 갈등이 생기면 무너뜨리기 쉬울 것입니다. 지금 우리가 서두르면 도리어 그들의 결속력을 더욱 단단히 다지게 할 뿐입니다."

그러면서 순유는 잠시 출병을 늦추고 기회를 보아 공격하자는 전략을 내놓았다.

그러나 조조는 복수심에 불타 순유의 제안을 받아들일 마음의 여유가 없었다. 조조는 즉시 전력을 총동원해 장수를 공격했다. 장수의 형세가 위급해지자 유표는 과연 온힘을 다해 지원에 나섰다. 이리하여 양군은 양성에서 밀고 당기며 장기전에 돌입했다. 이런 상황은 속전속결을 기대한 조조에게 불리했다. 조조는 순유에게 자신이 그의 전략을 받아들이지 않아 결국 이러한 결과를 불러왔다고 자신의 잘못을 인정했다.

이때 기주의 원소가 허창을 기습하려 한다는 소식이 들려오자 조조는 서둘러 철수할 수밖에 없었다. 한편 유표는 기회를 놓치지 않고 형주군을 보내어 안중을 점거한 뒤 조조군의 퇴로를 끊어 장수와 앞뒤에서 조조군을 협공하려고 했다. 조조가 안중까지 철수했을 때 장수가 뒤를 추격해왔다. 이때 조조는 바로 등 뒤에 적을 두고도 침착하게 어둠을 틈타 땅굴을 파고, 전쟁용 수레를 옮겨놓은 뒤 정예병을 매복시키고 장수가 오기만을 기다렸다.

날이 밝자 장수는 조조가 당황하여 도주한 줄 알고 전력을 다해 추격에 나섰는데, 갑자기 조조가 매복해둔 병사들이 사방에서 일어나 공격해오자 얼굴이 하얗게 질려 도망갔다. 유표의 군대는 상황이 여의치 않음을 알고 퇴로를 더 막지 못했고, 조조는 순조롭게 허창으로 돌아왔다. 이때부터 조조는 전략의 중심을 북방의 원소에게로 돌렸다.

조조는 세 차례에 걸친 장수 정벌에서 모두 전략적 목표를 이루지 못했을뿐더러 첫 번째 정벌에서는 심각한 타격을 입었고, 세 번째 전투에서는 아무런 성과 없이 돌아와야 했다. 그러나 조조는 잘못을 인정하고 그것에서 교훈을 얻을 줄 알았다. 세 차례 정벌 전투에서 장수의 세력을 소진시킴으로써 장수가 다시는 먼저 말썽을 피우지 않도록 만들었다. 결국 장수는 조조군의 기세에 밀려 199년에 자발적으로 투항함으로써 조조가 원소와 벌인 결전에서 승리를 거둘 발판을 마련해주었다.

적벽대전의 역사적 비극

200년에 조조는 관도전투에서 원소를 격퇴함으로써 북방 패주로서의 지위를 다졌다. 그 후 조조는 몇 년 동안 원소의 잔당 세력을 섬멸하고 변방 수백 리까지 나가 북방에 근거지를 둔 유목민족을 물리쳐 멀리 요동의 공손강까지도 그에게 투항하기에 이르렀다. 207년에 조조는 유, 기, 청, 병, 연, 예, 서, 사 총 8개 주의 근거지를 확보하여 중원의 독보적인 위치를 차지했다. 이는 서북쪽 변두리 몇 곳을 제외한 북방 지역이 이미 조조의 통치 아래 들어갔음을 의미했다.

그러나 "산은 높음을 마다하지 않고 바다는 깊은 것을 싫어하지 않으리. 주공이 입 안의 음식을 뱉고 손님을 맞으니 세상의 인심이 주나라로 모이네"라는 시구에서도 보듯 큰 뜻을 품은 조조에게 북방 지역 통일은 만리장정의 첫걸음일 뿐이었다. 그의 웅대한 목표는 모든 할거 세력을 평정하고 천하통일을 실현하는 데 있었다. 이를 위해서는 여전히 남방 지역에 존재하고 있는 세력에 주목할 수밖에 없었다. 당시 남방의 주요 세력 가운데 하나는 손권이었다. 손권은 아버지 손견, 형 손책의 후광을 업고 양주 6군을 차지하고 있었다. 세 부자는 정국을 잘 다스려 내부에 인재가 넘쳤고 결속력이 좋았으며, 장강이라는 천연의 요새를 끼고 있어 탄탄한 역량을 자랑했다. 그 밖의 할거 세력으로는 형주의 유표가 있었다. 그러나 유표는 연로하여 병치레가 잦았고 두 아들 유기와 유종의 계승권을 둘러싼 다툼이 끊일 날이 없었으니 정권이 불안했다.

주목할 만한 것은 유표에게 의탁한 유비가 이끄는 작은 집단이었다. 유비는 출신이 빈한한 인물이다. 그는 혼란한 정세 속에 차례로 여포, 조조, 원소, 유표에 의탁했지만 헌제에게서 얻은 유황숙이라는 칭호를 내세워 인의를 주창하며 명성을 떨쳤다. 유비는 유표에게 의탁한 후 신야, 번성 일대에 주둔하면서 군대를 확충하고 인재를 모았다. 조조가 남하할 무렵 유비에게는 이미 제갈량, 관우(關羽), 장비(張飛), 조운(趙雲) 등 책사와 맹장이 있어 함부로 넘볼 수 없는 세력으로 자라 있었다.

남방을 정복하기 위해 조조는 세심하게 준비했다. 업성에 현무지를 지어 수군을 훈련시키는 한편, 양주로 사람을 보내 마등(馬騰)을 위위에 임명함으로써 후에 남하해 전쟁할 때 측면의 위협을 받지 않도록 미리 포섭해 두었다. 208년 7월, 승상에 책봉된 조조는 군을 이끌고 남하하여 강남 통일을 위한 숨고르기를 시작했다. 그가 가장 먼저 전략적 목표로 삼은 곳은 형주였다. 형주를 점령하면 강을 따라 동쪽으로 이동하여 동오를 공격할 수도 있었고, 서쪽으로 진군하여 익주를 차지할 수도 있었다.

이 중요한 시기에 형주의 실제 통치자인 유표가 세상을 떠나고 14세 된 유종이 보위에 올랐다. 그는 대신들에게 휘둘리다 조조에게 형주를 순순히 내주었다. 이로써 조조는 피 한 방울 안 묻히고 남하전략의 첫걸음을 완성한 셈이었다.

유비는 조조와 수차례 전투를 치른 바 있어 그가 얼마나 대단한 인물인지 익히 알고 있었다. 이 때문에 번성에서 유종이 투항했다는 소식을 듣고는 곧 강릉으로 퇴각하여 유표의 또 다른 아들 유기와 회합해 함께 조조에 대항하고자 했다. 조조는 서주에서 대학살을 벌인 일로 악명이 자자했기 때문에 백성들은 대부분 유비를 따라 철수했다. 이로써 행군 속도는 매우 느렸다. 조조는 이 소식을 듣자마자 친히 경기병 5000명을 이끌고 밤낮을 달려 장판파에서 유비를 격퇴하고 선략적 요충지인 강릉을 차지했다. 하지만 유비는 포위망을 뚫고 퇴각하여 관우, 유기 등과 합류한 뒤 장강 남쪽의 번구에서 기회가 오기를 기다렸다.

잇따른 승리를 거두자 조조는 자신감에 차 적을 얕보았다. 유비는 이미 적수가 되지 못하니 투항한 형주의 수군을 선봉에 내세우고 자신의 군대에게 그 뒤를 바싹 따르게 하여 강을 따라 동쪽으로 이동하면 단번에 손권 세력을 섬멸하고 전국을 통일할 수 있으리라 자신했다. 그래서 조조는 한나라 승상의 이름으로 손권에게 서한을 보내 80만 대군을 이끌고 동오를 치고자 한다며 손권의 투항을 유도했다.

강력한 적의 압력에 생사를 예측할 수 없는 위급한 순간, 유비의 책사 제갈량이 유비에게 동오로 건너가 손권과 손잡고 조조에 함께 대항하라고 권하자 유비는 흔쾌히 받아들였다. 제갈량은 손권이 전황을 알아보기 위해 보낸 노숙(魯肅)과 함께 손권을 만나 상황을 분석했다.

"유비 공은 강력한 힘이 있습니다." 제갈량이 입을 열었다. "조조에게는 대규모 병력이 있지만 먼 거리를 이동하며 수차례 전투를 치렀기 때문에 대단히 지쳐 있습니다. 게다가 조조군은 대부분 북방 출신이라 수전에 약합니다. 또 형주는 새로 점령한 땅이라 아직 민심도 얻지 못했습니다." 손권, 유비가 손을 잡으면 조조를 물리치고 천하를 삼분할 수 있다는 말이었다. 손권은 곧 이에 동의했다.

그러나 연전연승을 거듭하며 천자의 명의로 남하하는 조조를 보며 손권 세력 내부에 이견이 발생했다. 장사(長史), 장소(張昭) 등은 조조가 천자를 끼고 제후를 호령하며, 병력이 막강하고, 또 형주에서 승리를 거둬 수군까지 얻었으니 장강은 요새로서 쓸모 없는 것이나 마찬가지라며 차라리 일찍 투항하는 것이 낫다고 주장했다. 긴박한 순간 손권의 군사사령관인 주유가 돌아와 조조와 결사 항전을 해야 한다고 주장했다. 그는 조조가 북방을 통일하기는 했지만 후방이 안정되지 못했고, 조조군이 기마전에 능함에도 오나라군과 수중전을 벌인 점을 들어 자신들의 강점을 이미버렸다고 설명했다.

게다가 북쪽 지방의 군대가 멀리 강남까지 이동하느라 풍토에 적응하지 못하여 틀림없이 질병이 돌 것이라고 했다. 또 조조가 중원에서 인솔해온 군사는 15~16만 명 규모에 그치며 그나마 피곤에 지쳐 있고, 투항한 형주 군사들은 아직 공포심이 남아 있어 투지가 없다는 것이었다. 전면적인 분석을 끝낸 뒤 손권은 유비와 연합하여 조조에 대항하겠다는 결심을 굳히고 주유에게 정예병 3만 명을 주어 유비의 부대와 합류해 조조에 대항하라고 명했다.

208년 10월이 되자 주유는 군사를 이끌고 장강을 따라 서쪽으로 이동하여 번구에 이르러 유비와 합류한 뒤, 다시 계속 전진하여 적벽에서 조조군과 일전을 치렀다. 조조군은 타격을 입고 강북으로 퇴각하여 손유 연합군과 강을 사이에 두고 대치했다.

손유 연합군은 천시(天時), 지리(地利), 인화(人和) 방면에서 모두 우월했지만 군사력이 한 수 아래인 것만은 확실했다. 따라서 강력한 조조군을 물리치기 쉬울 리 없다는 것을 잘 알고 있었다. 그들은 줄곧 기회를 기다렸다. 당시 조조군에는 전염병이 돌았고, 대부분 북방 출신이라 물에 약해 장강의 풍랑에 배가 흔들릴 때마다 멀미로 구토까지 하는 등 고생이 말이 아니었다. 그래서 조조군은 배들을 쇠사슬로 연결해 기병들이 배 위에서도 마치 평지에서처럼 이동할 수 있도록 했다. 이로써 수전에 약한 북방인들의 결점이 보완된 듯 보였다. 그러나 한편으로는 전함의 기동력이 사라지고 모든 배가 긴 뱀처럼 한데 엮여 옴짝달싹할 수 없었다. 주유의 부장 황개(黃蓋)는 적군이 아군보다 강력하므로 시간을 오래 끌어 좋을 것이 없고, 조조군의 사기가 저하되어 있는데다 전함이 서로 연결되어 있으니 투항하는 척 접근하다 화공을 펼쳐 기습하자는 책략을 내놓았다.

《삼국지연의》에 나오는 이른바 동풍을 빈다는 차동풍(借東風), 장간이 편지를 훔쳐보게 만들었다는 장간도서(蔣干盜書) 등 황개의 고육지책은 모두 허구다. 그러나 주유, 황개가 적을 얕보는 조조의 오만함을 이용해 화공을 감행하고, 혼란을 틈타 적을 공격한 것은 사실이다. 주유는 먼저 황개가 조조에게 투항하겠다는 서한을 직접 쓰도록 했다. 그리고 투항할 시간을 조조와 정하게 했다. 이때 조조는 자신의 승리를 자신하고 있었기에 황개의 거짓 투항에 대해 제대로 알아보지도 않고 응해버렸다.

약속한 시간이 되자 황개는 작은 배 수십 척에 마른풀을 가득 실은 뒤 기름을 붓고 교묘하게 위장까지 했다. 배에 깃발을 꽂은 작은 배를 군사들이 가득한 큰 배와 연결한 뒤 출발했다. 마침 동남풍이 맹렬하게 불었으므로 배는 빠른 속도로 조조군 진영에 접근했다. 조조군은 '황(黃)'자 깃발을 꽂은 배가 다가오는 것을 보고 황개가 약속대로 투항하는 것이라 여겨 고개를 빼고 바라만 볼 뿐 아무런 경계도 하지 않았다. 황개는 조조군과의 거리가 어느 정도로 좁혀지자 배마다 동시에 불을 지르도록 명했다. 배에는 순식간에 화염이 번졌고 불타는 배가 화살처럼 전진해 일자로 연결된 조조군의 배와 충돌했다. 굵은 사슬로 단단히 엮여 있는 조조군의 배는 도망가지도 못하고 한꺼번에 불길이 옮아 순식간에 엄청난 불바다를 이루었다. 불길은 바람을 타고 지상의 조조군 진영에까지 맹렬히 번졌다. 조조의 군사들은 갑작스러운 불길에 놀라 허둥지둥하느라 전열을 가다듬지 못하고 불에 타 죽거나 익사한 자가 부지기수였다.

조조군의 대혼란을 바라보며 장강 남쪽에 있던 손권과 유비는 기회를 놓칠세라 즉시 북을 울리며 강을 건너 조조군을 대파했다. 조조는 국면을 만회할 수 없음을 깨닫고 남은 군사를 이끌고 육로로 화용도를 거쳐 강릉 방향으로 황망히 퇴각했다. 관우가 조조를 사로잡지만 의로써 조조를 살려 보냈다는 《삼국지연의》의 이야기는 허구지만, 조조가 화용도에서 폭우를 만나 길이 곤죽이 되자 보병들에게 길에 풀을 깔도록 하여 기병이 겨우 그곳을 빠져나갔다는 이야기는 사실이다. 당시 조조군은 퇴각하는 내내 우여곡절을 겪으며 죽고 다친 자가 셀 수 없었다. 한편 손권과 유비 연합군은 수륙 병용 작전을 펴면서 조조군을 맹렬히 추격하여 호북 강릉에 이르렀다. 조조는 조인(曹仁), 서황(徐晃)에게 강릉을 지키도록 명하고 악진(樂進)에게는 양양을 지키도록 한 뒤 자신은 남은 군사를 이끌고 북방으로 후퇴했다. 이리하여 조조의 남방정벌은 손권과 유비 연합군에게 패하며 실패했다.

적벽대전은 급속하게 팽창하던 조조의 기세를 일단 꺾었다. 조조는 이 전투를 통해 충분히 준비하지 않고 강력한 힘이 갖추어지지 않는다면 전국 통일은 요원한 꿈일 뿐임을 깨닫고 다시 총력을 기울여 후방을 정비했다. 한편 손권은 강남에서 자신의 입지를 더욱 공고히 했고, 유비는 승리의 기세를 몰아 형주를 대부분 차지했으며, 자원이 풍부한 익주까지 찬탈했다. 이리하여 삼국정립의 구도가 형성되었다.

적벽대전은 군사적인 관점에서 볼 때 소수로 다수를 이기고 약함으로 강함을 물리친 전형적인 전례다. 그러나 정치적인 관점에서 보면 처음부터 끝까지 비극이다. 손권과 유비는 이 전투에서 승리함으로써 조조를 이길 수 있다는 자신감을 갖게 되었다. 그 결과 조조는 손권과 수차례 전투를 벌이면서도 남하하지 못했지만 손권 역시 북상하지는 못했다. 조조는 나이가 들면서 점차 자신의 손에서 분열을 끝내는 것이 불가능함을 깨닫고 남하를 포기했다.

삼국정립의 국면은 280년까지 지속되었다. 70여 년의 투쟁 과정에서 출신이 빈한하고 사회 혼란기를 경험한 인재들이 차례로 스러져가고, 부유하게 나고 자란 귀족의 자제들에게 권력이 넘어갔다. 진 무제 사마염이 선인의 남아 있는 위력으로 전국을 일시적으로 통일하고 서진이라 칭했지만 그 자신이 그리 똑똑한 인재가 아닌 데다 자신과 같은 귀족 자제들만 임용하다가 오래 지속하지 못하고 막을 내렸다. 중국 역사는 다시 300년에 이르는 대립 속에 589년 수나라가 통일할 때까지 혼란을 거듭한다. 그런 점에서 적벽대전은 조조에게 유감 많은 일전이었으며 동시에 역사의 비극이었다.

제 5 장

천의 얼굴을 가진 영웅

어떠한 대업을 이룬 사람이라도 개인의 영웅주의에만 의존하여 성공할 수는 없으며, 반드시 단체의 힘이 뒷받침되어야 한다. 그리고 단체의 핵심 인물은 바다 같은 넓은 가슴과 진정한 영웅의 기개가 있어야 한다. 역사적 기회를 부여받은 조조는 어째서 후세에 간웅으로 불릴까? 이는 관용과 의심이라는 이중적 성격과 무관하지 않을 것이다.

술을 데우며 영웅을 논하다

《삼국지연의》에는 "매실 안주에 술 데우며 영웅을 논한다"는 훌륭한 문장이 소개되어 있다. 유비는 조조에게 몸을 의탁한 후 매일 허창의 저택에서 채소나 기를 뿐 자신의 재능을 드러내지 않았다. 장비의 말을 빌리면 소인배나 하는 일을 하며 시간을 보낸 것이다. 이때 조조가 유비에게 정치적 회합을 하는 술자리를 청했다.

조조는 유비를 만나자마자 "집에서 큰일을 도모하신다고요?"라고 물었다. 유비는 황제의 밀서를 받은 것이 벌써 들통 난 줄 알고 얼굴빛이 사색이 되도록 놀랐다. 곧이어 조조는 유비의 손을 끌고 후원으로 나와 "농사일 배우기가 쉽지 않지요?"라고 말했다. 그제야 유비는 마음을 놓았다. 두 사람이 잘 익은 청매실을 안주 삼아 술을 마시기 시작했을 때, 갑자기 먹구름이 하늘을 덮어 어둑어둑해지면서 금방이라도 비가 쏟아질 듯했다. 용이 하늘로 올라갈 것 같은 날씨였다. 화제는 자연스럽게 용으로 옮아갔다. 조조가 말했다. "용은 클 수도 있고 작을 수도 있고, 승천할 수도 있고 숨을 수도 있지요. 크면 구름을 일으키고 안개를 토하며, 작으면 그 모양을 감춥니다. 승천하면 우주로 날아오르고 숨으면 파도 속으로 매복하지요. 지금은 바야흐로 봄이 깊었으니 뜻을 얻어 천하를 누벼야 할 때지요. 모름지기 용은 인간 세상의 영웅과 같습니다. 현덕께서는 사방을 두루 다니셨으니 틀림없이 천하의 영웅들을 알고 계시겠지요?"

조조는 우선 천하 영웅을 평해 달라고 청하며 영웅의 표준을 제시했다. "무릇 영웅은 가슴에는 큰 뜻을 품고 배에는 지략이 있어야 하며, 우주의 기미를 품고 천지의 뜻을 삼켰다 내뱉을 수 있어야 합니다." 유비는 짐짓 어리둥절한 체하며 물었다. "누가 그렇게 할 수 있단 말입니까?" 조조는 유비를 가리켰다가 다시 자신을 가리키고는 이렇게 말했다. "지금 천하의 영웅은 오직 그대와 나 둘뿐입니다!" 이 대화에서 두 영웅의 기지와 마음에 품은 도량을 엿볼 수 있을 뿐 아니라 조조가 유비를 얼마나 높이 평가했는지 알 수 있다. 조조는 어째서 유비를 이토록 중히 여겼을까?

유비는 확실히 조조가 말한 대로 영웅이었고, 조조의 사람 보는 안목은 당시 최고였다. 조조는 다음 몇 가지 면에서 유비를 영웅으로 인정했다.

첫째, 유비는 백성을 극도의 인의로 대했다. 조조가 남방 정벌에 나서 당양까지 추격해왔을 때 유비는 형주 백성까지 데리고 함께 도주했다. 《삼국지》에 보면 이런 기록이 있다. "어떤 이가 유비에게 말했다. '신속히 행군하여 강릉을 지켜야 합니다. 지금은 비록 많은 무리를 거느리고 있으나 실제 투구와 갑옷을 두르고 싸우는 사람은 적으니 만일 조조군이 이르면 어찌 이것을 막으리까?' 이에 유비가 이르기를 '무릇 큰일을 하는 데는 반드시 사람을 근본으로 삼아야 한다. 지금 사람들이 나에게 의지하려고 왔는데 내 어찌 버리고 갈 수 있겠는가!'라고 했다."

유비는 또한 백성과 병사를 편안하게 다스렸다. "밖으로는 도둑질을 막고 안으로는 재물을 풍성히 베풀었다. 병사 중 아랫사람이라도 반드시 같은 자리에 앉아 같은 그릇으로 먹으며 가리거나 고르는 일이 없으니 많은 사람이 그에게 찾아왔다." 한번은 자객이 들었다가 차마 찌르지 못했다는 기록도 있다. "군(郡)의 백성 유평이 평소 유비를 경시하며 수치로 여기다가 자객을 보내었다. 그러나 자객이 차마 찌르지 못하고 가버렸으니 인심을 얻음이 이와 같았다." 유비는 병사와 백성을 이처럼 인과 의로 대했으니 영웅의 면모를 보인 것이다.

둘째, 유비는 영웅의 기운이 있는 인물이었다. 먼저 '편독우(鞭督郵)'의 일화를 보자. 《삼국지》에는 "영제 말 황건적이 봉기하자 주군(州郡)에서는 각기 의병을 일으켰는데 먼저 유비가 부하들을 이끌고 교위 추정을 따라가 황건적을 토벌하여 공을 세워 안희현의 위(尉)에 임명되었다. 현의 관리를 감독하는 군의 독우가 공무를 보러 안희로 왔다. 이때 유비가 독우에게 만나기를 청했지만 거절당했다. 그러자 유비는 곧바로 독우가 거처하는 곳으로 뛰어 들어가 곤장으로 그를 200대나 때렸다"는 기록이 있다. 그리고 나서 자신의 인수(印綬)를 풀어 독우의 목에다 건 뒤 그를 말뚝에 묶은 다음 관직을 버리고 달아났다는 것이다.

유비는 생각을 실행에 옮기는 용기뿐만 아니라 담력도 비범했다. 한번은 전투를 벌이다가 전세가 불리하여 퇴각해야 할 상황이 되었다. 화살이 빗발쳤지만 유비는 크게 노하여 물러나려 들지 않았으니 누구도 감히 그에게 퇴각을 권하지 못했다. 나중에 법정(法正)이 용기를 내어 유비 앞으로 뛰어들자 유비가 황급히 말했다. "법정은 화살을 피하라." 법정이 "공께서 친히 화살을 감당하시거늘 소인이 어찌 그리하오리까?"라고 말하자 유비는 그제야 화살을 피해 함께 퇴각하자고 했다.

셋째, 유비는 영웅적 의로움을 갖춘 인물로, 사람을 씀에 의심이 없고 작은 이익 때문에 질책하지 않았다. 유비가 정벌을 떠나며 서주 경비를 장비에게 맡겼는데 장비가 술에 취해 서주를 잃고는 우이로 달려와 자초 지종을 설명했다. 조표와 여포가 야합하여 야간을 틈타 서주를 습격했다는 것이다. 모두 아연실색해 있는데 유비가 탄식하며 말했다. "얻었다고 어찌 기뻐할 것이며 잃었다고 어찌 족히 근심하랴!" 장비는 자기 잘못으로 유비의 처와 자식이 모두 집혀갔기 때문에 검을 들어 자살하고자 했다. 유비가 다가와 검을 빼앗으며 점잖게 말했다. "옛말에 '형제는 수족과 같고 아내는 옷과 같다'고 했다. 옷이 해지면 꿰매면 되지만 수족이 잘리면 어찌 다시 이을 수 있겠는가? 우리 세 사람은 도원결의했으니 함께 살 수 없다면 함께 죽어야 한다. 어찌 형제가 중도에 죽는 것을 견딜 수 있겠는가? 게다가 성은 원래 내 것도 아니었지 않은가! 가족은 비록 어려운 처지에 빠졌으나 여포가 아직 죽이지는 않았으니 구할 계책을 마련할 수 있다. 아우는 잠깐 실수로 어찌 황급히 목숨을 버리려 하는가!"

이런 일도 있었다. 장판파에서 유비군이 패하자 조운이 말을 달려 유비의 아들 아두를 구하러 갔는데 이 사실을 모르고 미방이 말했다. "조운이 배반하고 조조 진영으로 투항하러 갔습니다!" 유비는 "조운과 나는 오랜 친구인데 어찌 배반하겠는가?"라고 크게 꾸짖었다. 그러자 장비가 말했다. "그가 지금 우리 세력이 다해 궁지에 몰린 것을 보고 조조에게 투항해 부귀를 누리려 함이겠지요." 유비는 "조운은 나와 환란을 함께했고 마음이 철석같은 사람이다. 결코 부귀 따위에 현혹되어 흔들릴 사람이 아니다"라고 잘라 말했다. 사람을 보는 눈이 이와 같은데 어찌 영웅이라 하지 않을 수 있겠는가!

넷째, 유비는 영락없는 책략가였다. 조조의 계획이 실패한 이야기를 먼저 해보자. 천자를 허창으로 끌어들인 조조는 이제 각 제후를 병합하기 위해 참모들과 머리를 맞대고 그들을 서로 싸우게 하여 어부지리를 얻으려는 계획을 짰다. 그러던 차에 여포가 유비에게 의탁하자 많은 참모를 불러 모아 연회를 베풀며 함께 대책을 논의했다. "유비가 서주에 군사를 주둔시켜 다스리고 있는데, 근래 나에게 패해 달아난 여포가 유비에게 몸을 맡기니 유비는 여포를 소패에 머무르게 했다 하오. 만약 이 두 사람이 마음을 합하여 군대를 이끌고 쳐들어온다면 우환을 부를 것이오. 공들은 무슨 묘책이 없소?" 순욱이 먼저 범 두 마리가 다투어 서로 잡아먹게 하는 이호경식지계(二虎競食之計)를 제안했다. "밀서를 보내 유비가 여포를 죽이게 하는 것입니다. 일이 성사되면 용맹한 장수 하나가 유비 곁에서 사라지니 좋고, 일이 성사되지 않으면 여포가 유비를 죽일 것입니다. 이것이 바로 이호경식지계입니다." 그러나 유비는 이 책략에 속지 않고 조조의 계획을 곧장 여포에게 알렸다. 여포는 대단히 감격했다. 계획이 수포로 돌아가자 조조가 탄식했다. "어째서 뜻대로 되지 않는가?"

조조의 입에서 이런 말이 나오게 만든 인물은 많지 않다. 순욱은 호랑이를 내몰아 늑대를 삼키게 하는 구호탄랑지계(驅虎呑狼之計)를 제안했다. "비밀리에 원술에게 사람을 보내 '유비가 남군을 치겠다는 표문을 올렸다'고 알리면 원술은 분명히 노하여 유비를 치려고 할 것입니다. 이때 우리는 유비에게 원술을 치라는 조칙을 내리는 것입니다. 그리하여 그들 둘이 맞붙어 싸우게 되면 여포는 반드시 다른 마음을 먹고 유비를 공격하게 될 것입니다." 유비는 이 때문에 서주를 잃었지만 여전히 소패에 머무르며 여포와 싸우지 않았으니 이 계획은 성공하지 못한 것이다. 그래서 조조는 유비를 찬탄해 마지않았다.

다섯째, 유비는 군사적 재능이 뛰어났다. 조조가 오환 습격을 준비할 때 "유비가 유표에게 허창을 공격하도록 할 수 있으니 유표를 중용할 수 없다"며 걱정했다. 만일 유표가 허창을 습격하는 데 동의하여 헌제를 형주로 모신다면 천하의 구도는 또 한 번 크게 변할 것이기 때문이었다. 이처럼 조조는 항상 유비라면 어떻게 할지를 생각했으니, 유비의 군사적 재능이 얼마나 뛰어났는지 알 수 있다.

조조와 유비는 다른 길을 걸었어도 결국 모두 비극적 운명을 맞은 난세의 호걸이다. 처음 난세가 시작되었을 때는 조조보다 월등한 실력을 갖춘 인물이 수없이 많았다. 예를 들어 동탁은 먼저 황제의 자리에 올랐지만 모든 이의 분노를 샀다. 그리고 명문 집안 출신인 원소는 특유의 귀족 도련님 같은 성미를 보였다. 일찍이 십상시를 주살하는 등 정치투쟁이 한창일 때는 그런대로 돋보인 면도 없지 않았지만 군웅이 격렬하게 다투는 시대에 이르자 우왕좌왕하며 실력이 마음을 따르지 못했다.

조조는 중원이 가장 참혹한 전장이 된 그때 도리어 강한 자신감을 드러내며 자신의 전략을 구상했다. 위기에 더 강한 성격 덕에 그는 혼란한 시대에 가장 어울렸고, 마치 물 만난 고기처럼 북방 지역을 휩쓸었다.

당시 조조의 가장 큰 어려움은 간신이라는 비난을 듣는 것이었다. 사실 이 갈등은 정통 사상에서 나온 굴레나 다름없었지만 조조는 스스로 이 굴레를 감당했다. 만일 당시 조씨 정권을 사마씨에게 빼앗기지 않고 위나라가 천하를 통일했다면 조조에게 악명도 따라붙지 않았을 것이다. 조조가 폄하되는 것은 천하통일의 꿈을 이루지 못하고 사마씨가 정권을 찬탈했기 때문이다.

이 밖에 조조의 학살과 황제폐위 등을 비난하는 견해도 있다. 하지만 당시 상대를 밟아야 내가 살아남을 수 있는 치열한 경쟁 구도에서 이 계책을 내지 않았다면 조조가 어찌 생존할 수 있었겠는가. 물론 이것을 핑계로 사실을 뒤집자는 것은 아니다. 다만 당시 역사적 상황으로 미루어볼 때 조조의 행동 역시 어쩔 수 없는 선택이었다는 점에 주목하는 것이다. 그가 저지른 대량학살 뒤에는 부친의 원수를 갚고자 하는 마음이 있었지만, 자신의 친딸이 황후 자리에 있음에도 황제를 폐위한 것에는 당시 정치투쟁의 논리가 숨어 있었다.

조조의 가장 큰 공으로 꼽는 것은 뒷날 중국의 새로운 통일에 탄탄한 기틀을 마련했다는 점이다. 위나라는 사마씨에게 전복되었지만 조조가 시작한 대업은 끝나지 않았다. 그가 없었다면 중국 통일은 아마도 훨씬 훗날로 미루어졌을 것이다.

역사는 참으로 알 수 없다. 조조는 천하통일에 명백하게 공헌했는데도 비난을 짊어졌고, 유비는 오직 자신의 입지를 넓히는 데만 힘을 썼는데도 한 왕실의 부흥을 주창했다는 이유만으로 나관중의 글을 통해 영웅으로 거듭났다. 유비는 훗날 의심스러운 황숙의 신분을 얻은 것을 빼고는 이렇다 할 실력이나 밑천이 없었다. 나중에 믿음직한 형제 몇 명을 포섭한 것이 그로서는 최대의 밑천이었다.

유비는 수많은 사람에게 의탁했고 마지막에는 유표에게 몸을 의지했다. 당시 사람들은 유비가 중용된 이유는 그의 수하에 있는 형제들의 능력 때문이라고 했다. 도겸이 그를 서주로 불러들인 것도 그렇고 나중에 유장이 그를 부른 것 역시 그런 이유에서였다. 그를 불러 일을 맡기는 사람은 일시적으로 그를 중용하고자 할 뿐이었다. 하지만 유비는 일단 어느 곳에 발을 디디면 쉽게 떠나지 않았다. 유표와 유장, 이 뼈대 있는 두 종친의 근거지도 간단히 유비의 손에 넘어가지 않았던가! 유비는 북방 지역을 오가며 별 성과는 거두지 못했지만 수하에 이러한 형제들을 거느리게 되었으니 이 것만으로도 충분했다. 이는 유표, 유장이 가지지 못한 것이었으며, 유비를 결국 삼국정립의 주역으로 만든 버팀목이었다.

《삼국지연의》에는 유비가 차마 백성을 버릴 수 없어 모두 인솔하여 함께 남하했다는 기록이 있는데, 이는 역사에 대한 무지에서 나온 말이다. 대동란 시대에는 사람이 모두 죽어 폐허가 된 땅이 허다했으니 사람이 곧 재산이었다. 조조가 둔전제를 시행한 것도 흩어진 백성의 안전을 보장함으로써 그들이 다시 생산지로 돌아오도록 유도하기 위한 것이었다. 당시에 이는 대단히 큰 문제였다.

그렇다면 백성은 어째서 유비를 따랐을까? 유비군이 함께 남하하기 위해 백성을 위협했을 가능성이 더 크다. 당시에는 사람이 재산이었으니 반드시 데려가야 하지 않았겠는가. 동탁이 낙양을 떠날 때도 백성을 위협해 장안으로 함께 갔다. 그런데 어째서 사람을 재산이라고 할까? 촉나라는 개국 당시만 해도 인구가 수십만 호에 그쳤는데, 1가구의 식구 수를 5~6명으로 계산하면 촉나라의 총인구는 고작 300~400만 명밖에 되지 않았다. 제갈량이 얼마 되지 않는 군사를 일으켜 무리하게 북벌에 나선 것도 바로 이런 이유에서였다. 유비의 목표는 결국 자신을 위한 근거지를 확보하는 일이었다. 한 왕실 부흥은 이 목표를 실현하기 위해 내세운 공허한 구호에 지나지 않았다.

삼국 패주, 방략을 다투다

  일을 해결하는 방법과 계략, 즉 방략은 한순간에 생기는 것이 아니라 당사자가 처한 처지, 환경과 장기간의 노력에 따라 얻은 사유 방식이다. 이는 당사자가 문제를 처리하는 수법에 직접적인 영향을 미친다.

  천하가 위, 촉, 오 삼국으로 분열된 후 조조, 유비, 손권은 바야흐로 이 방략 경쟁을 시작했다. 전선에서 검을 들고 다투는 전투와 비교할 때 방략 경쟁은 형태는 없지만 살상력은 천하를 뒤흔들 만큼 대단하다.

  먼저 천명(天命)을 살펴보자. 자신의 공훈, 작위 등 큰 문제에 대해 중국인은 늘 운명을 믿고 따랐다. 조조는 "천명이 내게 있다면 나는 주 문왕이 되리라"라는 말을 믿었다. 하지만 유비는 그 말을 믿지 않았다. 갈홍의 《신선전》에는 이러한 기록이 있다.

  "선인(仙人) 이의기는 촉군 사람이다. 세상에 전해진 것을 보면 한 문제 때 사람이라 한다. 유비가 오나라를 정벌하고자 할 때 사람을 보내 이의기를 맞이하게 했다. 이의기가 도착하자 유비가 그를 예로써 공경하며 길흉에 관해 물었다. 그러나 이의기는 물음에 대답하지 않고 단지 종이와 붓을 요청하여 병마와 무기를 수십 장 그리더니 바로 하나하나 손으로 찢

어버렸다. 또 큰 사람을 하나 그리더니 땅에 파묻고 곧장 떠나갔다. 이에 유비는 기뻐하지 않았다. 그리고 몸소 출군하여 오를 정벌하다가 대패하여 돌아온 후 분함과 부끄러움에 병이 나 죽으니 많은 사람이 곧 이의기의 뜻을 알게 되었다. 큰 사람을 그려 땅에 묻은 것은 유비가 곧 죽는다는 의미였다."

중국인이 운명으로 세상을 설명한 이유는 운명이 강하면 틀린 것도 맞는 것이고, 운명이 다하면 맞는 것도 틀린 것이 된다는 우주의 본원을 직접 가리키기 위함이다.

둘째, 권력 앞에서 개인의 욕망에 대해 그들이 보여준 태도에 주목해야 한다. 이 점에서 조조와 유비는 정반대 성향을 보였다. 두 사람의 다툼이 수십 년이나 이어진 원인 가운데 하나도 여기에 있다고 할 수 있다.

조조는 인재 등용에서 재능만을 중시했으나 유비는 변함없이 굳은 절개를 중시했다. 조조는 술을 좋아했으나 유비는 금했고, 조조는 책읽기를 즐겼으나 유비는 좋아하지 않았다. 조조는 속박받는 것을 싫어해 방탕했으나 유비는 침착하고 중후했다. 조조는 철통같은 강권을 사용했으나 유비는 인의를 주창했고, 조조는 여색을 밝혔으나 유비는 여인을 멀리했다. 조조는 근검절약했으나 유비는 말과 좋은 옷을 선호했다.

《삼국지연의》에서 유비가 한 말을 인용하는 것이 가장 적절할 듯싶다. "지금 물과 불처럼 나와 상극인 자는 조조다. 조조는 조급하나 나는 포용하고, 조조는 난폭하나 나는 인자하며, 조조는 간교하나 나는 충성스러우니 매사 상반되어 일이 이루어질 수 없다." 결국 두 사람의 이러한 다름은 삼국정립의 구도를 만들었고, 불화와 갈등을 빚어냈다.

기개로 따지면 두 사람 모두 장점이 있다. 조조가 관우를 놓아준 일화는 천고의 미담으로 전해지고 있고, 유비가 황권(黃權)의 마음을 헤아린 이야기는 그가 명군이었음을 말해준다. 이들 이야기는 인재를 아꼈던 마음과 각자의 성격을 잘 드러낸다.

진수는 조조를 두고 "계획을 세우고 책모를 꾸며 천하에 미치게 했다. 각각 자신의 기량에 따르도록 하고, 자신의 마음을 바로잡고 계획에 맡겨 옛날의 악을 염두에 두지 않았다"라고 했다. 한편 유비에 관해서는 "의지가 크고 굳세며 관대하고, 도량이 크고 사람을 볼 줄 알며, 선비를 대접할 줄 아니 한 고조 유방의 품격이 있고 영웅의 그릇이다"라고 했다. 욕망에 대한 태도는 그 사람의 성격을 결정하고, 성격은 운명을 결정짓는다. 따라서 모든 것이 마음에 달려 있다.

손권과 조조는 소인배고, 유비가 진정한 대장부인지 아니면 위선적인 군자인지는 좀 더 생각해볼 필요가 있다. 유비는 천성적으로 속셈을 알 수 없는 사람으로 "말수가 적고 아랫사람을 잘 대하며 기쁨과 노함을 드러내지 않았다"고 한다. 방탕하고 매이지 않는 조조와 대조적으로 유비는 매우 침착하고 점잖아 무슨 일이든 마음에 담아두었다. 이 점은 그의 선조인 유방과도 아주 닮았다.

책략으로만 따지면 조조는 유비만 못했다. 관도전투가 있기 전에 조조는 하내를 차지하고 기주를 몰래 습격하고자 했는데, 나중에 원소에게 이 비밀스러운 계획을 알린 것이 바로 유비였다. 《예문유취》의 〈영웅기〉에는 이렇게 기록되어 있다. "조조가 유비와 비밀스러운 계책을 이야기했는데 유비가 원소에게 그 비밀을 알렸다. 그래서 원소는 조조가 자신을 도모하려는 뜻을 품고 있다는 것을 알게 되었고, 조조는 스스로 혀를 깨물어 피를 흘림으로써 후일에 경계를 삼도록 했다."

사실 위선과 거짓은 별것 아니다. 천하를 다투는 정치가 중에 음흉하지 않은 이가 어디 있겠는가. 여포같이 겉과 속이 같은 인물은 일찌감치 역사 무대에서 사라졌다.

조조는 어렸을 때 혈기왕성하여 오직 나라를 위해 공을 세울 생각만 했다. 하지만 한 왕조라는 배에 물이 차오르자 이를 막는 것이 역부족일 뿐 아니라 자신까지도 함께 침몰할 판이라는 사실을 깨달았다. 조조는 충성스럽게 한 왕조만 바라보지는 않았지만 그렇다고 한 왕조를 향한 충정이 완전히 사라진 것은 아니었다.

동탁이 황제를 폐위하자 조조는 고향으로 돌아와 처음으로 의병 조직을 주창했다. 그는 제후 연맹을 조직했고 동탁은 장안으로 천도하게 되었다. 그러나 조조가 큰 뜻을 펼치려고 할 때 그의 눈에 들어온 것은 반동탁 연합군의 소극적인 자세였다. 사실 조조가 아니라 그 누구였다 하더라도 이러한 연합군의 모습을 곱게 볼 수 없었을 것이다. 이때 조조는 왕도, 인의로 천하를 구하는 것은 불가능하다는 사실을 깨달았을 것이다. 당시는 난세였으니 말이다. 그리하여 조조는 남과 다른 길, 패도를 걷게 된다.

부친의 죽음은 조조에게 강렬한 자극제가 되었고, 그가 인생과 정치 생애를 통틀어 패도의 첫걸음을 내딛는 계기가 되었다. 뒤이은 진궁의 반역은 그에게 더욱 간교하고 냉혹하며, 힘을 숭상하는 난세의 패자(霸者)로 철저히 거듭나게 했다. 젊은 시절의 조조는 더 찾아볼 수 없었다.

조조의 이 선택은 옳았다. 조조는 천부적인 군사적, 정치적 재능이 있었고 강자만이 살아남는 난세에서 거센 폭풍을 일으키며 종횡무진 활약했다. 바로 이 한결같은 패도 정치 때문에 그는 천하를 통일할 수 없었다.

이와 비교할 때 유비는 젊은 시절 전형적인 무사였다. 유비에게 정치적인 머리가 전혀 없었다는 것은 말이 되지 않지만 그가 서주에서 그렇게 오랫동안 머물면서도 기반을 닦기는커녕 여포와 치른 싸움에서조차 이길 수 없었던 모습에 주목하지 않을 수 없다. 인재 기용면에서는 두 의형제를 믿었고 전쟁터에서는 용감했지만 조조를 이기지는 못했다. 그래서 그는 패배를 거듭하며 조조의 그늘에서 설 곳을 찾지 못하고 유표의 처마 밑에 7년 동안이나 둥지를 틀었다.

유비의 변화는 바로 이때 일어났다. 건안 13년(208년) 이후 유비의 변화된 모습과 그 효과로 볼 때 이는 대성공이었다. 그중 가장 큰 변화는 인재 기용면이었다. 유비는 제갈량을 임용했는데, 그는 손오(孫吳)와 연합하면서 적벽대전을 승리로 이끌었다. 유비는 인재를 광범위하게 등용한 결과 서천을 수중에 넣어 기반을 다졌다. 또 법정을 등용하여 조조를 몰아내고 황제를 칭하는 자리에까지 올랐다.

유비는 용감한 무사의 분위기를 좋아했다. 예컨대 황충(黃忠)과 위연(魏延) 두 사람을 선발한 데는 여러 방면의 고려가 있었겠지만 유비 자신의 무(武)를 숭상하는 성향이 영향을 미쳤다. "황충은 먼저 나아가 진(陳)을 함락하고 용맹을 떨치며 세 번 이겼다", "위연은 용맹으로 임무를 행했다"는 등의 기록이 이를 말해준다.

손권에게도 여러 번 변화가 있었다. 가장 큰 변화는 그가 합비전투 이후 자신의 군사적 재능을 뚜렷하게 인식하여 이후로는 아예 후방을 지키는 데 열중했다는 것이다. 이런 관점에서 볼 때 손권은 장료에게 감사해야 한다. 만일 장료가 손권의 면전에 대고 호통 섞인 경고를 하지 않았다면 그는 형주전투나 이릉전투에서 선봉에 섰다가 후회막급한 일을 당했을지도 모르니 말이다!

셋째, 삼국의 인재 등용 방략을 비교해보자. 조조의 인재 등용은 겸용성(兼容性)이 강해서 능력만 있으면 많을수록 좋다는 식이었다. 이 때문에 조조의 위나라에는 사람이 넘쳤다. 물론 이들 중에는 인재와 둔재가 섞여 있었다. 위나라 진영에도 충절의 뜻이 굳건한 병사들이 많았지만 재능만 중시하는 조조의 원칙은 흔들림이 없었다.

조조가 인재 등용책으로 내세운 위무삼령(魏武三令)은 차치하고 그의 주요한 등용법을 보자. 조조가 일찍이 순욱을 재상으로 삼은 일은 그가 훗날 대사를 도모하는 데 결정적인 역할을 했다. 배송지(裵松之)는 가후와 이순(순욱, 순유)을 〈이순전〉에 함께 전한 것을 두고 가후를 함께 언급한 것은 부당하다고 지적하기도 했다.

조조는 천자를 모신 장점을 충분히 살려 다수의 강력한 지주 계급을 모았고, 그들을 효과적으로 통제하기 위해 자유를 주면서도 점차 세력을 약화시키는 방법을 썼다. 일단 패권의 발톱은 숨긴 것이다. 조조는 유력 호족을 제압하는 데는 단호했지만 그것도 사람을 가려서 했다. 하북에 발을 디딜 때의 단호함과 군법 집행관 사마(司馬)를 불러들일 때의 결연함은 결국 모두 자신의 통치를 공고히 하기 위함이었다.

이러한 통치 이념은 장점이 많다. 수하에 인재가 많으니 전체적인 역량이 충분해지고 자연히 다른 세력 집단과 힘겨루기에서 우위를 점할 수 있다. 그러나 여기에는 불안정적인 요소도 함께 존재한다. 조조의 인재 등용책 자체는 문제가 별로 없었지만 집행 과정이 문제였다.

선사가 말씀하시기를 "경전은 나무랄 것이 없으나 중이 잘못 읽는 것이 안타깝구나"라고 했다던가? 나라를 다스리는 이치도 마찬가지다. 같은 제도라도 조조의 손에서는 나무랄 데 없었지만, 그것이 후대에도 반드시 최고의 정책일 수는 없었다.

《진서》에 따르면 "위 무제는 사마의(司馬懿)가 큰 뜻을 품고 있음을 알아챘고 그가 의심 많은 이리와 유사한 관상인 낭고상(狼顧相)이라는 말을 들었다. 그래서 태자인 조비에게 이렇게 말했다. '사마의는 남의 신하가 될 인물이 아니니 반드시 대비하라'"라는 기록이 있다. 그러나 실제로는 상황이 이와 반대로 전개되었다.

조조가 시행한 인재 제일의 등용책은 보기에는 간단한 듯해도 실제 운용하기는 쉽지 않다. 예컨대 순욱은 조조가 "군사 일을 모두 순욱과 함께 도모했다"라고 할 정도였고 제후들의 일까지도 함께 논한 인물이었다. 조조는 이 중추적 인물이 스스로 할 수 있는 일은 모두 그의 선에서 처리하도록 했다. 만일 순욱이 외장(外將)이었다면 그의 마지막이 좀 더 좋았을지도, 어쩌면 그 명성 덕에 그렇게 일찍 죽지는 않았을지도 모르겠다.

비슷한 예를 촉한의 관우에게서도 찾아볼 수 있는데, 그는 형주에서 전투를 준비하면서 동시에 서한을 보내 마초와 힘을 겨루고자 했다. 이는 오로지 중추 지역에서 자신의 영향력을 확대하려는 의도에서였다. 한중의 견제가 있었고, 한편으로는 관우 스스로 무언가 하지 않으면 성도에서 언젠가는 자신의 이름조차 기억하지 못하게 될 것이라는 두려움이 있었기 때문이다.

중추를 논하려면 외장을 말하지 않을 수 없다. 같은 외장이라도 유비가 인재를 임명하는 의도는 각기 달랐다. 관우는 강릉을 다스렸고 장비는 낭중에 주둔했는데, 이 두 곳은 관우와 장비가 아니면 안 되었다. 그리고 남은 한중은 황권, 제갈량, 심지어 이엄(李嚴)에게도 관할할 자격이 있었는데 유비는 굳이 위연을 등용했으니 이는 뜻밖의 발탁이었다. 그러나 자세히 들여다보면 유비의 이러한 임명은 조조의 합비삼장(合肥三將)과 비교해 볼 때 비록 변화는 작지만 전체를 보는 안목에서는 조조보다 한 수 위라는 것을 알 수 있다.

유비가 새로운 핵심 지도층으로 법정, 방통(龐統)을 임용한 데서 황권, 위연 등을 선발한 뜻을 알 수 있다. 새로 투항한 촉의 호족을 고위 관직에 봉하고 또 새로운 인재를 선발한 것은 어떤 의미였을까? 이는 기존의 인물이 가지고 있던 권력을 나눈 것이 아닌가? 정확히 말하면 제갈량이나 심지어 조운의 권력을 나누고자 한 것이었다. 이 새로운 지도 체계를 두고 유비는 실로 고민에 고민을 거듭했을 것이다.

이와 비교해 도독 육손(陸遜)은 행운이 따라주지 않았다. 육손은 원래 중추에 가까운 자리에서 대관원으로 거듭났고 그 지위가 날로 높아졌지만 중앙의 판단 실수로 결국 죽음을 맞았다. 이는 중앙에서 지위를 지키는 것이 얼마나 중요한지 보여주는 좋은 예라고 할 수 있다. 한편 장소(張昭)는 이런저런 일로 손권의 눈 밖에 났지만 오는 위가 아니었으므로 그의 결말은 순욱과 달랐다.

삼국에서 가장 강력한 권신은 바로 제갈량이었다. "정사는 크고 사사로움에 관계없이 모두 제갈량의 손에서 결정된다"고 할 만큼 그의 힘은 대단했다. 이러한 권력을 발휘할 수 있었던 사람이 후한에는 두 명 있었으니 동탁과 조조가 그들이다.

제갈량의 전권을 알아보려면 먼저 너무나도 유명한 《출사표》를 살펴보지 않을 수 없다. "궁중과 조정은 하나가 되어야 한다"는 한마디는 그가 지나치게 많은 일에 관여했음을 보여주면서도 세간의 비난을 받게 되는 대목이다. 그러나 이 말에는 큰 문제가 없다고 본다. 이는 제갈량이 유선

(劉禪)을 지도하는 데 가장 훌륭한 가르침은 "현명한 신하를 가까이하고 소인배를 멀리한 것은 전한이 흥성한 이유며, 소인배를 가까이하고 현명한 신하를 멀리한 것은 후한이 기울어 패망한 이유다"라는 메시지를 전달하고자 한 것이다. 그러니 몇 마디 말만으로 제갈량의 충심을 호도해서는 안 된다. 제갈량은 후주(後主)에게 부친이자 스승이자 신하로서 세 가지 역할을 했음을 기억해야 한다.

이런 대목도 있다. "시중인 곽유지(郭攸之)와 비의(費禕), 시랑인 동윤(董允) 등은 모두 선량하고 착실하며 마음이 충직하고 순수하므로 선제께서 선발하시어 폐하께 남겨주신 이들입니다. 제 생각으로는 궁중의 일은 크고 작은 일을 막론하고 모두 그들에게 자문한 후에 시행하시면 반드시 모자란 점을 보충받아 널리 유익한 점이 있을 것입니다."

이 부분은 제갈량의 인재 등용의 도를 더욱 잘 드러내며, 촉한 인재 정책의 골간이 되었다. 또한 제갈량 역시 자기 사람을 키우려 했는데 비의, 동윤 등이 그들이었음을 알 수 있다.

후계자 양성은 제갈량이 자신의 사상을 관철하는 최고의 방법이었다. 제갈량의 전권에는 특징이 있었다. 바로 선을 넘어서지 않는다는 것이었다. 즉 제갈량은 자신의 편안함이나 자손의 이익을 도모하지 않았다. 그가 죽을 때 자산은 그저 먹고살 만한 수준이었고, 후손 역시 그의 대권을 계승하지 않았다.

이엄은 권력 투쟁의 희생양이라 할 수 있지만 이를 두고 비참하다고 여기지는 않는다. 게다가 제갈량처럼 모든 것을 바쳐 일하는 권신이 몇이나 되는가! 제갈량의 이러한 노고는 자기 자신이나 자손을 위함이 아니었으니 그가 오랜 세월 줄곧 봉건 문인들의 우상이 된 이유를 알겠다.

후한에도 유명한 권신이 한 사람 있으니 순욱이 바로 그다. 순욱은《출사표》를 내거나 후계자 양성을 할 수는 없었으니 그가 할 수 있는 일은 제갈량보다 제한적이었다. 그러므로 순욱의 가치는 그가 조조를 인도한 것이 아니라 조조가 그에게 의존한 데서 나타난다. "태조가 외지로 정벌을 떠나더라도 나랏일과 군대일은 모두 순욱과 계획하라"는 말에서 순욱의 권신으로서의 지위를 엿볼 수 있다. 그는 그야말로 진정으로 왕을 보좌할 인재, 즉 왕좌지재(王佐之才)였다.

재능과 기회만 있다면 권신이 되는 것은 그리 어려운 일도 아니다. 고금을 막론하고 권신은 부지기수일 테니 말이다. 그러나 순욱처럼 아쉬움을 자아내는 권신은 많지 않고, 제갈량처럼 후세에 칭송받는 권신은 더더욱 찾아보기 어렵다.

넷째, 그들의 군사 배치 방략을 비교해보자. 이는 도독의 설치와 임명에서 주로 드러난다. 후한 삼국 가운데 도독을 가장 잘 운용한 사람은 손권이었다. 동서고금을 통틀어도 그와 같은 경지에 이른 인물은 손에 꼽을 정도다. 조조의 하후연, 유비의 관우는 이에 정면으로 반하는 인물이며, 손권에게는 그러한 인물이 없었다. 적어도 이 문제에서만큼은 치명적인 실책이 없었던 셈이다.

동오의 사독(四督) 주(周), 노(魯), 여(呂), 육(陸)은 모두 대단히 중요한 역할을 담당했다. 건안 13년(208년), 조조의 80만 대군이 형주로 내려왔다. 손권은 18세에 강동을 접수한 뒤 적벽대전을 치를 당시 겨우 26세였으니 조조의 대군을 맞아 이 난관을 헤쳐 나갈 능력이 없었다. 기댈 곳이라고는 진취심 강한 손책 세력밖에 없었고 손책 세력의 대표 인물이 바로 주유였다.

손권이 주유를 대하는 태도는 사실 대단히 복잡했다. 손권은 그를 존경하면서도 경계했다. 주유가 죽은 후 손권은 울며 말했다. "공근(公瑾)께서는 왕을 보좌할 재능을 지녔거늘 오늘 갑자기 단명하시니 홀로 남아 어느 곳에 기대리오!" 이 대목에서 손권의 비범함이 드러난다. 손권은 주유가 존재하는 한 영원히 손책 세력의 영향권 아래서 지내야 했음을 알면서도 주유를 한 지방의 도독으로 임명했으니 인재 등용의 식견과 능력이 탁월함을 알 수 있다.

손권이 노숙을 발탁한 부분에서는 그가 인재 등용에서 무조건적인 질책을 배제했음을 알 수 있다. 손권은 "노숙은 안으로는 일처리를 제대로 못했고 밖으로는 큰 소리를 남발했지만 나는 그것을 용서하여 더 책망하지 않겠다"고 했는데, 이는 그저 공허한 말은 아니었다.

여몽(呂蒙)은 출신이 빈한했으나 사병에서 장군까지 오른 진정한 인물이었으며 그를 이렇게 키워낸 이는 바로 손권이었다. 여몽은 무사 출신으로 성질이 거칠고 난폭하여 전장에서는 수차례 공을 세웠지만 배운 것이 없고 지략이 부족해 큰 그릇이 되기는 어려웠다. 그러나 손권이 관심을 기울여 인재로 양성한 결과 일개 무사가 훗날 통솔자로 성장할 수 있었다.

손권은 주유에게는 대범함으로, 노숙에게는 너그러움으로, 여몽에게는 인재를 키운다는 마음으로 다가가며 각각 강동삼독(江東三督)으로 중용했다. 이 세 사람은 손오의 전반기를 지탱하며 강력한 적군에 대항해 영토를 개척해나갔다. 손권에게 이러한 혜안과 사사로운 마음을 드러내지 않을 수 있는 지혜가 있었기에 오나라는 견실한 기초를 다질 수 있었다.

손권은 이릉전투에서 과감하게 육손을 기용했는데, 인재를 보는 그의 안목에 절로 고개가 숙여진다. 이릉전투의 공을 따질 때 손권을 빼놓을 수 없는 이유가 이것이다.

육손은 훗날 오나라 승상 자리에까지 오르지만 결국 손권에게 죽임을 당했다. 여기에 얽힌 자세한 내막은 한두 마디로 설명하기 어렵다. 손권은 무엇 때문에 육손을 죽였을까? 태자 인선 문제를 놓고 육손 등은 손화(孫和)를 옹호했으나 손권이 셋째아들 손량(孫亮)을 태자로 세운 것이 직접적인 도화선이 되었다. 손권은 늘 손책 세력을 염두에 두고 주시해왔다. 초기에는 손권 자신이 너무 젊었고 내우외환까지 겹쳐 계속해서 통치 권력을 유지하려면 주유를 필두로 한 막강한 손책 세력에 의존하지 않을 수 없었다. 그러나 시간의 흐름에 따라 주유, 정보(程普), 황개 등이 차례로 세상을 떠나면서 오나라 정권 내에서 손책 세력의 영향력은 날로 줄어들었다. 물론 그럼에도 장소 등 유신들의 발언권은 여전히 남아 있었기에 손권은 늘 손책 세력과 관계를 조율하는 데 힘썼다. 이는 아주 현명한 처사였다.

그러나 손권은 만년에 접어들면서 의심이 부쩍 많아졌다. 태자 인선이라는 커다란 문제에 직면하여 육손이 거듭 손화를 태자로 세우자는 상소를 올리자 수십 년 동안 마음에 묻어두었던 손책 세력에 대한 경계심이 수면 위로 떠올랐다. 육손은 바로 손책의 사위였다.

육손은 63세에 세상을 떠났는데, 그때 손권의 나이는 64세였다. 지금 보면 정치 활동을 가장 왕성하게 할 나이지만 당시 상황은 전혀 달랐다. 동오의 장군들이 대부분 40세를 넘기지 못했으니 육손과 손권은 당시로서는 장수 노인 축에 속했다. 육손이 세상을 떠난 6년 후 손권 역시 그의 뒤를 따랐다.

다시 조조와 유비의 이야기로 돌아오자. 조조가 하후연을 임명한 의도는 공격에 능한 장군을 발탁해 방어를 맡기고자 함이었으나 이는 그의 실책 중 하나였다. 유비와 제갈량이 관우를 방임한 것 역시 악수 중 악수였다. 제갈량이 "마초와 장비가 가까이에 있어 직접 그 공을 보고 또한 그것을 알렸다!"고 말한 기록이 있다. 마초와 장비 같은 인물마저 탄복한 공적이 있는데도 어째서 유비는 굳이 관우에 대해 "내가 스스로 그를 해결해야 한다"고 했을까? 다음 기록에서 그 실마리를 찾을 수 있다.

"당초 유비가 허창에 있을 때 조조와 함께 사냥한 적이 있는데, 사냥 중에 무리가 흩어지자 관우는 유비에게 조조를 죽이라고 권했으나 유비가 따르지 않았다. 후에 하구에 있으면서 강가를 전전하게 되자 관우가 화를 내며 말했다. '지난날 사냥 중에 만약 제 말을 따랐다면 오늘의 어려움은 없었을 것입니다.' 그러자 유비가 말했다. '그때는 또한 국가를 위해 그를 아꼈을 뿐이다. 바른 것을 돕는 하늘의 도가 복이 되지 않을 줄 어찌 알았겠느냐!'"

이쯤 되자 유비는 관우의 권력을 덜어내야겠다고 생각했지만 관우 세력은 이미 통제할 수 없는 지경이 되었다.

마지막으로 그들의 건국 방략을 비교해보자. 이 부분에서 조조가 난세의 간웅이고 유비가 난세의 영웅이라면 손권이야말로 진정한 제왕이었다. 이세민(李世民)은 조조를 두고 일개 장수의 지혜로는 남음이 있으나 천자의 재목으로는 부족함이 있다고 평했다. 또 배잠(裵潛)은 유비를 두고 사람을 어지럽게 할 뿐 다스리지는 못했다고 평했다. 당시 사람들의 눈에도, 후세의 눈에도 조조와 유비는 제왕 재목은 아닌 모양이었다. 그러나 손권은 조조의 위풍당당함이나 유비의 너그럽고 인재를 대접할 줄 아는 식견은 갖추지 못했어도 일거수일투족에서 제왕으로서 풍모를 보였다.

유방은 자신의 인재를 보는 식견이 소하만 못하고, 지략은 장량(張良)에 미치지 못하며, 용병술은 한신(韓信)보다 한 수 아래라고 했지만, 손권은 이 세 사람의 장점을 두루 갖췄다. 그야말로 제왕의 그릇이었던 것이다. 제왕은 위험을 뻔히 보며 무모하게 달려들지 않는다. 그것은 필부의 용기다. 제왕은 병사를 이끌고 전투를 치르지 않는다. 그것은 기껏해야 만인의 적이 되는 길이다. 제왕에게 필요한 것은 아량, 기백 그리고 의지다.

반준의 예를 보자. 반준은 유비에게 중용되있으나 훗날 손권에게 투항했다. 반준은 손권 수하에서 물 만난 고기처럼 활약하며 태상의 자리에까지 올랐다. 심지어 반준이 투항한 지 얼마 되지 않았는데도 손권은 대담하게 그에게 부대 통솔권을 주었다. 이렇듯 멀리 내다보는 탁월한 인재 등용 식견은 보통 사람은 흉내도 낼 수 없었다.

손권의 일생을 살펴보면 그의 군사, 정치적 재능은 확실히 평범했다. 그러나 그는 강동을 반세기 동안이나 통치하여 황제로 군림했고, 천하 제일의 호걸 조조, 모두 두려워한 유비와 어깨를 나란히 하고 경쟁했으니 그의 밑천은 바로 제왕적 기질이었다고 하지 않을 수 없다.

천하의 군주를 고르라면 서슴없이 손권을 선택하고, 조조는 조정의 능신으로, 유비는 변경의 도독으로 분류할 수 있다. 손권에게 유일하게 아쉬운 점은 그가 자신의 도량을 마음껏 펼치기에는 부친과 형이 물려준 기반이 작았고, 또 그에게 남겨진 인재가 너무 적어 천하를 호령하기에는 부족했다는 것이다.

조조는 아들을 낳으려면 손중모(孫仲謀), 즉 손권과 같아야 한다고 말했다. 조조 역시 손권을 제왕의 그릇으로 보았음에 틀림없다. 조조는 스스로 주 문왕이 되겠노라고 했는데 손권이 자신의 아들로서 자격이 있다고 한 것은 분명 그가 제왕의 그릇임을 인정하는 것이 아닌가. 만일 손권이 정말로 조조의 아들이었다면, 그리하여 조조가 차지한 절반의 강산을 물려받았다면 중국 통일은 어쩌면 한참 앞당겨졌을지도 모른다.

중국 송나라 때 시인인 신기질(辛棄疾)이 "지금 손중모가 없는 것이 아쉬울 뿐이다"라고 말한 뜻을 이해한다면 우리는 제왕의 매력에 충분히 매료될지도 모른다.

"집안을 다스리지 못하는 자가 어찌 천하를 다스리겠는가!"라는 말이 있는데, 이에는 공감하지 않는다. 사람은 모두 제각각이어서 대관의 자질이 있어 소소한 실무는 잘 처리하지 못하지만 고관으로서는 이름을 날리는 사람이 있는가 하면, 실무를 성실히 완성하지만 고위직에 오르면 능력을 발휘하지 못하는 사람이 있다. 크되 작을 수 없는 사람과 작되 클 수 없는 사람은 많으나 크면서 동시에 작을 수 있는 사람은 드물다.

지금까지 살펴봤듯이 삼국 패주의 방략은 각기 전혀 달랐다. 천하를 제패하겠다는 그들의 목적은 같았지만 각자의 성격, 사고, 방략이 다르니 그 결과도 달랐고 그들의 인생에 미친 영향도 물론 달랐다.

조조는 평생 에너지가 넘쳤다. 공격에 취약한 지역에 있으면서도 원소에 극력 대항하여 절반의 천하를 손에 쥐었으니 후한의 희망은 바로 조조였다! 그의 통치는 제멋대로인 듯하면서도 엄격했고, 감성적이면서도 이성이 살아 있었다. 인재를 제일로 여기면서도 지나치지 않았고, 친족을 임용했지만 친족만을 고집하지는 않았다. 《위서》에 따르면 "사람을 볼 줄 알아 위선에 현혹되지 않았으니 우금, 악진을 선발하여 진(陳)의 사이를 다니게 했고, 투항한 자들 중에서 장료, 서황을 기용했으니 모두 명을 받들어 공을 세우고 명장이 되었다. 그 나머지 중에서도 목수(牧守) 자리에 오른 자가 부지기수였다"고 한다.

조조는 때때로 성실했지만 전체적으로 웅대한 기개가 있었다. 조조의 기개를 본 신하들은 그의 독특한 카리스마 앞에서 충성을 맹세했다. 조조는 교사를 설치하고 방중술을 배우며 무고한 양민을 학살하는 등 강권을 휘둘렀기에 많은 사람이 그에게 반대했다. 그의 통치는 확실히 왕도보다는 패도였다.

이와 달리 유비는 교활하고 뒷심이 약했다. 유비는 용병에는 어두웠지만 대단히 용맹스러웠다. 전기에 유비는 수차례 전투에서 모두 졌다. 후기에 들어서 유비가 성공을 거둔 것은 모두 적절하게 인재를 발탁한 덕이었다. 유비 수하의 인재는 조조나 손권 수하의 이들과 필적할 바가 못 된다. 그러나 제갈량과 관우 등 몇몇 인재들이 두드러져 유비는 한때 전성기를 맞을 수 있었다. 재능에서든 에너지에서든 유비는 조조와 현격한 차이를 보인다. 그러나 유비의 정신과 인재 등용이 대대로 높이 평가받는다는 점에서 그만의 장점을 찾아볼 수 있지 않을까?

한편 손권은 조조에게 둘도 없는 라이벌이었다. 조조는 술을 데우며 영웅을 논할 때 오직 유비만이 자신과 대적할 적수라고 생각했지만 조조의 후반기 전략 핵심을 들여다보면 그가 진정으로 어려워한 적수는 유비가 아니라 손권이었다.

《삼국지》에 따르면 "손권은 몸을 굽혀 수치를 견뎌가면서 인재를 기용하고 계책을 중시했다"고 한다. 손권은 행운아였지만 동시에 불운했다. 그가 행운아라고 하는 이유는 18세에 이미 강동을 계승했으니 조조, 유방과 같은 고생은 하지 않았기 때문이고, 그가 불운하다고 하는 이유는 그에게 제왕의 자질이 있었음에도 강동의 힘만으로는 사해를 통일할 수 없어 그저 강동의 군주로만 만족해야 했기 때문이다. 그러므로 몇 번의 실책만으로 손권을 폄하하는 우를 범해서는 안 된다.

이상에서 알 수 있듯이 조조, 유비, 손권은 모두 각각의 장점과 특징이 있지만 공통점도 있었다. 이들은 상하 관계를 적절히 아우르는 데 능했고 지방과 중앙의 관계를 처리하는 데 탁월했다. 또 인재를 발굴하여 임용하는 안목을 지녔고 넓은 아량을 품고 있었다.

영웅과 소인배의 기질

　재상의 배[腹] 안에서는 배[舟]도 저을 수 있다는 말이 있다. 그만큼 도량이 넓다는 뜻이다. 시대의 간웅, 타고난 질투의 화신이라 불리는 조조에게 이 말이 어울릴까? 10년의 시간을 공들여 자신의 라이벌을 미혹하고 이용한 뒤 결국 뜻대로 제거하고, 실력을 갖추지 못한 적수를 거듭 용인함으로써 훗날 자신의 세력 확장을 돕게 하고, 정치, 군사로 점철된 인생을 고독하지 않게 만든 조조의 모습을 우리는 앞에서 살펴보았다. 강력한 세력을 갖추었거나 자신과 언젠가 힘을 겨룰 것 같은 라이벌에게 조조는 관용과 질투, 아량과 독설, 방임과 공격을 번갈아가며 했다. 적 진영의 관리와 자기 수하의 문무 관리들에게도 조조는 관용과 의심의 양면성을 드러냈다.

　위종(魏種)은 조조에게 두터운 신임을 받은 인물로, 조조의 천거로 한때 하내태수를 역임했다. 장막, 진궁, 여포 등에게 연주를 빼앗겨 군현이 대부분 조조를 배신하고 여포를 받아들였을 때도 그는 수하에게 이렇게 말했다. "위종만은 틀림없이 나를 버리지 않을 것이다." 하지만 말이 떨어지기가 무섭게 위종이 변심했다는 소식이 들려왔다. 조조는 크게 노하여 이를 갈며 맹세했다. "무슨 일이 있어도 네 목을 날리고 팔을 끊어놓을 테니 두고 봐라." 그 후 조조는 여포와 1년 가까이 줄다리기를 계속하다가 연전 연승을 거두면서 마침내 배신하고 도망갔던 위종을 잡아들이게 되었다. 모두 위종은 죽은 목숨이라고 여겼다. 그러나 놀랍게도 조조는 병사들을 물러서게 한 뒤 위종을 포박했던 포승줄을 친히 풀어주고는 그를 예전 관직에 복귀시켰다. 마치 두 사람 사이에 아무 일도 없었던 듯했다. 그는 "오직 재능만을 본다"는 단 한마디로 그를 받아들인 이유를 설명했다.

조조는 과거에 연연하지 않았기 때문에 숙적 장수의 투항도 받아들였다. 조조와 대립한 제후 군벌 중 장수는 조조를 가장 심하게 헐뜯은 인물이다. 그는 조조가 아끼는 명장 전위와 후계자인 아들 조앙을 죽였고, 이로써 조조가 본처와 반목하게 되는 웃지 못할 상황을 일으킨 당사자다.

그러나 장수는 투항한 제후들 가운데 조조에게 가장 후한 대우를 받았다. 그는 즉시 양무장군에 임명되고 열후에 책봉되었다. 자신의 뜻을 더욱 확실하게 전하기 위해 조조는 자신의 아들 조균(曹均)에게 장수의 딸을 아내로 맞게 하여 사돈을 맺었다. 장수를 향한 조조의 정성에는 물론 다분히 정치적 요소가 포함되어 있었다. 장수가 투항한 때는 조조와 원소의 대치가 극에 달한 대단히 미묘한 시기였다.

당시 조조는 약세였기 때문에 사세삼공 출신에 천자 구원의 기치를 들고 10만 대군을 거느린 원소를 맞아 승리를 확신하기 어려운 상황이었다. 원소 진영의 진림은 격문을 써 조조 집안 3대를 싸잡아 비난했고, 조조 개인을 두고는 "흉포한 행동을 자행하고 현명하고 선한 것은 잔인하게 해친다"며 소리 높여 꾸짖었다. 원소와 다툴 때 조조는 정치, 경제, 군사 심지어 도의적인 면에서도 어느 하나 우위를 점하지 못했다.

조조에게 가장 절실한 것은 자기편으로 끌어올 만한 사람을 최대한 끌어들여 강력한 원소 집단에 대항하는 것이었다. 관망 세력을 자기편으로 끌어들이고자 자신은 넓은 가슴으로 관대하게 대우한다는 것을 보여줄 계기가 필요했다. 장수는 가후의 권유를 받아 조조에게 그 계기가 절실할 때 투항해왔고, 조조는 그를 후대함으로써 화답했다. 조조는 그 순간뿐만 아니라 평생 그에게 이런 대우를 했으니 이는 결코 쉬운 일이 아니었다. 진정으로 사람을 용인하는 아량이 없다면 절대로 불가능한 일이었다.

사실 조조 부자는 조앙의 죽음에 관해 이야기하기를 꺼렸다. 임종을 앞둔 순간 조조는 정신이 오락가락할 때 아내 변 왕후에게 이런 말을 툭 뱉었다. "내가 그곳에 도착했을 때 조앙이 만일 내게 '제 어머니는 어디 계신가요?'라고 물으면 나는 무어라 대답해야 하나?" 조비는 훗날 반역을 모의했다는 구실을 붙여 장수의 아들을 죽였는데 여기에는 형의 원수를 갚고자 하는 의도가 있었음이 분명하다. 아무튼 당시 조조가 장수를 후하게 대우한 일은 관망 세력을 규합하는 좋은 기회가 되었다.

자신의 세력이 미약했을 때 위종과 장수에게 해준 여러 조치가 정치적 고려에서 나온 '쇼'라고 한다면, 조조가 승승장구하며 세력을 떨칠 때 우수한 인재, 심지어 한 가지 재주만 갖추었거나 그저 눈길을 끄는 정도의 인물까지 너그럽게 받아들인 것은 진정 관용과 대범함의 표현이었다.

유비가 조조와의 싸움에 패하여 원소에게 의탁했을 때, 조조는 자신에게 투항한 관우를 대장군으로 삼았다. 그 후 조조는 유비와 줄곧 대립했다. 관우는 조조를 위해 원소의 장수 몇을 죽인 후 결국 형님인 유비를 찾아가기로 마음먹었다. 관우가 곧 자신의 적으로 돌아설 것을 알면서도 조조는 억지로 막아서지 않았다. 그래도 감정에 호소하기도 하고 후한 대우를 하기도 하면서 가능한 한 곁에 붙들어두려 했다. 그러나 관우는 편지한 장만을 남기고는 인사도 없이 떠났고, 조조 역시 그를 뒤쫓지 않았다. 훗날 유비가 적벽을 불태움으로써 조조의 천하 통일의 꿈을 산산이 부숴버리던 날 관우는 양번을 공격해 조조의 칠군을 수장하고 조조가 천도를 거론하게까지 만들었으니 당초 관우를 떠나보낸 그의 도량에 탄복하지 않을 수 없다.

그러나 조조의 도량은 언제 어디서나 누구에게나 한결같지는 않았다. 오랜 전쟁과 위험 속에 지내다보니 조조는 누구에게든 의심을 품는 버릇이 생겼다. 그리고 일단 자신에게 현실적 위협이 되거나 그럴 가능성이 있다고 판단하면 가차 없이 칼을 들어 그 싹을 자름으로써 자신의 안전을 보존했다. 작은 일에 놀라는 소인배의 기질을 보여주었다고나 할까?

진궁은 원래 조조를 연주목에 천거할 때 공을 세운 관리인데, 후에 조조가 서주목 도겸을 정벌하러 떠난 사이 여포를 연주목으로 맞았다가 조조에게 참혹한 화를 당했다. 기록에 따르면 여포와 함께 조조에게 생포된 진궁이 형벌받기를 청하자 조조가 흐느껴 울었다고 한다. 그러나 조조는 마찬가지로 자신을 배신한 위종에게는 후하게 대한 반면 진궁에게는 구명할 기회를 주지 않았다. 조조는 진궁이 자신의 내심과 본질을 꿰뚫어보아 다시는 자기 진영에 투항하지 않으리라는 것을 알았고 또한 언제 재앙을 부를지 모르는 인물을 다시 들이고 싶지 않았기 때문일 것이다.

진궁이 자발적으로 죽음을 택한 것과는 달리 "사람 중에는 여포가 있고 말 중에는 적토마가 있다"는 말로 잘 알려진 맹장 여포는 포로가 된 후 열심히 살아남을 방법을 강구했다. 여포는 조조에게 "당신이 평생 우려한 것은 나 여포였소. 지금 우리가 손잡아 내가 기병을 통솔하고 당신이 보병을 이끌면 머지않아 천하에 하지 못할 일이 무엇이겠소?"라고 설득했다. 여포는 포로가 된 후에도 조조와 연합하여 천하를 다스릴 생각을 한 것이다. 조조는 이 기개를 높이 샀고 저도 모르게 그 생각에 빠져들었다. 이때 옆에 앉아 있던 유비가 끼어들었다. "조공은 여포가 정원과 동탁을 어찌 모셨는지 보지 못했소?" 사실 여포는 원래 정원과 동탁을 주군으로 모시며 그들을 의부(義父)로 존칭했지만 부귀영화를 탐하여 모두 죽였다. 결국 조조도 여포를 죽일 수밖에 없음을 깨달았다.

조조가 원소와 대치하고 있을 때 군사 규모의 열세와 식량 부족까지 겹쳐 이러지도 저러지도 못하고 있을 즈음, 원소의 참모인 허유가 원소와 불화하다 조조 진영으로 투항해왔다. 조조는 기쁨을 감추지 못하고 맨발로 한달음에 뛰어나와 허유를 맞았다. 조조는 손바닥을 치며 만면에 웃음을 띠고 허유에게 말했다. "당신이 왔으니 나는 이제 희망이 생겼구려." 이 말에 조조의 붉은 야심이 그대로 녹아 있다.

두 사람이 막사로 들어와 앉았을 때 허유가 물었다. "원소군은 기세가 하늘을 찌를 듯한데 그를 대적할 준비를 어찌하고 계시오? 군량은 얼마나 버텨낼 수 있소?" 조조는 은밀하게 웃으며 대답했다. "아직 1년은 버틸 만하오." 허유가 곧 말했다. "거짓을 말씀하시는군요. 다시 말씀해주시오." 조조는 다시 야릇한 웃음을 지으며 말했다. "반년은 유지할 수 있소." 허유가 화를 내며 말했다. "당신은 원소를 격퇴하려는 마음이 있는 겁니까? 어찌 계속 허튼소리만 늘어놓는 거요?"

이때서야 조조는 허유의 진심을 알아차리고 서둘러 해명했다. "방금 한 말은 농담이고 사실 한 달밖에는 여력이 없으니 어쩌면 좋겠소?" 허유가 투항하자 춤이라도 출 듯 기뻐했음에도 조조는 경계를 늦추지 않고 떠봄으로써 그가 혹시 원소와 내통하며 이간책을 쓰려는 것은 아닌지 시험하는 과정을 잊지 않았다. 허유가 화를 내며 돌아서려 할 때에야 조조는 그의 투항을 믿고 진실을 이야기했다. 자신의 연이은 거짓말을 두고 조조는 농담이었을 뿐이라며 둘러댔지만 내심의 의심과 경계심이 여과 없이 드러난 대목이다. 조조의 삶을 살펴보면 이러한 일화는 얼마든지 있다.

정리해보면 조조는 본래 환관 집안 출신으로, 충효절의 같은 긍정적인 내용을 교육받았을 뿐 아니라 간사하고 냉혹한 조정의 역사를 지켜보며 부정적인 영향도 받았다. 더구나 복잡한 권력투쟁에 노출되어 죽음과 실패의 위협에 시시각각 직면해야 했다. 그래서 조조 인생의 양면성은 극에서 극으로 치달았다. 그의 의심은 따를 자가 없었고 포용력 또한 비견할 자가 없었으며, 잔학함이 금수와 같았지만 성실함 역시 사람을 감화시킬 만했다.

조조가 관용과 의심, 아량과 경계, 인성과 야만성의 천 가지 얼굴을 가진 카멜레온 같은 인물이고 보니 그저 그의 어느 한 면만 보고 전체를 선불리 판단하는 것은 잘못이다. 바로 이러한 이유 때문에 삼국의 역사는 듣고 또 들어도 흥미롭고 조조 이야기는 해도 해도 끝이 없으리라.

제 6 장

군대를 얻기는 쉬우나
장수를 얻기는 어렵다

예부터 삼군(三軍)은 얻기 쉬우나 한 장수는 얻기 어렵다고 했다. 후한 말 군웅이 패권을 다툴 때

명석한 제후들은 인재 모으기에 주목했는데, 최대의 인재 집단은 시대를 풍미한 조조의 곁에 있

었다. 그렇다면 그는 어떻게 인재를 모았으며 호락호락하지 않았을 이들 문무대신과 장수들을

어떤 방법으로 다스렸을까?

인재 등용의 역사

인심을 얻는 자가 천하를 얻는다고 했다. 이 말을 조금만 바꾸면 인재를 얻는 자가 천하를 얻는다는 말이기도 하다. 천하를 다투는 간웅이든 영웅이든 그들이 천하를 얻는 과정은 인재를 발굴하고 발탁하여 등용하는 과정이었다. 《삼국지》를 자세히 훑어보면 조조 세력, 손권 세력, 유비 세력이 각각 최종적으로 차지한 근거지는 결국 그들이 보유한 인재와 정비례한다. 인재의 득실과 규모가 한 집단이나 나라의 흥기, 흥성과 멸망에 결정적인 역할을 한다는 것을 알 수 있다. 사실 중국이 권력이 세습되는 중앙집권을 시작한 이후 인재 쟁탈전은 막이 올랐고, 삼국시대에 이르러서는 이 쟁탈전이 고조되었다. 중원을 제패한 조조는 인재를 얻기 위해 중국 역사상 전무후무한 인재 선발의 역사를 개척했다.

중국 최초의 중앙집권 왕조는 전설에 나오는 하나라다. 대우는 순(舜)에게서 양위를 통해 부락 연맹의 수장 자리를 물려받고 나서 사실상 전제적 권력을 얻었고, 각 부락 수령의 생사여탈권을 손에 쥐었다. 우 이후 대우의 아들 계(啓)는 무슨 꼬임에 빠졌는지 민주적인 선택을 존중하는 양위를 폐지하고 부자 세습의 가족세습제를 시행함으로써 가(家)를 핵심으로 한 중앙집권제를 세웠다. 우리가 지금 말하는 국가는 가가 우선이고 국이 그다음이었다. 즉 집은 나라의 축소판이며 나라는 집의 확대 개념이라는 말이다. 이른바 국은 다름 아닌 가정을 핵심으로 한 대가(大家)다. 이 가국(家國)과 관련된 인재 임용제도가 바로 관직과 녹봉을 세습하는 전형적인 세경세록(世卿世祿) 제도다. 이 제도는 하, 상, 주의 노예제 왕조를 지나며 자리를 잡고 다듬어지면서 서주 초년에 이르러 봉건건국(封建建國)과 주공치례(周公治禮)로 발전했다.

하 왕조는 문자가 전해지지 않아 전설 속의 왕조로 알려져 있다. 그 반면에 상 왕조는 대량의 갑골문자를 남겨 그들이 상제와 조상을 동격화했고 상왕이 공공연히 상제의 아들을 자처했으며 심지어 제(帝)라는 이름을 사용하며 인재 등용에서도 왕족을 주로 기용했다는 사실을 알 수 있다. 상 말기의 주왕은 자신의 현명한 형을 죽임으로써 임용하지 않았으니 당시 사람들은 이를 망국의 징조로 보았다. 결국 주 무왕의 일격에 상은 멸망했고 주 왕조의 시대가 열렸다. 이로부터 수백 년을 이어온 세경세록 제도가 개선된 모습으로 정착되었으니 이는 대략 기원전 11세기의 일이었다.

주나라 사람들은 서방 변두리의 소민족인데, 순식간에 동쪽의 광활한 땅을 차지하고 보니 이를 직접 다스리기에는 역부족임을 느꼈다. 그래서 등장한 것이 봉건 정책이다. 주왕은 원래 주나라 사람의 발원지인 호경, 즉 지금의 관중에 해당하는 넓은 지역과 원래 은나라의 통치 중심이던 지금의 낙양 일대를 직접 관할 지역으로 삼고 왕기(王畿)라 칭했다. 그중 호경 일대를 종주(宗周)라 하고 낙양 일대를 성주(成周)라 했으니 관중에서 낙양의 옥토에 이르는 천리를 주왕이 직접 다스렸다.

그 밖의 넓은 지역은 주왕이 자신의 제자, 친척, 공신에게 나누어주었다. 이들은 받은 봉지에 제후국을 세웠고, 제후국의 군주는 천자에게서 각각 공(公), 후(侯), 백(伯), 자(子), 남(男) 등의 작위를 받았다.

중앙의 주 천자는 물론이고 지방의 제후들도 모두 적장자 계승제를 시행하여 적장자만이 왕위와 재산을 물려받을 수 있도록 했다. 그리고 나머지 아들들은 지위와 혈연관계에 따라 경(卿), 대부(大夫) 등의 귀족관리로 책봉되어 그에 상응하는 토지, 재산, 권력을 소유할 수 있었다. 또 경, 대부 역시 적장자 계승제를 실시했으니 이렇듯 국가 전체가 천자는 국(國)을 세우고 제후는 가(家)를 세우며, 경은 측실(側室)을 두고 대부는 이종(二宗)을 두며, 사(士)는 자제(子弟)를 부린다는 구조로 형성되었다. 이 가운데 사는 가장 낮은 작위로 사의 적장자 역시 사라 불렸고 나머지 자손들은 평민이 되어 국인(國人)이라 했다.

이리하여 나라 전체가 하나의 체계적인 피라미드 구조를 형성했다. 천자가 가장 높은 자리에 있고 가장 낮은 계층에는 평민과 노예가 있었다. 그 후 서주 초년의 유명한 정치가이자 군사가인 주공이 예로 다스리는 방침을 제시했는데 내용이 복잡하고 규범이 많은 예의 제도였다. 또 "예는 서민들에게까지 내려가지 않고 형은 대부에게까지 올라가지 않는다"는 규정을 두었는데 여기서 예는 사실상 법을 보충하는 성격이었다. 즉 이른바 출예이입형(出禮而入刑)이라 하여 예를 위배하면 곧 형벌을 받아야 했다.

이는 사실상 예와 형을 동원하여 각 계층의 지위와 권리를 현 상태로 유지하려는 의도였다. 이런 제도적 뒷받침을 받아 천자에서 지방 제후에 이르기까지, 또 이들이 임용하는 인재까지도 기본적으로 모두 세습 귀족이었다. 역사서를 살펴보면 서주 초년에 등장하는 주공, 소공 등의 이름이 200년 후 서주에서 일어난 국인폭동(國人暴動, 주나라 사족인 국인들이 반란을 일으켜 려왕[厲王]을 쫓아낸 사건으로 그 후 14년 동안 천자 없이 공화 행정이 실시되는 계기가 되었다)을 잠재우고 정국을 안정으로 이끈 핵심 인물로 다시 등장한다. 사서는 이들을 주소공화(周召共和)라고 한다. 같은 이름이 200년이나 흐른 시점에 다시 등장한 것은 당초 인명이던 주공, 소공 등이 후에 관직명으로 바뀌어 후대에 세습 계승되있기 때문이다.

시대의 변천과 사회 경제의 발전에 따라 세경세록 제도는 점차 도전을 받아 와해되기에 이른다. 경제 발전으로 노예를 부리던 일부 귀족이 몰락하고 또 일부는 봉건 지주로 변모하기도 했다. 심지어 일부 평민이 경제력을 얻으면서 정치권력을 요구하기도 했다. 수백 년 동안 대혼란이 지속된 춘추전국시대가 막을 연 것이다.

춘추전국시대에 주 왕실은 점차 쇠약해져 천하를 호령할 능력을 상실했다. 힘으로 사람을 굴복시키는 시대로 접어들면서 봉건 군주로 변모한 각국 군주는 자신의 권력을 강화했다. 한편 몰락을 두려워한 세습 귀족은 지난날의 권력을 돌려받고 유지하기를 원했으며, 신흥 지주들은 새로운 권력 분배 속에서 더 많은 권력을 누리기를 바랐다.

정치, 경제의 변화와 마찬가지로 과거 관부(官府)에서 공부하던 형태에도 변화가 일어났다. 공자가 개인 명의로 제자를 받아들여 강학을 시작한 이래 사학(私學)이 발전했다. 이와 동시에 백가쟁명(百家爭鳴)이 일어나 여러 학자들이 다양한 학설을 펼치며 강학을 하고 책을 쓰며 제국을 두루 다녔다. 그들 중에는 자신의 학문으로 각국 군주의 눈에 들어 상류사회의 사(士)로 신분 상승을 이루려는 이들이 많았다.

이때 생각이 열린 제국 군주들은 세경세록의 인재 등용 제도를 과감히 타파하고 "먹으려면 노동이 있어야 하고 녹을 받으려면 공이 있어야 한다. 능력이 있으면 반드시 상을 주고 벌이 있으면 반드시 감당해야 한다. 형벌에 대부를 따지지 않고 상찬에 필부를 가리지 않는다"는 원칙을 시행했다.

가문을 불문하고 재능과 학문만을 중시하는 관념은 수천 년을 이어온 세경세록의 세습 관념에 큰 충격을 주었다. 신분이 미천한 상당수 사(士)가 자신의 재주와 능력에 힘입어 중용되었고 새로운 권력 분배 구조 속에서 한몫을 차지했다. 그러나 변치 않은 것은 진정 대권을 장악한 이들은 여전히 귀족을 중심으로 한 방대한 사회 상류층이라는 부정할 수 없는 사실이었다. 다만 각국 귀족 사이에 유동이 활발해지면서 초(楚)의 인재를 진(晉)이 발탁한다든지 아침에는 진(秦)에서, 저녁에는 초에서 생활한다든지 하는 상황이 보편적으로 나타났다. 그 밖에 패권 쟁탈과 생존을 위한 전쟁 수요 때문에 점차 방대한 군공지주(軍功地主) 계층이 형성되었다.

진한(秦漢)시대에 접어들어서야 인재 등용은 점차 규범화, 제도화되기 시작했다. 진나라의 중앙 정권은 세습 귀족과 신흥 군공지주가 장악했고, 진나라 말 농민전쟁이 일어나면서 사회 하층부터 군공귀족까지 흥기했다. 한 왕조는 각종 인재 선발 제도를 확립했는데 대표적인 것이 임자(任子)제도였다. 즉 녹을 2000석 이상 받는 관원이 임기 3년을 마치면 자제 한 사람을 낭(郎)으로 추천할 수 있었으니 이를 징벽이라 했다. 황제가 재능과 학식이 있는 선비를 불러 직접 관리로 임명할 수도 있었는데 이를 천거라 했다. 귀족 관원이 지방 선비를 중앙과 지방의 각종 관직에 추천하기도 했다.

이 방식은 점차 제도화, 규범화되었다. 동중서가 개조한 유가가 주요

사상으로 자리 잡으면서 유가의 "명분이 바르지 못하면 말이 이치에 맞지 않고, 말이 이치에 맞지 않으면 일이 이루어지지 못하고, 일이 이루어지지 못하면 예악이 흥하지 못하고, 예악이 흥하지 못하면 형법이 바로 서지 않는다"는 사상과 공자의 "임금은 임금답고 신하는 신하답고 아비는 아비답고 자식은 자식다워야 한다"는 사상이 통치자에 의해 널리 고취되었다. 이리하여 인재 등용에서도 갈수록 명분을 중시했고 세도가는 인재 선발과 중용을 더욱 중시했다.

후한 시기에는 유수 자신이 대귀족이었고 국가 전체가 귀족 지주의 방대한 세력에 의존해 건립되었기 때문에 인재 임용은 기본적으로 남양 귀족 지주를 핵심으로 하는 귀족 관료 지주에게 독점되었다. 가문과 출신은 한 사람의 관직 지위와 발전 잠재력을 결정지었고, 이른바 징벽과 천거는 그저 형식에만 그쳤다. 이리하여 "수재를 추천하니 글을 알지 못하고, 효렴에 천거하니 부모와 따로 살더라. 청빈한 청백리라 하더니 흙탕물처럼 탁하고, 뛰어난 장군이라 하더니 닭처럼 겁쟁이더라"는 웃지 못할 상황이 비일비재하게 벌어졌다.

사회 하류층이 상류층에 진입하는 방법은 군에 들어가거나 막료가 되는 것뿐이었다. 혹시 중하층 군관 하급관리가 되어 자기 실력으로 사회 상류층에 들어간다 하더라도 귀족 관료에게 무시당하기 일쑤였다. 그래서 한 말 신분이 비천한 동탁은 중앙 대권을 장악한 후에도 귀족 관료들에게 무시당해야 했으니 그 이면에는 이러한 뿌리 깊은 역사적 원인이 있었다. 이렇게 차별받은 비천한 가문 출신 군벌들은 백성을 도륙하는 수법도 말할 수 없이 잔인했다.

후한 말년의 혼란은 사회 중하층 백성에게는 현재 처지에서 벗어나 두각을 드러낼 기회를 주었다. 조조, 유비 등이 등장해 점차 세력을 키워갔고 한바탕 혼전 끝에 좋은 가문 출신이 아닌 이들이 시대의 주인공으로 부상했다. 그러나 그들은 여전히 방대한 귀족 관료 세력, 전통적 인재 등용 사상의 도전에 직면해야 했다. 비록 중원을 차지했지만 환관 집안 출신이라는 꼬리표를 뗄 수 없었던 조조는 더욱 거센 압력을 감당해야 했다. 하지만 조조는 굴하지 않았다. 그는 기존의 사상을 뒤집고 기득권 세력을 멸시하는 강권적 인물이었으니 피와 불로 자신의 패권적 지위를 확립했다. 진정한 인재를 선발하고 자신의 위신을 세우기 위해, 더욱이 전통적 귀족 관료 세력을 소탕하기 위해 그는 전통을 완전히 뒤집어 천년을 이어온 인재 등용책을 혁파하고, 인재만을 등용한다는 원칙을 주창하며 자신의 주장을 천하에 공포함으로써 제도화, 보편화했다. 그 가운데 대표적인 것이 바로 조조가 수차례 공포한 인재 선출 조령이었다.

건안 15년(210년) 봄, 조조는 첫 번째 구현령을 공포했다. "만일 반드시 청렴한 자만을 등용했다면 제환(齊桓)이 어찌 천하를 제패할 수 있었겠는가!", "오직 인재만을 천거하면 나는 그를 등용하리라."

훗날 다시 공포한 칙유사취사무폐편단령(勅有司取士毋廢偏短令)에서는 한 발 더 나아갔다. "무릇 품행이 뛰어난 선비가 반드시 진취하는 것이 아니며 진취한 선비가 반드시 품행이 뛰어난 것도 아니다. 진평(陳平)이 어찌 성실한 인물이며 소진(蘇秦)이 어찌 신의를 지켰다 하겠는가? 그러나 진평은 한의 대업을 정했고 소진은 미약한 연을 구했다. 이로써 말하건대 선비가 어떤 면에서 단점이 있다 하여 어찌 폐하겠는가!"

217년 조조가 63세 되던 해, 죽을 날이 얼마 남지 않았지만 그는 여전히 인재에 목말라 했다. 그리하여 세 번째로 거현물구품행령(舉賢勿拘品行

令)을 공포하여 인자하지 않고 효성스럽지 않더라도 나라를 다스리고 군사를 부리는 재능이 있는 사람이라면 남김없이 모두 천거하라고 명확히 알렸다. 조조는 덕행, 명절(名節), 가문 등 아무짝에도 쓸모없는 인재 선발 기준을 완전히 없앰으로써 인재에 대한 생각과 애정을 구체적으로 실천에 옮겼다. 완전한 사람은 없으니 까다로운 잣대는 지양하고, 한 가지 재주가 있으면 그 장점을 중용하며, 인재만을 기용하고 용새(庸才)는 쓰지 않는다는 자신의 생각을 최고 기준으로 삼았다. 여기에서 누구도 흉내 낼 수 없는 조조의 기백과 배짱이 그대로 드러난다.

얽매이지 않는 인재 등용 기준에 따라 수많은 인재가 조조에게 속속 모여들었다. 그러나 조조가 세상을 떠나고 난 뒤 보위에 오른 아들 조비는 부친 같은 기백과 위신이 없어 귀족 지주의 지지를 얻고자 타협할 수밖에 없었다. 그리하여 등장한 제도가 구품중정제(九品中正制)로, 이는 가문과 명예, 재능, 학문으로 인재를 뽑는 제도였다. 중정관을 각 관료 지주가 모두 독식했으니 인재 선발권이 다시 귀족 관료의 손에 넘어간 셈이었고, 이는 역사의 커다란 퇴보였다. 이 제도는 위진남북조에도 지속되었으며 수당시대에 과거제도가 시행될 때까지 사라지지 않았다.

그러나 훗날 과거제도에서도 통치자는 여전히 덕행을 가장 중요한 항목으로 포함시켰다. 그리고 보면 지금까지 덕행, 인의를 중시하지 않고 오직 재능에 따라 인재를 선발하는 등용 기준을 제시한 사람은 아무도 없었다. 그런 면에서 조조의 인재관은 전무후무한 파격이었다.

무엇보다 재능을 보라

조조의 인재 등용의 골자는 인재만을 등용한다는 원칙에 따른 것이었다. 이는 후한 말 인재 선발 제도가 이른바 덕행을 우선했기에 당시 선비들이 앞 다투어 가식적인 명예만을 추구함으로써 관료 계층 전반에 과장, 허풍, 내실 없는 요란함이 난무한 것을 잘 알고 있었기 때문이다. 상황이 이러하니 한 말의 혼란기에도 천하의 안정을 함께 도모할 진정한 재능과 내실 있는 학문을 갖춘 문무대신이 없었고, 실속 없이 겉만 번지르르한 인재보다는 실질적인 재능이 있어 그 재능을 충분히 발휘할 수 있는 인재를 대담하게 기용해야 한다는 사실을 조조는 뼈저리게 인식했다. 이른바 "큰일을 할 때는 작은 것을 돌보지 말고, 큰 예를 베풀 때는 작은 것도 사양하지 말라"는 것이 바로 조조의 원칙이었다.

조조는 죽기 전까지 핵심 참모, 주요 참모, 일반 참모를 포함해 총 102명의 참모를 두었다. 그중에서도 중요한 인물은 순욱, 순유, 곽가, 가후, 정욱 다섯 참모였다. 이들은 큰 공을 세웠지만 완벽한 인물은 아니었으며, 악행을 서슴지 않은 인물도 있었지만 조조는 모두 눈감아주었다.

참모 정욱은 초평 연간에 연주자사 유대, 발해태수 원소, 유주목 공손찬의 포섭을 마다하고, 조조가 연주에 들어와 불러들이자 흔쾌히 그의 밑으로 들어갔다. 조조가 서주의 도겸을 정벌하기 위해 연주를 비운 사이 진궁, 장막 등이 돌연 변심하여 연주가 거의 함락되었을 때도 정욱과 순욱만이 견, 범, 동아 3성을 지키며 조조에게 설 땅을 마련해주었다. 조조가 여포와의 대전에서 전세가 불리해졌을 때 원소의 투항 권유를 받아들일지 고심하자 정욱이 나서서 만류했다. "원소는 비록 연(燕), 조(趙)의 땅을 차지하고 천하를 제패할 마음은 있지만 재능이 부족하고 의심이 많으므로 절대 그의 수하에 들어가서는 안 됩니다. 우리에게는 아직 성 세 곳과 수만의 우수한 군사가 있으니 얼마든지 잃은 땅을 되찾고 패업을 달성할 수 있습니다." 정욱은 절체절명의 순간 조조가 전략적 판단을 정확히 내릴 수 있도록 도왔다.

조조가 유비의 투항을 받아들인 후 정욱은 훗날의 우환을 없애기 위해 유비를 제거해야 한다고 권고했다. 정욱은 유비가 원소를 치기 위해 군사를 빌려 남하했을 때도 겉으로는 조조를 돕는다는 명분을 내세웠지만 실제로는 조조에게서 벗어나 자립하려는 의도임을 간파했다. 조조와 원소의 결전에 정욱은 겨우 700명의 군사만으로 견성을 지키고 있었다. 조조가 군사를 보태고자 했으나 정욱은 한사코 마다했다. 원소가 10만 군사를 거느리고도 자신의 군대가 더 적은 줄 알고 공격하지 않는데 만일 군사를 늘리면 틀림없이 그가 공격해올 것이라는 이유에서였다. 정욱의 말은 과연 옳았다. 결국 조조와 원소의 대전에서 정욱은 전투에 패한 도망자들을 모아 정예병 수천만을 조직함으로써 조조에게 큰 힘이 되었고, 이로써 북방을 장악한 원소 세력을 무너뜨렸다.

그러나 지략이 넘치고 문무에 능한 이들 참모들에게도 결점이 없는 것은 아니었다. 정욱은 성격이 유별나게 사나워 조조의 대신들과 걸핏하면 불화를 빚었다. 그래서 많은 사람이 조조 앞에서 그를 헐뜯고 심지어 그가 모반을 꾸미려 한다고 고하기도 했다. 그러나 조조는 이 말을 믿지도 않았고 반박도 하지 않았을뿐더러 날이 갈수록 정욱을 후하게 대우했다. 이로써 그를 향한 다른 참모들의 원망을 누그러뜨리고 정욱이 한결같이 조조 곁에서 지략을 제안하도록 조건을 마련해준 것이다.

조조 수하의 중요한 참모였던 곽가는 처음에 원소에게 의탁했는데 원소는 그를 대단히 아꼈다. 그러나 그는 원소가 그릇이 너무 작아 큰일을 이룰 수 없다고 느껴 그를 떠났다. 훗날 순욱이 곽가를 추천했을 때 조조와 곽가는 천하대사를 논하며 한눈에 서로를 알아보았다. "내가 대업을 이루게 할 자는 틀림없이 이 사람이로다." 조조의 말에 곽가도 곧 호응했다. "진정 내 군주이십니다." 곽가는 훗날 조조가 전투를 치를 때마다 기묘한 지략을 발안하여 수많은 승리를 이끌었다.

여포를 정벌할 때의 일이다. 조조가 3전 3승을 거두었지만 여포가 성을 끝까지 지키며 대항하자 그는 일단 퇴각하여 후일을 기약하고자 했다. 그러나 곽가는 조조에게 계속 공격하라고 권해 결국 여포를 물리칠 수 있었다. 조조가 원소와 관도에서 대치할 때는 강동을 평정한 손책이 양자강을 건너 북쪽의 허창을 습격하려고 했다. 사람들은 얘기를 듣고 두려워했으나 곽가만은 달랐다. 그는 "손책은 강동을 평정했으나 그가 죽인 사람은 모두 영웅호걸들뿐이다. 당연히 주군의 원수를 갚으려는 자가 있을 텐데도 그는 가볍게 생각하고 이를 경계하지 않는다. 이런 인물은 틀림없이 필부의 손에 죽게 될 것이다"라고 예언했다. 그의 말은 실제로 적중했고, 손책은 자객의 손에 살해되었다.

원소가 죽은 후 조조 수하의 많은 장수가 끝까지 원소 진영을 공격하려 했지만 곽가만은 공격을 늦추어야 한다는 계략을 내놓았다. 과연 원소의 두 아들은 형제간의 싸움 끝에 서로 죽였고 조조는 어부지리를 얻었다. 원상, 오환(烏丸)족을 정벌할 때 허창이 비어 있는 틈에 형주의 유표와 유비가 습격해올까 두려워하는 목소리가 많았으나 곽가만이 상황을 정확히 읽어냈다. 북방이 아직 안정되지 않아 인심을 얻지 못했으니 원소의 잔여 세력을 철저히 섬멸하지 않으면 언젠가 권토중래할 것이라고 분석했다. 또 남방의 유표는 가슴에 큰 뜻이 없고 유비에게도 의심을 품고 있으므로 오직 자신을 지키는 데만 급급할 뿐이고, 나머지 제후들은 원소의 실패에 두려움을 느껴 감히 경거망동하지 못할 것이라고 지적했다. 곽가의 날카로운 분석 덕에 북방 정벌이 순조롭게 진행되어 원소의 잔여 세력을 철저히 섬멸한 조조는 북방의 방대한 땅에서 세력을 공고히 다질 수 있었다.

그러나 곽가는 수차례 공을 세운 참모지만 행실은 신중하지 못했다. 곽가는 몇 번씩이나 조조의 법령을 어겨 기율조사 책임 관리인 진군(陳群)에게 공개적인 질책을 들었지만 행실을 바로 하지는 않았다. 조조는 전과 다름없이 그를 신임하면서 동시에 진군을 칭찬했다. 조조는 곽가를 처벌하거나 관여하지 않았고 행실을 신중하게 하라고 충고하지도 않았다. 한편 진군에게는 직무를 성실히 이행하는 태도를 높이 상찬했다. 겉으로 볼 때 이러한 조조의 모습은 우유부단한 듯하지만 사실 조조는 지나치게 맑은 물에는 고기가 없고 감찰이 지나치면 따르는 무리가 없다는 이치를 잘 알고 있었다. 하지만 이와 동시에 자신의 직무를 성심껏 이행하는 진군에게도 칭찬을 아끼지 않음으로써 업무의 적극성을 장려했다.

조조는 규칙에 얽매이지 않는 넓은 아량으로 참모들의 결점을 용인하여 그들이 자신의 세력 확장에 큰 공을 세우게 했으며, 하급 관원들에게도 너그러운 기준을 적용하여 사사로운 것을 염두에 두지 않는다는 자신의 인재관을 여실히 드러냈다. 조조에게는 정배(丁斐)라는 고향 사람이 있었는데 그가 직권을 남용하여 자기 집의 야윈 소를 관가의 살찐 소와 바꾸었다가 파직되었다. 조조가 그를 보고 일부러 물었다. "문후(文侯), 당신의 관인(官印)은 어디로 갔소?" 정배가 히죽거리며 말했다. "가져다가 떡과 바꿔 먹었습니다." 조조는 파안대소하고 고개를 돌려 수행원들에게 말했다. "모개는 날더러 여러 차례 정배를 중벌로 다스리라고 했지만, 나는 정배가 쥐도 잘 잡고 물건도 잘 훔치는 고양이 같은 인물이라고 생각한다. 놔두면 쓸모가 있을 것이다." 그리하여 정배는 다시 관리로 등용되었다. 조조의 참모 유엽(劉曄)은 사람들 앞에서는 자신의 의견을 제시하는 법이 없었다. 그래서 조조는 그와 서한으로 소통했는데 어떤 때는 하룻밤 사이에 서한이 수십 통씩 오가기도 했다. 조조가 참모의 괴벽을 용인하는 정도가 이와 같았으니 인재에 대한 그의 정성과 아량을 짐작하고도 남는다.

조조는 여러 유형의 인재에게서 각각의 장점을 발견할 줄 아는 안목을 갖추어 발탁된 그들이 능력을 충분히 발휘할 수 있도록 환경을 마련해주었다. 또 그는 언제 어떤 대형 인재를 곁에 두었더라도 늘 자신의 인재 집단을 가동해 보충하고자 했다. 이 점은 유비가 사사건건 제갈량에게 의지한 결과 점차 인재를 잃고 촉에는 대장이 없어 요화가 선봉에 서는 비극적인 결말을 불러온 것과 대조된다. 결국 제갈량마저 세상을 떠나자 촉나라는 인재가 고갈되어 점차 패망의 길을 걸었다.

적재적소에 배치하라

　조조의 인재 등용책은 재능의 높고 낮음, 품성의 좋고 나쁨을 막론하고 재능을 모두 발휘하게 한다는 특징이 있다. 그리하여 일단 임용되면 직무에 최선을 다하며 빈둥거리는 일이 없게 했다. 조조의 경량급 인재 역시 나름대로 능력을 최대한 발휘하여 각자에게 맞는 직무를 받았다. 192년에 조조는 진궁과 포신의 추천으로 연주를 차지한 뒤 동평 사람 필심(畢諶)을 별가에 임명했다. 194년에 조조가 도겸 정벌에 나섰을 때 장막이 조조를 배반해 필심의 어머니, 동생, 부인, 자녀가 모두 장막의 손에 들어갔다.

　자신도 아버지와 동생을 잃는 아픔을 겪은 조조는 필심에게 자신을 떠나 어머니가 계신 장막에게 투항해 어머니를 돌보라고 말했다. 그러자 필심은 절대 그런 일은 없을 것이라며 머리를 조아렸다. 위급한 순간에도 충심을 발휘하는 수하의 모습에 조조는 눈물을 흘렸다. 하지만 필심은 조조를 배반하지 않겠노라며 맹세한 지 오래지 않아 장막의 진영으로 도주하고 말았다.

　여포를 물리쳤을 때 필심이 포로가 되어 잡혀왔다. 지난날의 전우는 조조 앞에서 근심에 사로잡혔다. 그러나 뜻밖에도 조조는 이렇게 말했다.

"부모에게 효를 다하는 사람이 어찌 군주에게 충성을 다하지 않겠는가! 내게는 이러한 인물도 필요하다." 조조는 필심의 모반죄를 벌하지 않았을 뿐 아니라 도리어 그를 노상(魯相)이라는 관직에 임명해 노나라 땅에 보냈다. 노상은 바로 사시사철 공자에게 제를 올리며 효도를 널리 고취하는 관원이었다.

이 사건을 통해 다시 한 번 조조의 넓은 아량을 확인할 수 있다. 게다가 그가 필심의 관직을 두고도 꽤 고심한 흔적이 역력하다. 필심은 효와 충 사이에서 효를 선택했으니 충효가 천하를 다스리는 시대에 이러한 효자를 죽이면 악명을 지게 될 것이 자명했다. 그렇다고 배신하고 도주한 자에게 다른 관직을 내리는 것 역시 부정적인 영향을 가져올 수 있고 잘못하면 자신의 인재 등용 원칙의 근간을 흔들 수도 있었다. 고심 끝에 조조는 필심에게 노상 직책을 내려 공자에게 제를 올리며 효도를 널리 알리도록 한 것이다.

공자가 줄기차게 주장한 것은 효를 행하듯 충성을 다한다는 사상이다. 즉 최종적인 목표를 군주에게 충성을 다하는 데 두었다. 그러므로 조조가 필심의 효를 칭찬하고 그를 노상에 임명한 진정한 의도는 효를 행하듯 충을 다하여 자신을 섬기기를 바라는 데 있었다.

이와 비슷한 일화가 또 있다. 관도전투가 끝난 뒤 전투에 앞선 심리전에서 격문을 써 조조를 적나라하게 비난했던 진림이 조조에게 생포되었다. 하지만 조조는 그를 죽여 원수를 갚지 않고 도리어 훌륭한 필치를 칭찬했고, 자신의 휘하에서 문서를 관리하도록 했다. 진림에게 가장 적절한 직무를 맡겨 중국의 우수한 시인이자 학자인 그를 살려둔 것이다. 중요한 인재들에게 조조는 더욱 관대하여 그들이 적극적으로 능력을 발휘할 수 있도록 최선의 환경을 마련해주었다.

서북 군벌은 후한 정권을 200년 가까이 괴롭혀온 우환거리였다. 그러나 조조는 전략적으로 마지막에 이 세력을 제거했다. 강력하고 야만적인 서북 군벌이 오랫동안 조조에게 위협을 가하지 않았던 데는 조조가 중요 인물을 관중에 주재하도록 파견한 것이 주효했다. 그가 바로 서예로 잘 알려진 종요(鐘繇)다.

종요는 걸출한 서예가였을 뿐만 아니라 우수한 군사가기도 했다. 종요는 일찍이 당시 영천태수 음수(陰修)가 효렴에 천거해 상서랑을 지냈다. 그리고 조정에서는 정위정과 황문시랑을 역임하며 황제 곁에서 시종관이 되었다. 동탁이 헌제 유협을 위협할 때 종요는 동탁과 그의 수하인 이각, 곽사 등과 상대하여 천자를 지켜냈을 뿐 아니라 헌제가 장안을 빠져나와 낙양으로 도주하는 것을 도왔고, 곧이어 조조에게 사실상의 지도자적 권리가 있음을 인정했다. 종요는 오랫동안 서부 장안에 머물며 서북 군벌과 교류해왔기 때문에 서북 지역의 일을 꿰뚫고 있었다. 게다가 그의 됨됨이와 수완 역시 서북 군벌들의 존경과 두려움의 대상이었다.

마등(馬騰), 한수(韓遂)가 힘을 믿고 관중을 차지한 뒤 중원까지 넘보고 있을 때 조조는 종요에게 시중 자격을 주고 사례교위의 직무를 맡겨 파견했다. 종요는 결국 마등, 한수를 설득해 중립을 유지하도록 함으로써 그들이 중원의 어떤 세력도 돕지 않게 했다. 관도전투 때 조조가 원소와 첨예하게 대치하자 종요는 즉시 조조에게 말 1000여 필을 보내 원소군을 대파하는 데 공을 세웠다. 이에 조조는 종요에게 서신을 보내 말했다. "그대가 보낸 말을 얻어 이곳의 긴급함에 잘 대응했소. 관중이 평정되어 조정에서 서쪽을 돌아보는 근심을 없도록 한 것은 그대의 공로요. 과거 소하는 관중을 지키고 군량미를 풍족히 하여 군대를 보충했는데, 그것에 필적할 만하오." 종요가 관중을 지켜낸 공로를 소하에 비견한 것이다.

훗날 흉노족 선우(單于)가 평양에서 전쟁을 일으키자 종요는 군대를 이끌고 가서 포위했지만 함락시키지는 못했다. 이때 원상(袁尙)이 임명한 하동태수 곽원(郭援)이 하동으로 오자 이들의 군세가 매우 강해졌다. 장수들이 상의하여 하동 지역을 버리고 떠나려고 하자 종요가 이들을 설득했다. 종요는 곽원의 경솔함과 단순함을 이용해 그들이 분수를 반쯤 건넜을 때 공격하여 곽원을 죽이고 선우를 항복시켰다. 그 후 하동의 위고(衛固)가 난을 일으키고 장성, 장염, 고간 등과 함께 도적이 되자 종요는 또다시 여러 장수들을 거느리고 그들을 격파하여 조조의 북방 통일에 혁혁한 공을 세웠다.

건안 20년(215년) 8월 유비와 타협한 손권이 조조가 한중 정벌에 나선 기회를 틈타 10만 대군을 이끌고 합비를 대대적으로 공격했다. 당시 합비에는 장료, 이전, 악진 등 맹장의 통솔 아래 7000군사만이 주둔해 있었는데, 그중 장료와 이전은 늘 불협화음을 빚고 있었다. 조조는 합비에서 철수할 때 합비의 안위를 걱정하여 호군, 즉 주둔군 부대장인 설제(薛悌)에게 미리 한 통의 지령서를 남겨놓았는데, 거기에는 적지내발(賊之乃發)이라고 적혀 있었다. 적이 내습하면 열어 보라는 뜻이었다.

손권의 군사들이 공격해오자 편지를 열어보니 짧은 몇 마디가 적혀 있었다. "손권이 습격해오면 장, 이 두 장군은 나가 싸우고 악 장군은 성을 지키며 호군은 출전하지 말라." 조조의 마음을 읽은 장료는 곧 전장으로 나가 손권의 세력이 안정되기 전에 사기를 꺾고 합비를 지켜야 한다고 주장했다. 장료의 용감하고 자신 있는 태도에 악진도 곧 그를 좇아 결사적으로 싸우겠다고 나섰다.

장료의 이 행동은 줄곧 그와 반목해온 이전까지도 감동시켰다. 이전은 장, 악 장군이 군사를 이끌고 출전하면 자신도 그 뜻을 따르겠노라며 결의를 다졌다. 결국 장료, 이전, 악진 세 사람이 효과적으로 협력하면서 7000군사로 손권의 10만 대군을 물리쳤고, 손권은 장료에게 생포될 위기에서 겨우 탈출했다. 손권은 도망가는 배에서도 마음을 놓지 못했고, 그 후로 장료라는 이름만 들어도 벌벌 떨었다고 한다. 이는 조조가 인재를 적절히 배합해 효과를 배가한 대표적인 예다.

조조가 시행한 둔전제는 그가 결국 최후의 승자가 될 수 있었던 결정적 이유로 평가받는다. 사실 둔전은 조조가 처음 시작한 것은 아니지만 예상외로 순조롭게 시행되면서 결국 조조의 성공적 치적으로 돌아갔다.

둔전은 일찍이 전국 초년에 시작되었다. 《죽서기년》에는 위 양왕 17년(기원전 302년) 한단이 하급관리와 대부, 노예에게 구원(九原)으로 이주하도록 명했다는 기록이 있는데, 이것이 변방의 둔전으로 인구를 이주시킨 최초의 기록이다. 진시황 33년(기원전 214년)에는 몽염(蒙恬)이 흉노를 내쫓은 후 오늘날의 내몽고자치구 하투(河套) 일대에 44개 현성을 설치하고 주민을 이주시켜 개간하게 함으로써 군량을 공급하고 변방을 공고히 했다는 기록이 있다.

전한에 이르러 둔전은 사서에 더욱 자주 등장한다. 조착(鼂錯)은 《수변비새소》에서 변방으로 이민하여 둔전을 개간함으로써 변방을 충실히 하라고 건의했다. 또 한 무제는 흉노를 격퇴한 후 하서를 따라 70여만 명을 배치하여 둔전을 개간함으로써 변방을 공고히 했고, 서역을 한 나라로에서 흡수했다고 기록했다. 이상의 사실로 미루어보건대 둔전제는 조조가 처음 고안한 것은 아니며 전국시대에 시작되어 진 왕조에 이르러 점차 성숙되었다. 그러나 역사상 조조가 실시한 둔전제는 전무후무한 성과를 거두었다.

조조의 둔전에 관해 진수(陳壽)의 《삼국지》 〈무제기〉에는 건안 원년(196년) 조지, 한호(韓浩) 등의 건의를 받아들여 시행했다는 간략한 기록만이 남아 있다. 《위서》에는 더 상세히 기록되어 있다. "당시 식량이 부족하여 수많은 군대가 전쟁을 치르지 않고도 스스로 무너졌으니 원소의 군대는 하북에서 오디로 굶주림을 달랬고 원술의 군대는 강회에서 조개를 주워 먹었다." 조조 자신도 여포와 교전할 때 군량이 부족해 스스로 와해될 위기에 처한 적이 있다. 역사적 경험과 현실적 교훈을 바탕으로 조조는 둔전을 통한 식량 생산을 정권 안정과 전쟁 승리의 중요한 기초로 보았다. 그러나 전쟁과 혼란이 거듭되는 시기에, 공을 세워 영화를 누리려 다투는 시대에 누가 칼을 내려놓고 농부의 삶을 선택하겠는가?

조조가 식량 부족이라는 중대한 문제로 고심할 때 참모 조지가 둔전제를 건의했는데 이는 조조의 구상과도 맞아떨어졌다. 사실 조지는 위나라 둔전제의 최초 발안자이자 둔전 시행의 지도자였다. 건안 원년에 조지는 허창에서 처음으로 둔전제를 성공적으로 시행했고, 후에 각지로 광범위하게 보급해나갔다. 둔전 사업을 성공적으로 이끈 공을 인정한 조조는 조지가 죽자 상을 내리고 "군용 식량이 풍족해지고 군중의 반란을 잠재웠으며 천하를 평정하여 왕실을 융성시켰다"며 그의 둔전제 시행 성공을 공정하게 평가했다.

그 밖에 조지가 둔전제를 성공적으로 시행한 후 조조는 임준(任峻)을 전농중랑장에 임명하여 둔전 관련 사무를 주관하게 했다. 《삼국지》 〈임준

전〉에는 "군국의 풍요로움은 조지에서 시작되어 임준에서 이루어졌다"는 기록이 있다. 조조가 승리를 거둔 이면에 둔전이라는 중요한 열쇠가 있었고 이는 결국 조조 자신의 적절한 인재 등용이 거둔 쾌거였다.

조조의 사람 볼 줄 아는 눈과 인재의 적재적소 배치는 당시는 물론 후대에 이르러서도 높이 평가받고 있다. 명나라 때 조조를 가장 폄하한 홍매도 《용재수필》에서 역사적 사실을 근간으로 조조에 관해 다음과 같은 결론을 내렸다. "순욱, 순유, 곽가는 모두 충성스러운 참모로 큰일을 도모했으니 칭찬할 만하다. 그 나머지도 지혜롭게 직무를 감당하며 나누어 다스리니 저마다 직분에 탁월한 능력을 발휘했다. 관중의 여러 장군이 위협이 되니 사례교위 종요가 서쪽을 돌보고 마등, 한수를 몰아내어 지켰다. 천하가 어지러운 때 군량이 부족하니 조지, 임준이 둔전을 세워 군국을 풍요롭게 했다. …… 장료는 손권을 합비에서 쫓아내고, 곽회는 촉나라를 평양에서 몰아내고, 서황은 관우를 번에서 내보내니 모두 적은 수로 대군을 제압했다. 조조에게 대적할 자가 없었던 것은 행운이 아니었다."

삼국시대에 사람을 볼 줄 알고 쓸 줄 알았던 이는 비단 조조 한 사람만이 아니었다. 그러나 조조만이 모든 인재를 받아들여 그들이 각자 재능을 충분히 발휘하도록 환경을 마련해주고 허송세월하지 않도록 독려했다. 이 때문에 조조 밑에는 녹봉만 받고 일하지 않거나 직위만 지킬 뿐 움직이지 않는 인재는 없었다. 조조가 경쟁자를 제압한 비결은 바로 여기에 있었다.

적 속에서 인재를 찾다

조조가 세력을 일으킬 무렵 수하에는 하후씨, 조씨 형제, 이전, 악진 등 몇몇 장수들뿐이었지만 군웅을 무너뜨리는 과정에서 인재는 점점 더 모여들었다. 조조의 인재 초빙 방법과 수단은 다양했으며 인재 등용 책략도 가지각색이었다. 오늘날 기업들이 큰 비용을 들여가며 인재를 기르는 것보다 동종 기업에서 경력 있는 인재를 스카우트하는 방법을 선호하는 것과 마찬가지로, 극심한 혼란의 시대에 백년대계만 고집한다면 어느 정권, 어느 세력이든 일찌감치 흔적도 없이 역사 속으로 사라지기 십상이었다. 따라서 적진에서 투항해오는 군사를 받아들이고 인재를 발굴하는 것이 상대 세력을 약화시켜 섬멸하고 자신의 실력을 키우는 중요한 수단이 되었다. 인재를 목숨처럼 아꼈기에 적진에서 인재를 찾고, 초나라 인재를 한나라에서 등용함으로써 빠르고 경제적으로 자신의 세력을 강화한 것은 그의 핵심적인 인재 등용술이었다.

《삼국지연의》를 읽어본 사람이라면 유비가 한중왕에 등극한 후 관우, 장비, 조운, 마초, 황충을 오호상장에 책봉한 대목을 기억하겠지만 사실이는 순전히 허구다. 하지만 조조에게는 실제로 자신만의 오호상장이 있었으니 장료, 악진, 우금, 장합, 서황이 바로 이들이다. 이 다섯 장수는 《삼국지》에 함께 등장하여 조조를 위해 수없이 공을 세우고 심지어 위 문제, 명제시대에도 종횡무진하면서 오, 촉을 위협했다. 재미있는 사실은 이 다섯 장수 가운데 조조가 직접 키운 악진을 제외하고 나머지 넷은 모두 적진에서 발굴한 인재였다는 것이다.

장료는 조조에게 투항하기 전까시 빈번하게 주군을 갈아치우며 지조나 절개 따위는 없는 인물이었다. 게다가 그가 따르는 사람은 누구든 화를 당했으니 그야말로 재앙을 몰고 다니는 폭탄이었다. 장료는 원래 한 무제 때 삭주 사람 섭일의 후예인데 원한을 피하고자 성까지 바꾸었고, 어릴 적에 군리를 지냈다. 병주자사 정원이 그의 무공이 뛰어난 것을 보고 그에게 군사를 이끌고 도읍으로 가 하진을 따르라고 했다. 하진이 오래지 않아 환관의 손에 죽자 장료는 군사를 이끌고 동탁 수하에 들어갔다. 동탁이 여포에게 죽은 후 장료는 다시 여포에게 투항했는데, 여포가 이각에게 패하여 장안에서 도주하자 도처를 떠돌게 되었다.

여포는 서주를 점령한 후 다시 장료를 수하에 두고자 했다. 그러나 여포는 자기주장이 너무 강하고 두려움을 몰라 수하의 의견을 받아들일 줄 몰랐다. 훗날 하비에서 조조에게 섬멸당할 때 죽음 직전에 이른 여포는 조조에게 목숨을 구걸하며 비굴한 모습을 보였다. 그러나 장료는 끝까지 죽음을 두려워하지 않고 도리어 비굴하게 행동하는 주군에게 호통을 쳤다고 한다. 조조는 장료의 이러한 행동을 높이 사 자신에게 투항하라고 권했다. 장료는 결국 조조의 사람이 되었다.

장료는 조조에게 투항한 후 능력을 충분히 발휘하여 지략과 용맹함을 두루 갖춘 대장군이 되었다. 원소 정벌에 나섰을 때 장료는 장합과 일전을 벌였다. 원소의 책략이 실패한 후 조조는 노나라의 각 현으로 계속 진군했는데 수개월 후 조조군은 식량이 바닥나 철군을 결정했다. 이때 장료는 적군 창희(昌豨)가 진퇴양난의 위기에 빠졌음을 간파하고 홀로 적진으로 들어가 창희를 설득해 불필요한 전쟁을 치르지 않을 수 있었다. 장료의 담략이 어느 정도인지 잘 알 수 있는 대목이다.

그 후 장료는 요동 유의(柳毅)를 격퇴하고 원상, 원담 형제를 여러 차례 물리쳤다. 조조군이 원씨 형제를 추격하다가 흉노족의 공격을 받자 조조는 장료에게 임무를 맡겼다. 장료는 곧바로 진격하여 흉노를 대파했을 뿐 아니라 선우 답돈(蹋頓)의 수급까지 가져왔다. 조조군 전체가 반란의 무리 때문에 혼란에 휩싸였을 때도 장료는 반란에 가담하지 않은 10여 명을 이끌고 순시하면서 반란 주모자를 찾아내 반란을 평정했다. 그 후 진란(陳蘭), 매성(梅成)이 여러 현을 점거하고 반란을 일으켰을 때 그는 숭산으로 도주하여 천연의 지세를 최대한 활용해 방어 태세를 갖추었다. 다른 장수들은 한결같이 진군할 수 없다고 판단했지만 장료는 도리어 후퇴 없이 진군하여 난관을 돌파하고 진란, 매성을 대파한 뒤 두 사람을 참수했다.

적벽대전 후 조조는 전략의 중심을 서북과 서남 지역으로 옮겼다. 그리고 장료에게 군사 7000명을 주어 악진, 이전과 함께 합비에 주둔하도록 함으로써 손권의 침입에 대비했다. 장료는 조조의 기대를 저버리지 않고 7000군사로 손권의 10만 대군에 맞서 조금도 밀리지 않았을 뿐만 아니라 손권 수하의 장수를 여럿 죽이고 손권도 거의 잡았다가 아깝게 놓쳤다. 조조가 세상을 떠난 뒤 조비가 정권을 잡자 손권은 다시 한 번 전쟁을 일으켰는데, 조비가 장료를 합비로 보내어 맞서자 손권이 다시는 공격해오지 않았다고 하니 장료의 명성이 어느 정도였는지 짐작할 만하다.

우금은 태산 거평 사람으로, 황건적의 난 때 포신이 병력을 소집하자 거기에 몸을 의탁했다. 훗날 포신이 전사하고 조조가 남은 군사를 받아들이자 장군 왕랑(王郎)의 수하로 들어갔다. 왕랑은 우금이 인재임을 알아보고 조조에게 천거했으며, 조조는 즉시 그를 군사마에 임명했다. 우금은 조조를 따라 여포, 장초, 황건적 유벽(劉辟), 황소(黃邵)를 정벌하는 전투에서 수차례 공을 세웠다.

장수를 정벌하던 중 황건적을 개편한 청주병이 사방에서 약탈을 일삼다가 우금에게 죽임을 당했는데, 이들은 오히려 조조에게 우금이 반란을 일으켰다고 거짓으로 고했다. 이에 조조는 크게 당황하여 군사를 정비해 우금에 대비했다. 마침 이때 장수가 군사를 이끌고 공격해오자 우금이 이를 격퇴하고 막사로 돌아와 조조에게 고했다. 조조가 어째서 해명부터 하러 오지 않았느냐고 묻자 우금은 해명하는 일은 작으나 적을 물리치는 일은 크기 때문이라고 대답했다. 조조는 크게 기뻐하며 "장군은 혼란 중에도 군사를 정돈하고 폭도를 토벌하여 진영을 공고히 하며 동요하지 않는 절개가 있소. 옛 명장이라도 어찌 이 이상이 되겠는가?"라며 칭찬을 아끼지 않았다. 그러고는 그를 익수정후로 봉했다.

원소와 관도전투를 벌일 때 우금은 원소군을 크게 무찔러 그의 손에 전사한 원소군은 전체 군사의 7분의 1을 넘을 정도였다. 또 한 번은 조조가 주령(朱靈)을 몹시 싫어하여 그의 병권을 빼앗고자 우금을 파견했다. 우금은 교지와 기병 수십 명만 데리고 가서 그 임무를 완성했다. 우금은 생전에 마지막 전투를 관우와 벌였다. 이때 폭우가 내려 칠군이 물에 잠겨 생포되었지만 우금은 이미 조조를 위해 수많은 공을 세운 뒤였다.

장합의 경우는 처음에 장료와 비슷했다. 그가 따르는 군주는 늘 화를 당했다. 그러나 조조의 수하에 들어온 뒤 승승장구하며 지용을 겸비한 명장으로 거듭났다. 장합도 황건적의 난 때 투항한 인물이다. 일찍이 기주의 한복을 따르다가 원소에 의탁하여 공손찬을 정벌할 때 큰 공을 세우며 명장으로 이름이 났다. 관도전투의 중요한 순간에 조조가 원소의 식량 창고를 공격했다. 그러자 장합은 조조 진영이 견고하여 짧은 시간 안에 공략하기 어려우므로 우선 식량 창고를 지원하자고 주장했다. 하지만 원소는 곽도의 의견을 받아들여 장합에게 조조의 견고한 진영을 공격하도록 하고 식량 창고는 군대를 조금만 두어 지키게 했다. 결과적으로 보면, 장합의 예상이 적중했다. 곽도는 자신의 실수를 덮기 위해 원소 앞에서 장합은 남의 불행에 기뻐하는 인물이라며 모함했다. 장합은 결국 조조에게 투항했다. 조조는 크게 기뻐하며 친히 나와 이 맹장을 맞으며 말했다. "미자(微子)가 은으로 가고 한신(韓信)이 한으로 돌아온 것만 같도다." 그리고 곧 그를 편장군에 임명하고 도정후에 봉했다.

장합은 조조 수하에서 혁혁한 전공을 세웠다. 조조를 따라 원상, 원담을 차례로 격퇴하고 서쪽 정벌에 나서 마초를 물리쳤다. 그리고 한중에 들어가 장로를 투항시킨 후 하후연을 쫓아 한중을 지키며 유비에 대항했다. 이 때문에 한중을 차지하려던 유비의 시도는 번번이 실패로 돌아갔다. 훗날 총사령관 하후연이 유비에게 죽임을 당하자 장합은 사령관 직무를 대행하며 부대를 안정시켰다. 제갈량이 기산을 포위하고 조조군을 연이어 물리치자 남안, 천수, 안정 세 군은 위를 배반하고 촉에 호응했다. 이때 장합은 중요한 전투에서 마속(馬謖)을 대파함으로써 제갈량의 북벌 시도를 무산시키며 그의 북벌에 최대 걸림돌이 되었다.

훗날 제갈량이 다시 북벌에 나서 진창을 공격하자 위 명제 조예(曹睿)는 직접 장합을 배웅하며 말했다. "장군이 도착할 즈음 제갈량이 진창을 함락시키지 않겠소?" 그러자 장합이 대답했다. "신이 도착하기도 전에 제갈량이 떠날지 모릅니다. 꼽아보니 제갈량의 군량은 열흘을 버티기 어렵습니다." 그의 판단은 옳았다. 장합과 제갈량의 마지막 전투가 끝난 뒤 제갈량은 먼저 철군했다. 이때 총사령관 사마의가 제갈량을 추격하자고 주장했는데, 장합은 군법에 성을 포위해도 반드시 나갈 길은 열어두라 했으니 군대를 쫓지 말자고 했다. 그러나 사마의가 말을 듣지 않아 장합은 할 수 없이 군사를 이끌고 추격했다. 촉군은 험준한 지형을 이용해 매복했다가 활을 쏘며 공격했고, 이 전투에서 장합은 전사하고 말았다.

제갈량은 장합에 관해 "변수를 알아 진영을 적절한 곳에 잘 설치하고 전세와 지형을 잘 가늠해 그의 계책을 따라갈 사람이 없다"라고 평가하며 그를 껄끄럽고 두려운 상대로 인식했다. 장합은 조조의 북방 통일과 촉한 제압에 커다란 공을 세운 인물이다.

조조 수하에는 또 다른 대장수 서황이 있었다. 그는 용맹하고 지략이 있었을 뿐 아니라 정치적인 두뇌회전이 빠르고 전체를 볼 줄 아는 안목이 뛰어났다. 서황은 젊은 시절 하동군의 하급관리였을 때 거기장군 양봉을 따라 황건적 진압에 공을 세워 기도위에 임명되었다. 후에 왕윤이 동탁을 죽이고, 동탁의 부장 이각, 곽사가 반란을 일으키자 서황은 양봉에게 헌제를 모시고 낙양으로 들어가라고 설득했다. 낙양에 돌아온 후 서황은 조조가 영웅임을 알고 양봉에게 조조에게 의탁하라고 권했다. 양봉은 처음에는 응했으나 나중에 마음을 바꾸어 한섬과 함께 군사를 일으켰다가 조조군에게 대패했다. 양봉을 격퇴한 조조는 서황을 자기 수하로 들어오게 했다. 이때부터 서황은 조조의 충실한 장수가 되었고 조조를 따라 천하를 다니며 큰 공을 세웠다.

여포 정벌 전쟁에서 서황은 여포의 장수 조서(趙庶), 이추(李鄒) 등의 투항을 받아냈다. 관도전투에서는 조조를 따라 유비를 격퇴한 뒤 안량, 문추에 이어 원소의 맹장 한맹(韓猛)을 물리치고 원소군의 군량을 실은 수레를 불태워 큰 공을 세웠다.

서황은 정치 투쟁과 군사적 전투를 결합할 줄 알았다. 조조와 원소 사이에 대치가 길어지자 양측은 서로 깊은 원한을 품었다. 이 때문에 조조는 원소 휘하에 있던 지역을 점령하면 종종 잔인한 도륙을 저질렀다. 서황은 이것이 원소 세력의 반항을 더욱 부채질하여 조조의 천하통일을 가로막을 뿐임을 알고 있었다. 그는 조조에게 이같이 권고했다. "원담과 원상은 아직 무너지지 않았고 항복하지 않은 여러 성은 귀를 기울여 듣고 있습니다. 오늘 역양을 멸한다면 내일은 모두 죽음을 각오하고 지킬 것이니 하북이 평정될 날이 영영 오지 않을까 두렵습니다. 원컨대 공께서 역양을 항복시켜 여러 성에 보이신다면 각지에서 투항할 것입니다." 조조는 서황의 말이 옳다고 생각하여 성내의 양민을 더는 학살하지 않았다. 그리하여 곧 익주를 손에 넣었고 하북의 넓은 땅을 평정했다. 그 후 서황은 오환, 형주, 관중, 한중의 장로를 정벌하는 전투에서 훌륭한 기량을 보여주었다.

서황의 가장 큰 공으로는 형주에 주둔한 관우를 격퇴한 일을 꼽는다. 당시 관우는 군을 이끌고 조인(曹仁)의 번성을 겹겹이 포위하여 성 함락이 눈앞에 있었다. 이때 우금이 지원에 나서지만 칠군이 물에 잠기는 바람에 전선에는 서황의 힘 빠진 몇몇 군사만이 남았다. 이 일로 조조는 천도까지 심각하게 고려하게 되었다. 서황은 비록 병력은 적었지만 기세가 대단했다. 서황이 거짓으로 참호를 파서 적의 뒤를 끊으려는 것처럼 보이자 적은 진영을 불태우며 퇴각했고 서황은 그 뒤를 따라 계속 진군했다. 서서히 전진하여 관우 진영에서 겨우 3리쯤 떨어진 곳에 이르자 그는 조인에게 화살로 서한을 날려 보내어 성을 굳게 지키도록 독려했다. 이때 관우의 주력군은 위두에 주둔하고 있었고, 일부는 사총에 주둔했다.

서황은 성동격서(聲東擊西) 전술을 동원해 일부러 큰 소리로 위두를 공격하라 하고는 몰래 사총을 습격했다. 사총이 무너지는 것을 본 관우는 친히 보병 5000과 기병을 이끌고 나와 서황과 교전했다. 이때 서황은 관우를 격퇴했고, 물러나 달아나는 관우군을 포위망 안까지 깊숙이 추격하여 끝내 물리쳤다. 오래지 않아 동오의 대도독 여몽이 강릉을 기습했고 관우는 결국 죽임을 당하고 말았다. 이 전투는 남부에서 조조의 세력을 공고히 했고 후방을 안정시키는 데도 큰 구실을 했다. 관우의 강력한 공세를 물리쳤을 뿐만 아니라 손권, 유비의 연맹을 격퇴함으로써 둘 사이를 갈라놓았으니 조조로서는 전략의 주도권을 쥔 셈이었다. 이리하여 삼국의 패권 쟁탈에서 위나라가 단연 강력한 세력으로 부상하게 되었다.

조조의 동서정벌과 북방 통일에 공헌하고 위나라 정권을 확립한 장수들의 면면을 살펴보면 거의 모두 조조가 적진에서 스카우트해온 인물이다. 조조는 그들을 충분히 신임했고 알맞은 직권을 부여하여 기꺼이 일하게 했다. 조조가 이렇듯 인재를 아끼고 불러 모으는 데 능했기 때문에 맹장이 구름과 같고 참모가 비와 같은 강대한 진영이 형성될 수 있었고, 이는 여러 반란을 잠재우고 천하를 평정하고자 한 그의 정치 행보에 믿을 만한 토대가 되었다.

다양한 인재를 다스리는 방법

　조조가 형식에 얽매이지 않고 인재를 임용했으므로 그의 인재 집단은 대단히 복잡하게 얽혀 있다. 이 형형색색의 인재를 분류하면, 우선 조조의 친척들이 있다. 이들은 조조 집단의 핵심을 이루었으며 특히 초년에 조조가 가장 의지했던 심복 집단이었다. 하후연, 하후돈, 조인, 조휴, 조홍 등이 여기에 속한다. 이들은 대단히 출중한 장수들이었기 때문에 조조는 늘 이들을 요직에 두고 중요한 임무를 맡겼다.

　또 한 부류는 적진에서 투항하거나 스스로 찾아와 의탁한 인물이다. 여포 집단에서 건너온 장료, 양봉 집단에서 온 서황, 원소 집단에서 투항한 장합, 마초 휘하에 있던 방덕, 유표 집단에 있던 문빙(文聘), 장수 그리고 그의 군사 가후 등이 여기에 속했다. 조조는 진심으로 투항을 원하면 대담하게 기용하여 차별하지 않고 재능을 발휘할 수 있도록 했다. 이들의 훗날 지위와 성과를 살펴보면 조조 측근 집단보다 결코 뒤처지지 않는다. 예컨대 장료는 마지막에 정동장군 자리에까지 올라 많은 군사를 거느리고 동남부에 주둔했다. 장합은 서방총사령관을 지냈으며 문빙은 토역장군에 임명되었고 연수정후에 봉해져 줄곧 강하를 지켰다. 가후는 조조가 아끼는 책사가 되어 심지어 조조가 적장자를 세우는 일에까지 참여했다.

또 다른 한 부류는 조조의 병사들 가운데 발탁된 이들이다. 악진은 원래 조조 휘하의 하급관리였는데 훗날 절충장군으로 발탁되었다. 우금은 본래 포신의 부하였는데 조조에게 의탁한 후 좌장군에 기용되었다. 한신은 "재상은 반드시 주군(州郡)에서 일어나고 맹장은 반드시 군사 가운데서 나타난다"라고 했다. 전쟁시기에는 전투 중에 용맹한 장수를 발견하기가 가장 쉽다는 말이다. 조조는 이렇게 인재를 하나도 놓치지 않았으니 한비(韓非), 상앙이 말한 "현명한 인재를 임용해 능력을 발휘하게 한다"는 방법을 가장 잘 활용한 군주였다.

그 밖에 전통적인 방식으로 지방 관리와 서민들 가운데 우수한 자를 선발하는 경우가 있었다. 이처럼 조조는 한나라 시대에 제정한 천거, 징벽 등 각종 인재 발탁 제도를 가장 활발하게 활용했다. 조조는 한나라 재상으로서 자신의 관할 구역에서 인재를 등용했을 뿐 아니라 황제 명의로 대립하는 제후들 쪽에서도 관리를 선발했다. 종요, 왕랑 등이 바로 조조가 헌제 쪽에서 발굴해온 인재였다. 그 밖에 다른 문신과 기층 관리들은 부지기수였다.

《삼국지》를 보면 조조의 인재 집단이 얼마나 방대한지 알 수 있다. 그러나 이들 인재는 오호사해의 각지 출신이므로 하나의 목표를 향해 함께 나아가기는 결코 쉽지 않았을 것이다. 예컨대 유비가 조조에게 투항했지만 사실 뜻하는 바는 따로 있었다. 관우도 조조에게 굴복했지만 몸은 조조 진영에 있어도 마음은 한나라에 있었으니 결국 작별 인사도 없이 떠나고 말았다. 수하에 권문세가 출신의 귀족 혈통부터 이름 모를 시골 출신의 거칠고 오만한 장수와 문신이 모두 모여 있다 보니 이들을 다스리기가 쉽지 않았다. 한 집단 안에 상급과 하급, 측근 귀족과 투항한 장수, 원로와 신생 세력이 존재하는 한 갈등과 불화는 필연적으로 발생할 수밖에 없었다. 이 갈등을 어떻게 빠르고도 경제적으로 봉합하고 이들을 단결시켜 승리를 이끌어내는지는 지도자의 숙제였다. 그렇다면 조조는 어땠을까? 개인의 인격적 매력 외에 조조는 법률제도를 엄격하게 집행했다. 형벌에 대부를 따지지 않고 상찬(賞讚)에 필부를 가리지 않는다는 제도가 바로 그것이다.

조조에게는 유가와 법가의 사상이 함께 녹아 있는데, 유가사상은 인(仁), 애인(愛人)을 핵심으로 한다. 조조는 고심하여 발탁한 인재들에게 후한 대우와 지위를 부여한 것은 물론, 심지어 진궁처럼 충의를 내세워 끝까지 투항하지 않은 적이라도, 당사자는 죽이되 그 가족에게는 후하게 대우했다. 그러나 난세에 위기가 속출하는 상황에서 성격과 기질이 다양한 문신과 장수들을 감당하고자 조조는 법가의 법과 형, 상과 벌이라는 사상에 의지했고, 이로써 집단의 안정과 질서를 유지했다.

법으로 자기 집단의 인재를 단속하기 위해 조조는 먼저 반드시 명령을 지키게 하고 상벌을 분명히 했다. 조조는 군을 대단히 엄격하게 다스렸는데, 여러 차례 각종 명령을 하달하고 공포하여 기강을 높였다. 기율이 없는 군대는 적을 이길 수 없다는 이치를 잘 알고 있었기 때문이다. 이에 조조는 공평한 상벌로 모든 이를 대했으며, 자신 역시 예외로 두지 않았다.

두 번째로 장수를 정벌하기 위해 나섰을 때는 마침 완연한 가을이었는데 조조는 농민들이 보리를 수확할 수 있도록 누구도 밭을 밟지 못하게 하고 누구의 말이라도 밭을 밟으면 죽음으로 다스렸다. 그러자 보리밭을 지날 때면 모든 기병이 말에서 내려 조심조심 걸었다. 그런데 뜻밖의 사건이 일어났다. 조조의 말이 보리밭에 뛰어 들어가 밭을 망쳐놓은 것이다. 조조는 곧 말에서 내려 군법관에게 이런 죄를 어찌 다스리는지 물었다. 군법관은 목을 쳐 죽인다고 대답했다. 조조는 군법관에게 형벌을 집행하라고 명령했다. 누구도 나서지 못하는 상황에서 조조가 스스로 목숨을 끊어 군기를 지키려고 하자 좌우의 관료들은 "형은 대부에게까지 올라가지 않고 예는 서민들에게까지 내려가지 않는다"는 고내의 규범을 들어가며 조조를 만류했다. 결국 조조는 머리카락을 자르는 것으로 머리를 자르는 형벌을 대신하고, 자른 머리카락 한 움큼을 모든 군에 전달하여 법률을 위반해 형벌을 받는 데는 누구라도 예외가 없음을 알렸다.

많은 사람은 조조의 이 행동을 두고 위선, 거짓일 뿐이라고 하지만 사실은 그렇지 않다. 머리나 수염을 자르는 것은 현대에는 아무렇지도 않은 일이지만, 한나라 때만 해도 유가사상의 영향을 깊이 받아 몸의 살은 부모의 것을 받은 것이라는 인식이 강했고, 머리카락 하나라도 훼손하면 배은망덕하다고 여겼기 때문에 머리카락으로 머리를 대신한 것 역시 가벼운 형벌은 아니었다. 조조의 이러한 모습은 수하 군사들에게 강력한 자극이 되었다.

자신과 가장 가까운 혈족에게도 예외가 없어 왕자가 법을 어겨도 서민과 동등하게 벌한다는 원칙을 고수했다. 조조는 유년시절 법을 어겼다가 현관에게 죄를 추궁받았는데 친척동생인 하후연이 대신 죄를 뒤집어쓰고 벌을 받은 일이 있었다. 조조는 병사를 일으킨 후 줄곧 이 친척동생을 중용했다. 조조가 동탁을 정벌할 때 동탁의 대장군 서영에게 패하고 말까지 부상을 입어 탈 수 없게 되었을 때 사촌동생 조홍이 자신의 말을 내주어 목숨을 구해준 일이 있었다. 하지만 나중에 조홍의 가족이 법을 위반하자 조조는 예외 없이 정해진 대로 벌했다.

조조는 상하귀천을 막론하고 모두 법을 지킨다는 원칙에 따라 징벌 제도를 엄격하게 집행하는 동시에, 공을 세운 문신과 무장들에게는 상을 후하게 내렸다. 그가 부하들에게 상을 내리는 데는 하나의 원칙이 있었으니 바로 공에 따라 상을 내리는 것이었다. 또 조조는 "호랑이는 죽어서 가죽을 남기고 사람은 죽어서 이름을 남긴다"는 이치에 깊이 공감하며 구체적인 상과 벌의 방식을 다양화하여 물질적인 상찬뿐 아니라 정신적인 격려도 대단히 중시했다. 조조 수하에서 일찍이 숨을 거둔 젊은 참모와 맹장들에게도 조조는 때때로 애도의 정을 표했다. 참모 곽가는 기묘한 책략으로 조조가 정확한 전략을 구사하도록 늘 곁에서 도왔는데, 조조는 종종 다른 장군과 군사들 앞에서 곽가를 아끼는 마음을 여과 없이 드러내보였다.

주요 전투에서 승리를 얻은 대장군에게 조조가 내리는 상찬 방식은 독특했다. 장료는 7000군사로 손권의 10만 대군을 무찔렀는데 조조는 후에 장료가 승리를 거둔 곳에 와 아주 오랫동안 우러러보았다고 한다. 서황이 관우를 격퇴했을 때는 7리 밖에까지 나와 직접 성대한 잔치를 벌이며 이렇게 말했다. "내가 군사를 쓴 지 30년이 넘도록 고대에 용병에 능했다는 이름을 들어봤지만 아직 장군처럼 용맹한 전례는 보지 못했소. 장군의 공은 손무자(孫武子), 사마양저(司馬穰苴)도 기꺼이 한 수 아래임을 인정할 것이오." 이로써 장군의 체면을 한껏 높여주고 작위와 관직을 승급해주었음은 더 말할 것이 없다.

이처럼 주요 인물들에게 정신적인 부분에서 물질에 이르기까지 상찬을 아끼지 않았듯이 조조는 작은 인물에게도 언제든 충분히 격려를 보냈다. 한번은 조조가 한밤중에 일어나 막사를 순시하는데 어느 곳에서 불빛이 새어나왔다. 조조가 커튼을 열고 들어가 보니 한 문관이 밤새워 업무를 보다가 피로를 이기지 못해 잠시 졸고 있었다. 조조는 그 자리에서 눈물을 흘리며 자신의 겉옷을 벗어 그에게 덮어주고 살금살금 막사를 나왔다.

조조의 장려 조치 가운데 가장 놀랄 만한 것은 북방의 오환을 격퇴한 뒤 전투 전에 반대 의견을 냈던 모든 수하에게 상을 내린 일이다. 당시 북방 정벌을 두고 곽가를 세외한 거의 모든 문무대신이 반대를 표했지만 마지막에 곽가의 설득과 조조의 생각이 맞아떨어지면서 북방 정벌을 승리로 이끌었다. 조조는 진영으로 돌아와 수하들에게 집단상을 내렸다. 그 이유는 "이번 전쟁에서 비록 이겼지만 사실은 하늘이 도운 것이고 내 실력은 부족하다. 제군이 전에 내게 한 충언이 곧 모두를 편하게 하는 계책이 되었으니 마땅히 이를 장려해야 한다. 제군들은 이후로도 하고자 하는 말을 마음껏 하기 바란다"는 것이었다. 이러한 말과 물질로 격려하는데 어느 신하가 몸을 던지기를 마다하겠는가!

형식에 얽매이지 않고 인재를 등용했기 때문에 조조의 세력권 안에는 인재가 가장 많았다. 또 사사로움에 연연하지 않는 상과 벌의 엄격한 집행이 있었기에 여러 경로를 거쳐 한곳에 모인 인재들을 큰 소모 없이 다스리며 효율을 높이고 단결시킬 수 있었다. 조조의 인재 등용의 비결은 바로 여기서 찾을 수 있다.

제 7 장

가끔은 일벌백계를 행하라

조조가 후대에 간웅으로 불리며 폄하되는 데는 분명 이유가 있겠지만 사실 조조는 아량이 넓으면서도 의심이 많았다. 그러나 황실, 귀족, 문인, 충신과 명장에게 칼을 들 때 그에게도 남모를 고충이 있었다면 믿을 수 있을까?

강력한 황제는 필요 없다

헌제 유협은 24대에 걸친 한나라의 황제 가운데 비교적 무능한 황제에 속한다. 그는 후한의 황제 13명 중 비교적 장수했지만 등극한 그날부터 이름만 황제일 뿐 실질적인 권한을 행사하지 못했다. 189~220년까지 31년 동안 보위를 지켰지만 단 하루도 몰락하는 제국의 실권을 장악하지 못했다. 이 불운한 황제를 후세 사람들은 동정의 눈길로 바라보지만 역대 왕조의 마지막 황제들과 비교해보면 그래도 그는 운이 좋은 편이다. 적어도 조조가 그를 허창으로 맞아들인 후로는 먹을 것, 입을 것 걱정은 면할 수 있었고 동탁, 이각, 곽사에게 쥐어 낙양에서 장안으로, 다시 장안에서 낙양으로 옮겨 다녀야 했던 5년간의 유랑 시절과 비교하면 아주 안정된 생활을 영위할 수 있었으니 말이다.

헌제의 유명무실을 두고 "조조가 천자를 끼고 제후를 호령한다"는 말로 그의 꼭두각시 지위를 이야기하지만, 사실 조조는 이런 말을 한 적이 없다. 다만 조조의 참모 모개는 "천자를 모시고 불충한 신하를 호령하라"고 건의했다. "천자를 끼고 제후를 호령한다"는 말은 원소의 참모 저수가 퍼뜨린 것이다. '모신다'는 존중과 공양의 뜻을, '낀다'는 억압과 위협의 뜻을 담은 말로, 표면적으로는 황제의 이름을 내세워 제후들을 호령한다는 의미에서 별다를 것이 없어 보이지만, 사실 천자를 대하는 태도에는 커다란 차이가 있었다.

헌제는 낙양으로 도주해온 후 생계가 막막했지만 제후들은 누구 하나 헌제를 거들떠보지 않았다. 원소의 참모 저수는 헌제가 집 잃은 개처럼 오갈 데가 없어지자 원소에게 진언했다. "지금 주(州)의 관할 지역은 대략 안정되었으니 천자를 맞이하여 업성에 도읍을 정해야 합니다. 천자를 끼고 제후들을 호령하며 병사와 군마를 길러 반적을 토벌한다면 누가 감히 장군께 맞서겠습니까!" 하지만 곽도와 순우경의 생각은 달랐다. "한 왕실이 쇠약한 지 이미 오래니 지금 다시 부흥하려 한들 괜한 짓이 아니겠습니까? 게다가 군웅이 일어나 각 주를 차지하고 무리를 모으며 온갖 방법을 동원해 패권을 노리고 있습니다. 그야말로 선수를 치는 자가 왕이 되는 것입니다. 지금 천자를 맞아 가까이 두면 늘 보고하고 지시를 들어야할 텐데, 그것을 따르면 가볍게 보일 것이고 그것을 어기면 명령을 어기는 셈이 됩니다. 그러니 이는 좋은 계책이 아닙니다."

곽도와 순우경의 생각이 이치에 전혀 맞지 않는 것은 아니었다. 당시 어지러운 판국에 모두 한 왕조의 운이 다했다고들 여겼으니 어린 헌제를 받아들이려 나서는 이가 없는 것은 어쩌면 당연했다. 만일 헌제를 맞아들이면 무슨 일이든 보고를 올리고 분부를 받아야 하니 틀림없이 성가실 것이었다. 게다가 헌제가 자라 황제로서 명령할 때 신하로서 순종하면 스스로 자신의 권리를 약화시키는 셈이 될 것이고, 듣지 않으면 반역이 될 것이었다.

이러는 사이 조조가 선수를 쳤다. 조조 세력은 한나라 천자를 곁에 두었으니 천하를 호령할 비장의 카드를 챙긴 셈이었다. 그러나 지금 와서 돌아보면 조조가 천자를 모신 것은 경제적인 일상에서의 일이었고, 정치적으로는 천자를 끼고 제후를 호령한다는 표현이 확실히 맞아 보인다. 낙양에 들어와 헌제를 알현하면서부터 헌제를 속여 허창으로 맞이하고, 마지막에 병사하기까지 조조는 헌제를 의지할 데 없는 외톨이로 만들어 힘없는 황제의 자리를 지키게 했다.

건안 원년(196년) 8월 조조는 낙양에 들어오자마자 즉시 장양, 양봉 군대가 외지에 주둔한 사이 한섬을 몰아내고, 곧이어 시중 대숭(臺崇), 상서 풍석(馮碩) 등을 죽였다. 죄가 있어 정벌한다는 명목을 내세웠다. 또 동승, 복완(伏完) 등에게 공이 있다며 상을 내리고, 사성교위 저준(沮儁)을 추증해 그 죽음을 애도했다. 그러고는 9일째 되는 날 채 반응이 나타나기도 전에 황제를 허창으로 옮겨 다른 세력의 통제에서 일단 벗어났다. 허창에 도착한 후 조조는 자신과 뜻이 다른 세력을 발 빠르게 제거해나가며 세력을 넓혔다. 우선 가장 영향력 있는 삼공이 첫 번째 목표물이 되었다. 태위 양표, 사공 장희(張喜)가 파면되고 의랑 조언(趙彦)이 죽임을 당했다. 그다음 화살은 양봉에게로 향했으니 군대를 보내 그를 정벌함으로써 가까이 있는 위험인물을 제거했다. 마지막 상대는 원소였다. 원소는 가장 강력한 적이었던 만큼 천자의 이름을 내세워 질책함으로써 사기를 누그러뜨린 다음 대장군 직책을 줌으로써 껄끄러운 그를 일단 안정시켰다.

조조의 이런 행보는 모두 헌제의 이름을 전면에 내세우면서 추진한 것이다. 당시 생계마저 곤궁했던 헌제에게 조조는 겉으로나마 황제로서 존중을 잊지 않았고, 헌제 또한 처음 몇 년 동안 말을 가장 잘 듣고, 가장 협조적인 허수아비였다. 그러나 지위가 날로 안정되고 점차 나이가 들자 헌제는 잃어버린 정치권력을 찾아와야겠다는 생각을 하게 되었다. 그리하여 터진 것이 바로 유명한 의대조 사건이다.

건안 4년(199년) 헌제는 혈서로 된 조서를 작성해 비밀리에 옷소매에 숨겼다가 거기장군에 임명된 동승에게 건네며 유비와 함께 조조를 제거할 계획을 모의하도록 지시했다. 이는 황권을 찾기 위한 헌제의 목숨을 건 투쟁이었다. 그러나 불행히도 이 계획은 실패로 돌아갔다. 이듬해 봄 비밀리에 모의한 사실이 발각되자 유비는 핑계를 만들어 도주해 화를 면했다. 하지만 모의를 주도한 동승, 왕복(王服), 종집(種輯) 등은 모두 참수형에 처해졌고 삼족이 화를 당했다. 헌제의 귀인인 동승의 딸은 당시 임신 중이었다. 헌제가 눈물겹게 그녀를 보호하고 나섰지만 화를 면할 수 없었다.

동 귀인이 조조의 손에 죽자 복 황후는 내심 불안을 떨칠 수 없었다. 그녀는 오빠인 복완에게 서한을 보내 조조의 죄상을 하나하나 열거하며 기회를 엿보아 조조를 없애달라고 청했다. 건안 19년(214년), 이 서한이 복씨 집 하인에 의해 몰래 조조의 손에 전해졌다. 조조는 황후를 폐하는 조서를 작성한 뒤 헌제를 위협해 도장을 찍게 했다. 그리고 화흠을 시켜 궁중 벽 속에 숨은 복 황후를 찾아내어 외전으로 끌어내게 했다. 결국 그녀는 감옥에 갇혀 유폐된 채 죽음을 맞았다. 복 황후 소생인 두 아들은 독살되었고, 복씨 집안사람 100여 명이 이에 연루되어 죽임을 당했다. 건안 20년 정월 조조는 자신의 둘째딸 조절(曹節)을 황후로 세웠다. 이쯤 되면 조조는 헌제를 철저히 에워싼 셈이었다. 궁전 바깥은 조조의 친위병이 지켰으니 누구라도 조조의 비준 없이 헌제를 알현하기는 불가능했다. 궁전 안은 몽땅 조조의 사람으로 채워졌고 심지어 헌제의 침대 머리맡조차도 조조의 딸이 지키고 있었으니 헌제의 일거수일투족은 조조 시야에서 벗어날 수 없었다. 한의 마지막 황제는 이렇게 철저히 고립되었다.

후한은 제3대 황제인 장제 이후 거의 모두 어린 황제가 등극하면서 외척과 환관의 세력 투쟁이 네 차례나 반복되었다. 매번 어린 황제를 대신해 태후가 섭정하면서 제국의 대권이 외척의 손에 넘어갔다가 황제가 자라 권력을 갈망하게 되면서 궁궐 깊은 곳에서 황제가 유일하게 믿고 의지할 수밖에 없는 환관에게 다시 권력이 쥐어졌다.

더욱 심각한 것은 황제가 환관에 의지하여 권력을 되찾아도 궁궐 깊은 곳에 칩거해 있던 황제가 대신을 알 리 없었다. 민심은 더더욱 파악할 길이 없어 환관의 꼬드김에 넘어가기 일쑤였고 국사를 돌보지 않는 것은 예사였다. 이들은 하나같이 단명했고 그러는 사이 황권은 점차 환관의 손에 넘어갔다. 마지막 순간 황제는 환관을 자신의 부모로 삼아야 했을 정도니 환관의 횡포와 황제의 무능이 어느 정도였는지 짐작할 만하다.

대세가 이러하니 뜻있는 신하들도 국면을 전환하기에는 역부족이었다. 조조 역시 능신이 되고 싶은 마음이 처음부터 없었던 것은 아니다. 그는 당초 낙양 북부위, 돈구령, 제남상을 지낼 때 마음을 다해 현신, 능신이 되고자 했지만 황제에게는 정권을 통제하여 현신에게 능력을 펼 기회를 줄 힘이 없었다. 기득 세력은 정치, 군사 경험이 전혀 없는 코흘리개 황제에게 권력을 부여함으로써 언제든 다시 권력을 빼앗거나 이용하려 들었다.

또 중국의 전통문화로 볼 때 어떤 집단이든 하나의 중심, 하나의 통솔자만이 용인될 수 있었다. 즉 허창을 본거지로 한 세력에는 조조를 핵심으로 한 조조파와 헌제를 핵심으로 한 왕조파가 있었는데, 이 둘이 헌제의 이름으로 연합해 조조를 핵심으로 한나라 정권을 세운 셈이었다.

헌제가 정권을 탈취하기 위해 이용하려 한 동승 역시 기회를 틈타 조조 세력을 병합하고 자신의 세력을 확장하여 헌제를 누르려는 계산이 있었으므로, 헌제에게는 호랑이를 몰아내기 위해 이리를 불러들이는 꼴이었다. 당시는 마침 조조와 원소가 결전을 앞둔 시기였기 때문에 외환에 직면하여 내환까지 겹치면 조조파는 궤멸될 수밖에 없었다. 백 번 양보하여 동승이나 원소가 득세한다고 한들 헌제를 대할 때 동탁, 곽사보다 더 나았을까?

조조는 황제가 전체적인 국면을 장악할 수 없고 자신 역시 능신이 될 수 없는 혼란이 펼쳐지자 황제를 이용해 직접 군웅을 제거하고 천하를 평정했다. 기왕 이렇게 된 바에야 개인적 이익과 중앙의 대승적 이익을 보호하기 위해 황제를 외톨이로 만들어야 했다. 그리고 황제는 입을 다물라 하면 다물어야 하는 꼭두각시 자리를 지켜야 했다. 그래야만 내우 없이 외환을 처리하는 데 온 힘을 집중할 수 있었다. 그래서 헌제 세력의 일거수일투족을 철저히 감시해 손톱만큼의 잠재적 위협 요소도 남기지 않았다. 이것이야말로 조조에게 간웅의 누명을 씌운 결정적 원인이기도 하다.

공식적인 자리에서는 예의가 필요하다

　자발적으로 투항하며 선물까지 들고 온 정치가라면, 그가 어떤 이유로 배신했던 통치자는 대개 그를 죽이지는 않는다. 양 진영을 놓고 볼 때 한 사람이라도 투항하면 자신의 세력은 늘어나고 적의 세력은 약화된 셈이기 때문이다. 그러나 이는 종종 예기치 못한 변화를 가져오기도 한다.

　아내를 죽이고 장군이 되고자 했던 오기가 위나라에 있을 때 진(秦)나라 사람들은 감히 (위나라가 있는) 동쪽을 향하지도 못했고, 초에 있을 때에는 한, 위, 조 삼진(三晉)이 감히 남쪽을 도모하지 못했다고 한다. 또 상앙이 진(秦)에 들어와 진나라가 부국강병하게 되었다는 일화 역시 그 증거다. 이 때문에 양국이 교전을 벌일 때 투항해온 적을 참수하지 않는 것은 일종의 불문율이었다.

　한나라의 역사만 두고 보아도 비슷한 예는 얼마든지 있다. 진나라 말에 사회가 어지러운데 한 왕조를 세운 유방이 진을 전복한 후 항우와 승리의 열매를 다투며 4년 동안 촉한전쟁을 벌일 때 항우 진영에서 도주해온 진평(陳平), 한신, 영포(英布) 등을 유방은 기꺼이 받아들이고 그들이 재능을 마음껏 펼치도록 했다. 그 결과 한나라는 4년 만에 강성해져 전세를 뒤집었고 결국 거만한 초패왕은 오강에서 자결하고 만다. 이렇게 해서 한나라 400년 역사의 기업(基業)을 이룩한 유방은 만사가 안정되자 불순한 장수들이 또다시 반란을 일으키는 것을 방지하기 위해 한신, 팽월, 영포 등을 제거함으로써 유씨 천하의 기초를 더욱 탄탄히 했다.

후한의 개국 황제 광무제 유수는 자신의 형을 죽인 원수까지도 용서하고 공공연히 유술(柔術) 치국을 세창하며, 왕조를 위해 헌신하는 문신들과 장수들을 죽이지는 않았다. 그렇다면 비범한 재능과 책략을 지닌 중원 제일의 제후로서, 인재를 목숨처럼 아끼는 조조가 자신에게 투항하여 승리를 이끌어낸 참모에게 칼을 휘둘러 죽인 이유는 무엇이었을까? 그는 과연 누구이기에 충성을 바치고도 조조의 손에 목숨을 잃었을까?

이 인물은 《삼국지》에 나오지는 않지만 삼국의 역사 흐름을 바꾸어놓은 허유다. 그는 너무나 일찍 허무하게 죽어서 역사에도 몇 군데만 등장할 뿐이지만 인생의 궤적은 대강 따라가 볼 수 있다.

허유는 역사서에 처음 등장할 때부터 심상치 않았다. 황제 폐위라는 경천동지할 일에 연루된 것이다. 〈무제기〉에 이런 기록이 있다. "그 직후 기주자사 왕분, 남양의 허유, 패국 사람 주정 등이 호걸들과 연계하여 영제 폐위를 모의하고 합비후(合肥侯)를 세워 태조에게 알렸으나 태조는 거부했다. 왕분 등은 마침내 패망했다."

이 기록으로 알 수 있듯이 허유는 남양 사람이고 일찍이 기백이 남달라 감히 황제의 폐위를 모의할 정도였다. 이 사건에서 허유는 조조를 떠올리고 조조가 참여하면 승산이 클 것이라고 생각했다. 잘못하면 멸족을 당할 수도 있는 중대한 일에 조조를 생각하고 그를 믿었다는 것은 그만큼 뜻이 잘 맞고 친분이 깊은 사이였음을 나타낸다. 그러나 조조는 이 일에 참여하지 않았다. 이 사건 후 허유는 연기처럼 증발했는데, 함께 황제 폐립을 모의한 많은 이들이 자살한 마당에 그만이 추격을 따돌리고 어딘가로 숨어들었으니 생존 능력 또한 비범했나보다.

허유는 한 말의 대혼란기, 조조와 원소 두 사람의 운명이 갈린 결정적 시기에 두 번째로 등장했다. 이때 허유는 원소의 참모로 등장한다. 관도 전투는 사실상 향후 북방 지역의 주인이 누구인지, 천하의 역사가 어떻게 흘러갈지를 두고 벌인 대결전이었다. 이 때문에 누구도 양보할 수 없는 힘겨루기 한 판이었다.

허유는 조조와 친분이 두터웠는데도 결정적인 순간 친구가 아닌 주군을 도울 정도로 원소에 대한 충성심이 대단했고 일의 옳고 그름을 명확하게 가릴 줄 알았다. 원소와 조조가 팽팽하게 겨루고 있을 때, 허유는 원소에게 다른 길로 허창으로 들어가 천자를 데려오자는 계책을 내놓았다. 그러나 원소가 계책을 받아들이지 않자 허유는 크게 노했다.

허유가 관도에 두 번째 등장했을 때 그는 신의를 저버렸다. 무엇 때문이었을까? 〈무제기〉에 따르면 "원소의 모신(謀臣) 허유가 재물을 탐했는데, 원소가 능히 충족시켜주지 못하자 도망쳐 공에게 순우경 등을 공격하라고 설득했다"고 한다. 허유가 재물을 탐하는 정도가 지나쳐 원소가 만족시켜줄 수 없을 정도에 이르자 원소를 떠나 조조에게 투항한 뒤 원소의 식량을 태워버리라는 책략을 내놓았다는 것이다.

또 조조의 최고 참모 순욱은 〈순욱전〉에서 "불법을 저질렀다는 이유로 심배(審配)가 허유의 아내를 체포하자 허유가 화를 내며 원소를 배반했다"고 했다. 어느 말이 진실일까? 모두 진실이 아닐 수도 있고 모두 진실일 수도 있다. 허유가 재물을 탐하고 원소가 이를 만족시켜주지 못했다면 어째서 진즉에 도망가지 않고 하필 관도전투를 앞둔 시점에 그랬을까? 게다가 원소의 급소를 공격하자는 악랄한 계책까지 내놓은 것을 보면 가족이 체포된 사건이 허유의 신경을 건드렸을 가능성이 높다.

여러 정황을 놓고 볼 때 허유가 도주한 원인을 짐작할 수 있다. 원소는 자기주장이 너무 강해 권고를 들을 줄 몰랐기 때문에 실패할 가능성이 컸고, 실패하게 되면 틀림없이 수하에 그 불똥이 튈 것이었다. 이는 참모 전풍(田豊)이 일찍이 예측한 바기도 하며 훗날 적중했다. 전풍이 예측할 정도니 조금만 머리를 쓸 줄 아는 인물이라면 이를 모를 리 없었다. 허유 역시 후방의 가족이 강직한 심배에게 체포된 상황에서 전선에 나간 제후가 실패를 거듭하고 있으니 자신이 돌아가면 함께 죽는 일만 남았음을 왜 몰랐겠는가! 차라리 위급에 처한 옛 친구에게 의탁해 지금까지 모신 제후를 이길 수 있게 돕는 편이 살길임을 그는 잘 알고 있었다.

《삼국지연의》에 따르면 허유는 조조의 서신을 본 뒤 조조에게 식량이 바닥났음을 알고 원소의 식량 창고를 공격할 책략을 바쳤다고 한다. 그러나 《삼국지》에는 이런 언급이 없고, 허유가 조조에게 투항하자마자 직접 군량 문제를 물었다고 기록되어 있다. 이는 자신의 판단만으로 조조의 식량 사정을 알고 있었고 대치하고 있는 양측의 장단점을 손바닥 보듯 꿰뚫고 있었으니 허유가 참으로 보기 드문 참모였음을 말해준다. 다시 말해 관도전투에서 그의 의견을 받아들인 쪽이 전투의 승리를 거머쥐고, 나아가 중원 전체를 접수하여 중국 통일을 실현할 기회를 마련할 수 있었던 것이다. 애석하게도 이 기회를 잡은 인물은 간언을 받아들일 줄 몰랐던 원소가 아니라 인재를 아꼈던 조조였다.

관도전투 이후 허유는 조조의 참모가 되었다. 관도전투는 조조가 원소의 근거지를 병합하기 시작한 첫걸음일 뿐이었다. 그 후 8년에 가까운 항전이 계속되었고 207년 9월 요동의 공손강이 원상, 원희를 죽인 후에야 조조는 비로소 원소 세력을 철저히 제거하게 되었다. 그러나 205년 정월 조조군이 원담을 대파하고 조조가 막 기주를 평정한 후 오래지 않아 허유는 죽음을 맞았으니 누가 조조의 공신을 죽였을까?

허유를 제거한 이는 다름 아닌 조조였다. 이는 《삼국지》에 명확히 기록되어 있다. 《삼국지》〈최염전〉에 따르면 "태조는 의심이 많은 성격이었는데 그가 참지 못한 이들로는 노국 공융, 남양 허유, 누규(婁圭) 등이 있었다. 이들은 모두 과거의 좋았던 관계를 믿고 불경을 저질러 주살되었다"고 한다. 배송지는 《위략》을 인용하여 허유가 어떻게 조조에게 불경을 저질렀는지 구체적으로 기록했다.

《위략》에 따르면, 허유는 어려서부터 조조와 사이가 좋았고 관도전투 때는 원소를 배신하고 조조에게 투항한 후 원소의 식량 창고를 기습하자는 책략을 내어 조조의 대승을 이끌었다. 훗날 조조가 기주를 차지한 것도 허유의 공이 컸다. 허유는 자신의 공이 크다는 사실에 우쭐함이 지나쳐 오만한 나머지 종종 조조에게 농담을 걸고 심지어 조조의 아명을 직접 부르기도 했는데, 이를 공식적인 자리에서도 자제할 줄 몰랐다.

어느 날 허유가 조조에게 이렇게 말했다. "아만, 당신은 내가 없었다면 기주를 얻지 못했을 것입니다." 조조는 껄껄 웃으며 대답했다. "당신의 말이 조금도 틀리지 않소." 조조는 입으로는 이렇게 말하면서도 내심 대단히 불쾌해하며 허유가 너무 무례하다고 여겼다. 한번은 허유가 무리를 이끌고 업성 동문을 지나며 주위 사람들에게 우쭐대며 "조조 집안사람들은 내가 없었다면 이 문을 드나들지 못했을 것이다"라고 말했다. 이 말이 조조의 귀에까지 들어갔고 조조는 결국 더 참을 수 없어 허유를 죽이도록 명했다.

허유는 조조의 관도전투에서 승리를 주도한 핵심적인 인물이며 조조에게 투항한 인물의 본보기기도 하다. 그러나 본보기라면 반드시 제후의 뜻대로 움직여야 군신의 이해가 맞아떨어져 긍정적인 시너지 효과를 일으킬 수 있다. 그러나 허유는 당시 조조가 일인지하 만인지상의 삼군 통솔자며 무수한 문신들과 장수들의 지도자라는 사실을 망각했다. 설사 각별히 친밀한 사이라 하여 사석에서 호형호제할 수 있을지는 몰라도 공식적인 자리에서는 반드시 군신의 예의를 지켜야 하는 것이 도리인데, 그는 어째서 그것을 잊었을까?

자신의 공은 자신이 알고 군주가 알면 그뿐이다. 일부러 입에 달고 다니며 사람들 앞에서 떠벌릴 필요도 없고 이로써 군주의 체면을 깎을 이유는 더더욱 없다. 루쉰이 쓴 소설 속 아Q도 머리의 흉터 때문에 많은 사람들 앞에서 소D와 한 판 싸움을 벌였으니 하물며 삼군의 통솔자는 어땠을까! 이렇게 들고 날 때를 모르는 인물은 영원히 입을 다물게 하지 않고는 언젠가 다른 이들이 이 본보기를 따를지도 모르는 일이 아닌가! 이처럼 허유는 순전히 자신의 경솔한 입방정 때문에 죽었다. 조조도 어쩔 수 없는 선택에 고충이 많았을 것이다.

나의 권위에 도전하지 말라

　조조는 한 시대를 풍미한 간웅으로 천하를 삼킬 만한 큰 뜻과 나라를 안정시킬 수 있는 재주가 있었다. 눈 깜짝하지 않고 적을 죽일 만한 담력을 지닌 동시에 시를 짓고 글쓰기를 즐길 줄 아는 인물이었으니 그 재주가 역대의 어느 황제나 재상과 비교해도 뒤지지 않을 정도였다. 그러나 만능의 일인자에게도 늘 열등감이 도사리고 있었으니 아리송한 출신 배경이 근본적인 이유였다. 조조의 아버지 조숭은 환관 조등의 양자였다. 《삼국지》〈무제기〉에는 이런 기록이 있다. "조등은 중상시와 대장추를 지냈고 비정후에 책봉되었다. 양자 고는 관직이 태위에 이르렀는데 그 출생의 본말을 알 수 없다."

　《삼국지》의 작가인 서진의 진수가 〈무제기〉를 쓴 시점은 조조가 죽은 지 겨우 수십 년 뒤인데도 조조 아버지 조숭의 출신을 정확하게 파악할 수 없었다. 이는 조숭의 출신이 좋지 않고 내력이 분명치 않음을 암시한다. 훗날 《조만전》과 《세어》 등은 조숭이 하후씨의 아들로 하후돈의 숙부라고 기록했다. 조조의 일생을 살펴보아도 줄곧 하후돈, 하후연을 대단히 중용했는데, 이로써 조조 부자와 하후씨 집안이 틀림없이 대단히 각별한 관계였음을 알 수 있다.

그러나 정사의 기록인 《삼국지》는 조숭의 신분을 두고 그 출생의 본말을 알 수 없다는 말을 남겨 조숭이 하후 집안의 후예라 하더라도 드러내기 곤란한 사정이 있어 어쩔 수 없이 당시 대환관인 조등에게 양자로 보냈을 가능성을 암시했다. 조숭은 태위를 지냈지만 이마저도 돈을 주고 산 벼슬이었고 이렇다 할 업적도 남기지 않았다. 더욱이 조숭은 줄곧 자신의 출신을 공개하지 않았기에 조조의 출신 역시 베일에 싸이게 되었다. 그러나 이 베일은 조조에게 말로 표현하기 어려운 고통과 열등감을 안겨주었다.

후한은 귀족, 세도가를 가장 숭상한 왕조였으며 중국 역사상 최초로 환관이 조정을 위해한 왕조다. 또 환관, 외척, 관료가 첨예하게 대립한 시대기도 하다. 가문을 중시하는 시대에 수많은 명문가 출신 선비 앞에서 환관 할아버지를 둔 조조는 늘 열등감에 시달려야 했다. 명예롭지 못한 출신, 손가락질받는 선조를 두었다는 이유로 조조는 명문세가 집단에 들어왔으면서도 원소처럼 태생부터 뼈대 있는 집안 출신과 사귈 때면 무시와 조롱을 피할 수 없었다. 이 때문에 그는 엄청난 스트레스와 우울함을 경험했고 이는 틀림없이 그의 성격 형성에 영향을 미쳤을 것이다. 호탕하면서도 제멋대로고, 사람을 따뜻하게 대하면서도 의심이 많으며, 인자하면서도 잔인한 조조의 성격은 아마도 이러한 귀족사회에 속해 있으면서도 실제로는 출신이 비천한 사회적 지위와 관계가 있을 것이다.

조조는 겉으로는 자신의 출신을 개의치 않는 듯했지만 사실은 대단히 꺼려했고 누군가가 밝히는 것을 두려워했다. 이것이 가장 잘 드러난 일화는 앞서 살펴보았듯이 조조가 원소와 대립할 때 진림이 조조 집안 3대를 폄하하는 격문을 보낸 일이다.

조씨 집안은 졸부처럼 갑자기 상류사회에 진출했기에 다른 귀족들에게 무시당하기 일쑤였다. 이 때문인지 조조는 권문세가 출신이라면 그가 적이든 부하든 막론하고 겉으로는 너그럽게 대하면서도 내심 까다롭게 굴었고, 일단 자신의 세력을 넓히는 데 걸림돌이 된다고 판단되면 가차 없이 제거했다.

　　조조와 직접적으로 대립한 제후들 가운데 지위가 가장 높은 인물은 원소, 원술 형제였다. 조조가 군을 이끈 30여 년 가운데 원소를 제거하기로 결심한 이후부터 관도전투까지 10년이 걸렸고, 원소 가문의 잔여 세력을 소탕하는 데 또 7년이 걸렸다. 이는 물론 상대를 철저히 무너뜨리려는 전략적 의도와 객관적 필요에 따랐겠지만, 원소를 비롯한 북방 명문 세도가들의 방대한 세력을 제거함으로써 조조 자신의 정치적 주장과 치국 전략을 펼치기 위한 기초를 단단히 마련하고자 함이었다.

　　수하의 귀족 출신 참모에게도 조조는 각별한 경계심을 늦추지 않았다. 누구든 조금이라도 불손한 면이 보이면 가차 없이 처단함으로써 자신의 권위를 지켰다. 조조의 내부인 처단 가운데 가장 비난받는 것이 양수의 죽음이다. 조조가 양수를 죽인 일은 실화로 잘 알려져 있다. 이 일화에서 조조는 흉포한 악마로, 양수는 무고한 피해자로 그려진다. 조조가 재능을 질투하여 양수를 죽였다는 설이 가장 잘 알려졌다. 이 이야기는 남조의 유의경(劉義慶)이 쓴 《세설신어》에 처음으로 언급되었다.

　　이 기록에 따르면, 조조와 양수가 조아비(曹娥碑) 앞을 지나다가 '황견유부 외손제구(黃絹幼婦 外孫齏臼)'라고 쓴 여덟 글자를 보았다. 의아하게 생각한 조조가 양수에게 물었다. "경은 이 글귀가 무슨 뜻인지 이해하오?" 양수가 그렇다고 대답하자 조조가 말했다. "말하지 말고 답을 손에 적으시오. 내가 생각해보겠소." 두 사람이 30리를 걸어와서야 조조는 입을 열어 이것이 뛰어난 문장, 즉 절묘호사(絕妙好辭)를 의미한다고 했다. 양수가 손에 적은 답을 펼쳐 보이니 과연 그러했다. 조조는 "나의 학식이 경의 학식보다 30리나 뒤떨어지는군"이라며 탄식했다. 이 일로 조조의 마음속에서는 살의가 조금씩 고개를 들었다.

나관중은 《삼국지연의》에서 더욱 많은 이야기를 들어 양수의 학식이 조조보다 훨씬 높았음을 전했다. 어느 날 조조가 새로 지은 화원을 둘러보고는 문에 활(活)이라는 한 글자만 써놓고 돌아갔다. 모두 어리둥절해하자 양수는 문에 활(活)자를 넣은 것은 넓다는 뜻으로 곧 활(闊)을 의미하니 승상께서는 문이 너무 넓은 것이 싫으셨던 모양이라고 풀이했다. 그 말은 과연 옳았다.

또 한번은 서역에서 타래엿 한 상자를 선물로 보내왔는데 조조가 수수께끼라도 내듯 상자 뚜껑에 합(合)이라고 썼다. 그러자 양수가 이를 보고 다른 사람들과 나누어 먹었다. 조조가 까닭을 묻자 양수는 '합'자를 풀면 한 사람에 한 입씩 먹으라는 뜻이 아니냐고 반문했다. 이번에도 조조의 수수께끼는 양수에게 쉽게 간파된 것이다.

조조는 평소 꿈속에서 사람을 죽이곤 하니 자신이 잠들었을 때는 누구도 가까이 다가오지 말라고 당부했다. 어느 날 깊이 잠든 체하며 이불을 차버리자 시종이 황급히 다가와 조조에게 이불을 덮어주려 했다. 그때 조조가 벌떡 일어나 시종을 죽이고는 다시 잠에 빠진 체했다. 한참 만에 일어난 조조는 짐짓 놀란 체하며 그 시종을 잘 장사지내주라고 분부했다. 그래서 모두 조조가 정말로 꿈속에서 사람을 죽인다고 여겨 가까이 가지 않았다. 그러나 양수만은 조조의 속내를 눈치 채고 시종의 시체를 가리키며 "승상이 꿈을 꾼 것이 아니라 자네가 꿈을 꾸고 있군"이라고 탄식하듯 말했다.

양수는 재능이 조조보다 한 수 위였기 때문에 조조의 꿍꿍이를 늘 훤히 들여다보듯 했고, 조조는 이를 대단히 불쾌하게 여겼다. 유비와 한중 토벌에 나섰을 때의 일이다. 조조가 전투에 패하여 우울해하며 막사에 앉아 있었다. 부하 한 사람이 밤중에 쓸 암호를 지시해달라고 청하자 마침 주방에서 들여온 닭갈비 요리를 보고는 '계륵(鷄肋)'이라고 했다. 양수가 이 말을 듣고 말했다. "계륵이라, 먹기에는 맛이 없고 버리기에는 아까우니 승상께서 곧 철수하시겠군." 그리고 곧 자기 수하에게 짐을 싸도록 명하여 집에 돌아갈 준비를 했다. 조조가 이를 알고는 '군심을 교란한다'는 죄목을 들어 양수를 죽였다.

양수와 관련된 이 일화들은 진실일까? 사실 이는 역사적 사실과는 거리가 멀다. 전해지는 여러 일화로 미루어볼 때 양수는 잔머리를 좀 굴릴 줄 알았던 사람에 불과하다. 양수가 생전에 남긴 글은 훗날 소명태자 숙통(蕭統)이 쓴 《문선》에 실려 있는데, 이마저도 그가 조식에게 쓴 간략한 서한인 것을 보면 문학적 재능이 그리 대단한 인재는 아니었던 듯하다.

당시에는 학식과 글재주가 뛰어나 명성이 높았던 건안칠자(建安七子)가 유명했는데, 조조를 격렬하게 비난하는 격문을 쓴 진림을 포함한 이들은 모두 조조에게 중용되었다. 나관중이 쓴 이야기들 중 상당 부분은 정사에 기록되어 있지 않은 것으로 볼 때 그가 지어낸 이야기일 가능성이 크다. 다만 계륵 이야기는 《후한서》에 명확히 기록되어 있지만 조조가 불쾌하게 여겼다는 내용만 있지 양수를 죽였다는 기록은 없다. 이 책에는 "양수에 얽힌 이와 비슷한 일화가 많다"고 적혀 있어 양수의 이런 행동이 한두 번이 아니었음을 말해준다. 정말 그렇다면 원래 재능이 비범하고 아량이 넓은 조조가 어째서 유독 재능이 별로 출중하지도 않은 양수를 질투하여 죽이기까지 했을까?

조조가 양수를 죽인 데는 정치적 요인이 다분히 작용했다. 그중 하나는 양수가 대단한 가문 출신이라는 것이었다. 양수는 홍농화음 사람인데, 이곳은 고대에 장군과 재상이 많이 배출되기로 유명했다. 양씨 집안은 한나라 때 명문가로, 조상 양희는 한 고조 때 공을 세워 적천후에 봉해졌다. 고조부 양진, 증조부 양병, 조부 양사, 부친 양표는 4대에 걸쳐 사공, 사도, 태위 삼공의 직위를 두루 거치며 후한 말년 원씨 가문과 어깨를 나란히 하며 명성을 날렸다.

《후한서》에는 이런 기록이 있다. "진(震)에서 표(彪)에 이르기까지 덕업이 줄을 이으니 원씨와 함께 후한의 명족이라." 양씨 가문은 후한 말 학식이 뛰어난 것으로 명성이 높았으며 관직은 특히 모두 우러러볼 정도였다. 이러한 명문세가이다 보니 새로 떠오른 권력자와 힘을 합치면 상생하는 효과를 거둘 수 있겠지만, 손발이 맞지 않으면 새로운 권력자에게는 커다란 심리적 압박이 될 것이 자명했다. 한편 대대로 권세를 누려온 양씨 가문은 졸부처럼 급작스럽게 부상한 조조가 눈에 찰 리 없어 가까운 듯하면서도 거리를 두며 애매한 태도를 보였다.

양수의 부친 양표는 정통 유학자로 군주를 향한 충심이 평생의 신조였다. 건안 원년에 조조가 헌제를 허창으로 모셔올 당시 양표는 상서령이었는데, 이는 승상에 상당하는 직위였다. 조조를 처음 보는 순간부터 무언가 불길한 징조를 느낀 양표는 조조에게 경계심을 드러냈다.

조조가 조정에 들어가 헌제를 알현할 때 양표는 불쾌한 안색을 숨기지 않았다. 이에 놀란 조조는 병을 핑계로 나와 돌아갔다고 한다. 그 후 조조는 대권을 장악하자 흥평 2년 원술이 천자를 참칭한 일에 양표를 연루시켰는데, 양표의 부인이 원술의 딸이라는 이유에서였다. 물론 정적을 제거하는 것이 목적이었음은 말할 필요도 없다. 당시 대유학자인 공융의 간곡한 구명 요청이 있었고, 더욱이 막 세력을 확장하기 시작해 주위에 인재가 더 많이 필요한 시기였으므로 조조는 명사의 마음을 얻기 위해서라도 부득이 도리에 따라 양표를 풀어주었다. 그 후 양표는 한나라의 운이 다했음을 알고 다리가 불편하다는 핑계로 조조와 10년 동안 함께 일하지 않았다.

훗날 양수가 조조와 함께 일하며 신임을 얻었지만 그는 세도가의 고귀한 신분인데다 문인으로서 재능도 뛰어나 무의식중에 우월감을 드러냈다. 게다가 양수는 가까이에서 조조의 음험한 수를 자주 보고 들어 속으로 품었던 경멸의 마음이 말로 튀어나올 때도 있었다. 양수는 종종 조조의 마음을 꿰뚫어보고 정확히 맞추어 여러 가지로 조조에게는 눈에 거슬리는 부하였다.

조조는 오랫동안 여러 귀족 가문의 자제들이 저지르는 제멋대로인 행동을 용인하면서도 그들이 자신의 권위를 위협하고 자기 가문의 미래에 부정적인 영향을 미칠 것이라고 여겨지면 망설임 없이 칼을 들었다. 그는 이 세도가 출신 문인의 피를 대가로 삼아 밑바닥에서 최상류층에 진입한 조씨 집안의 이익을 지키고자 했다.

후계자를 선택하다

양수의 죽음에는 그가 자신의 개성을 너무 드러내어 상대적으로 출신 배경이 빈약한 조조에게 지위와 권위에 위협을 느끼게 한 것 말고도 또 다른 중요한 이유가 있다. 바로 양수가 무의식중에 조조의 만년에 일어난 적장자 세우기 논쟁에 휘말린 일 때문이었다. 이 사건의 피해자는 일일이 열거하기 어려울 만큼 많다. 논쟁에서 진 쪽에서는 화를 면한 사람이 몇 되지 않았고, 심지어 승리한 조비 쪽에 섰던 중신 가운데도 화를 입은 이들이 있었다.

213년에 조조는 관서 마초, 한수의 반란을 평정한 후 손권을 격퇴하고 중국의 14개 주를 병합하여 9주로 고쳤다. 조조가 승승장구하자 헌제는 그에게 더욱 많은 상찬을 내려야 했다. 213년 5월 조조는 위공에 책봉되었다. 공(公)은 고대에 황실 외의 최고 직급으로 자신의 사당, 신료, 토지와 백성을 보유할 수 있었을 뿐 아니라 제후 자리를 세습할 수 있었다. 이는 조조가 한나라 안에 자신만의 작은 정부를 세울 수 있음을 의미했다. 7월에 조조는 위의 사적 종묘를 짓기 시작했다. 10월에는 위군을 동서부로 나누고 도위를 설치했다. 11월에 들어 조조는 상서, 시중, 육경을 처음으로 두었는데 이는 말할 나위도 없이 나라 속의 나라였고, 훗날 위가 한을 대신하는 데 기초가 되었다.

조조의 지위가 높아지고 나이가 들자 후계자를 확정하는 문제, 즉 적장자를 세우는 문제가 대두되었다. 고대 중국에서 한 나라와 한 가문의 적장자를 세우는 것은 대단히 중대한 일이어서 "태자는 천하의 근본이니 근본이 흔들리면 천하가 요동친다"고 했다. 멀리 상 왕조 때는 후계자를 세우는 데 명확한 규정을 두었다. 즉 아버지가 죽으면 아들이 계승하고, 형이 죽으면 아우가 잇는다는 두 가지 방법이 그것이었다. 왕실 내부에서는 숙부와 조카, 또는 형제간에 왕위를 쟁탈하기 위한 피비린내 나는 정변이 끊임없이 일어났고, 이 때문에 정권 전체를 뒤집는 재앙이 수차례나 벌어졌다. 상 왕조 말기에야 적장자 승계제도가 확정되어 정실의 첫째아들이 왕위를 계승하도록 했다. 이 제도는 서주에 이르러 마침내 정식으로 인정을 받았다.

주나라 통치자는 적장자를 세우는 것은 나이 순이지 현명한 순서가 아니라는 규정을 분명히 함으로써 후계자는 반드시 정실의 첫째아들로 하며 현명함과 우매함을 기준으로 삼지 않았다. 만일 처첩에 변화가 있어, 예컨대 처가 첩이 되거나 첩이 처가 되면 적장자도 이에 따라 바뀌었다. 이를 두고 사람들은 어릴 때는 아들의 지위가 어머니의 귀함에 따라 결정되고, 자라면 어머니의 지위가 아들의 귀함에 따라 결정된다고 했다. 즉 원칙과 융통성이 결합된 이 제도는 그 뒤 2000여 년 동안 봉건사회에서 중요한 제도로 자리 잡았다. 이 제도는 점차 자리를 잡아 후세에 잘 지켜졌지만, 제도 자체에 융통성이 있고 여러 가지 요인으로 이 승계 제도를 위반해 피의 충돌을 부르거나 혼란을 빚는 일도 비일비재했다.

예컨대 최초의 봉건 대제국인 진은 진시황이 제때 장자 부소(扶蘇)를 태자로 세우지 않은 탓에 환관 조고와 승상 이사가 사구(沙丘)의 변을 일으켜 부소를 자살하게 했다. 합법적인 계승 근거가 없던 호해는 보위에 오른 후 믿을 곳이라고는 조고밖에 없었다. 호해는 종실을 숙청하고 백성을 탄압하면서 자신의 통치 권력을 유지하다가 결국 불행한 죽음을 맞았다. 이는 후세에 이르도록 잊지 못할 교훈으로 남아 인용되고 있다.

한나라 건국 후 개국 황제인 유방은 장자 유영(劉盈)이 나약하다는 이유로 좋아하지 않았다. 그 대신 척희(戚姬) 소생의 아들 유여의(劉如意)를 아껴 장자를 폐하고 여의를 후계자로 세우고 싶어 했다. 그러나 척희가 황후가 되어 정치적 힘을 가지게 되면 과거 자신과 동고동락한 여후(呂后)가 폐위될 것이 뻔했다. 이리되면 그야말로 명분이 바르지 않으니 말이 이치에 맞지 않는 곤란한 국면이 펼쳐질 것이 자명했다. 또 진나라가 태자를 일찍 세우지 않은 탓에 장자 부소가 죽은 사실을 기억하는 대신들이 극력 반대에 나섰다. 유방이 천하를 평정하는 데 죽을힘을 다해 기여한 참모 장량, 진평까지 가세해 유영 편에 서자 유방으로서도 방법이 없었다. 유방은 할 수 없이 한 발 물러서 유영을 태자로 세우고 왕위를 물려주었으니 한 정권은 유방이 죽은 후에도 큰 동란을 겪지 않았다.

후한을 세운 황제 유수는 천하를 평정할 때 상황에 떠밀려 친정의 세력이 막강한 곽씨를 황후로 맞아 그녀가 낳은 장자 유강(劉疆)을 태자로 삼았다. 후에 황제의 지위가 공고해지고 곽 황후가 남을 비방했다는 이유로 총애를 잃자 유수는 자신이 유년시절 마음에 두었던 음입화(陰立華)를 황후로 세웠다. 이때 태자 유강은 현명하게도 태자 자리를 음입화의 장자 유장(劉庄)에게 양위하여 후한 정권은 초기 안정을 유지할 수 있었다. 이 사건은 후대에도 깊은 영향을 주었다.

후계자를 두고 모두 이토록 민감한 이유는 무엇일까? 권력이 고도로 집중된 전제 제도에서 공명과 부귀, 생사와 영욕은 모두 최고 자리에 있는 황제 또는 가장의 손에 달려 있었고, 후계자는 미래의 제국, 한 가정의 최고 권력을 쥐게 될 인물이었으니 장차 얻게 될 이익에 결정적인 영향력이 있었다. 바로 이런 이유로 적장자 제도가 확립되기 전에는 후계자 자리를 놓고 통치집단 내부에 파벌이 나뉘어 첨예한 다툼이 일어나는 일이 비일비재했다. 이들은 서로 물어뜯으며 피를 흘리는 정변이나 전쟁도 불사했다.

적장자 계승 제도가 확립된 이후에도 처첩의 변화가 종종 일어났기 때문에 후계자 구도를 두고 다시 다툼이 일어나기도 했다. 예컨대 정실 소생의 아들 여럿 중 편애하는 아들이 있을 수도 있었고, 주군이 애매한 태도로 일관하여 적자들끼리 다툼이 일어나기도 했다. 그럴 때마다 파벌을 지어 승리를 쟁취하기 위한 갖가지 수단이 동원되었다. 때로는 정권 전체 또는 일가가 모두 자신의 이익을 위해 어쩔 수 없이 다툼에 말려들기도 했다. 이는 나라나 해당 집단의 분열 또는 전쟁을 일으킬 수도 있는 다분히 위험한 상황이었고 결국 통치집단의 힘을 약화시켜 외환을 불러들이게 되었다. 실제로 역사에서 이런 예는 얼마든지 있다. 후계자가 확정된 뒤에도 후계자 싸움에서 이긴 쪽은 자기 집단의 이익을 확보하기 위해 상대편을 공격하여 힘을 약화시키거나 아예 무너뜨리기도 했다.

조조는 만년에 접어들어 누구를 후계자로 세울지를 두고 대단히 고심했다. 조조는 정실과의 사이에 조비, 조창, 조식, 조웅 네 아들을 두었다. 조웅은 세상에 잘 알려지지 않았고 조창은 용맹하나 지략이 없었으므로,

후계자는 조비와 조식 가운데 하나로 좁혀졌다. 조조 부부는 조식을 더 사랑했다. 조식은 중국 역사상 보기 드문 인재였기 때문이다. 당시 남조의 사영운(謝靈運)은 "천하에 재주가 한 섬 있다면, 조식이 8말을 차지했고 내가 1말을 가졌으며 천하가 1말을 나누어가졌다"고 말했다. 이는 조식의 재능이 어느 정도였는지 짐작할 수 있는 대목이다.

〈조식전〉에서는 그에 관해 "성격이 간편하고 쉬운 것을 좋아하여 엄숙하고 장중한 것을 좋지 않았다. 수레와 말, 장신구도 화려한 것을 좋아하지 않았다"라고 했다. 또 그가 어려서부터 글쓰기에 능하여 "10세가 넘었을 때 시를 암송하고 사부(辭賦) 수십만 구절을 논했다"라고 기록하고 있다. 조식의 이러한 특징은 조조와도 잘 맞았다. 조조 자신 또한 학문적 재능이 출중하고 무언가에 얽매이지 않는 자유분방한 시인의 기질이 있었다. 문학적으로 조식의 업적은 조조보다 한 수 위였다. 이는 평생 강자만 숭배한 조조에게 대단히 기쁜 일이었다.

조비는 문학적 자질도 어느 정도 있었고 일찍이 조조를 따라 남북 정벌에도 참여했지만, 문무 양면에서 모두 조조보다 훨씬 못했기 때문에 조조의 인정을 받지 못했다. 그러나 조비에게도 장점이 없는 것은 아니었다. 그는 적장자였기 때문에 종법 제도에 따라 어엿한 법정 후계자였고 적지 않은 신료들이 이를 인정했다. 게다가 그는 일찍부터 전장에 나와 참모들과 장군들의 인맥이 돈독했다. 그중에는 역사적으로도 중요한 지위를 차지하는 사마의, 진군, 오질(吳質) 등이 포함되어 있었으니 무시할 수 없는 세력이었다.

조식은 귀족 집안 출신에 군사적 재능까지 갖춘 양수, 정의(丁儀), 정익(丁翼) 등 재능이 뛰어난 문객들과 친분이 있었다. 상류사회에서 이들의 영향력은 상당했기 때문에 적장자를 세우는 문제를 놓고 두 세력의 암투가 대단했으며 이 점은 조조도 잘 알고 있었다. 또 조식은 자유로운 시인 기질을 타고났지만 정치가의 책략은 갖추지 못했기 때문에 그와 친분을 유지하는 세력 역시 정치가들보다는 문인이 주류를 이루었다. 따라서 이들은 후계자 자리를 둘러싼 다툼에서도 자연히 밀릴 수밖에 없었다.

조조가 조식을 포기한 데는 두 가지 이유가 있었다. 하나는 조식이 술에 취해 위나라 도읍인 업성의 치도를 내달린 사건이 있었다. 치도는 위왕인 조조 전용도로였으니 조식은 위왕을 자처하고 나선 것이나 다름없었다. 이는 권력을 목숨보다 중히 여기는 조조에게 절대로 용인할 수 없는 일이었다. 다른 하나는 조조가 만년에 이르러 장수를 자신에게 투항하도록 설득한 참모 가후를 특별히 총애하여 모든 일에 그의 의견을 구한 것이다.

《삼국지》〈가후전〉에 따르면 태조가 주위를 물러가게 한 뒤 가후에게 태자 책봉에 관해 물었는데 가후는 한마디도 대답하지 않았다. 태조가 말했다. "내가 사랑하는 경에게 물었거늘 그대는 어찌하여 말을 하지 않소?" 이에 가후가 대답했다. "마침 어떤 일을 생각하고 있었습니다." 조조가 다시 물었다. "무슨 일을 생각하시오?" "원소와 유표가 모두 어린 아들을 세우고 연장자를 세우지 않은 탓에 내부 분열을 초래해 자멸했다는 사실을 압니다." 가후가 이렇게 대답하자 태조는 크게 웃었고 마침내 태자를 정했다. 가후의 한마디로 조비와 조식의 운명이 갈린 것이다.

사실 가후는 조조의 질문에 직접 답하지 않고 동시대의 원소와 유표가 장자를 폐하고 어린 아들을 태자로 세워 내부 분쟁을 일으킬 때 조조가 어부지리를 얻은 사실을 끄집어냈을 뿐이다. 이 피의 교훈은 마침내 조조에게 후계자를 세우는 길고 긴 고민에서 벗어나 조비의 적장자 지위를 확정하도록 만들었다.

조비가 적장자로 확정되자 조조는 조식 세력을 약화시켜야 했다. 첫 번째 대상은 조식 세력의 중견 인물인 양수였다. 말년의 조조는 구실을 만들어 양수를 죽이고 난 뒤 3개월 만에 세상을 떠났다. 결국 양수의 죽음은 조조의 계획적인 행동이었던 것이다. 조조가 조식의 세력을 약화시기기 위해 집어든 화살은 조식 편에 섰던 인물들뿐만 아니라 조비를 지지했을 가능성이 있거나 동정할 가능성이 있는 인물에게까지 겨누어졌다. 이 때문에 조조에게 죽임을 당한 인물 가운데는 조식의 세력 집단 이외의 인물도 포함되었는데, 그 대표적인 인물이 최염이다.

최염은 하북의 선비로 유력한 지방 호족이었다. 최염이 원소에게 밉보여 옥에 갇혔는데, 훗날 조조가 기주를 얻고 나서 그를 풀어주었다. 이튿날 조조는 하북의 세도가와 선비들을 초청한 연회 자리에서 최염에게 말했다. "어제 호적을 살펴보다가 이 주에 병력 충원에 동원할 수 있는 백성이 30만이나 되는 것을 발견했습니다. 참으로 큰 주더군요!" 그러자 최염이 발끈하며 말했다. "우리 주는 전쟁의 상처로 도탄에 빠져 있는데, 백성을 어루만져 위로할 생각은 않고 먼저 병사부터 계산하려 드니 이곳 사람들이 당신에게 바라는 것이 이것이겠습니까?" 자리한 모든 사람이 놀라 식은땀을 흘렸지만 뜻밖에 조조는 최염에게 정중히 사과했다.

조조는 최염의 도덕성을 존경하여 태자 조비의 교육까지도 그에게 맡겼을 뿐 아니라 그의 조카딸을 조식의 아내로 맞게 하여 기주의 기반을 공고히 다졌다. 최염은 사명감을 느끼며 조비를 열심히 가르쳤다. 그러나 조식은 아내로 맞은 이 여인을 사랑하지 않았고, 조조는 결국 그녀의 차림새가 예의를 벗어났다며 죽여 버렸다.

후계자 자리를 둘러싼 분쟁에서 최염은 조비를 태자로 세워야만 정권의 안정을 보장할 수 있다는 견해를 분명히 밝혔다. 그러나 조조는 최염이 조식을 더 좋아한다는 사실을 알고 있었다. 게다가 조식과는 조카사위 관계였으므로 이를 빌미로 삼아 최염을 옥에 가두고 자살하게 했다. 이런 일련의 사건으로 미루어 보면 조조는 감정의 기복이 심하고 무고한 사람을 마구 죽이는 무자비한 인물로 비추어지지만 사실 그 이면에는 남모를 고충이 있었다.

중국 역사상 정치 투쟁의 승리자가 실패자에게 가차 없이 칼을 휘두른 사건은 비일비재하다. 조조가 조식의 세력을 겨냥해 칼을 들지 않았다면 후에 조비의 세력이 손을 썼을 것이다. 이는 이미 훗날의 역사가 증명하기도 했다.

아버지만큼 아들을 아는 이는 없다고 했던가? 조비의 성품은 누구보다 조조가 잘 알았다. 조식이 일정 세력을 보유했다고 해도 조비가 손을 쓰면 목숨조차 보장할 수 없는 상황이었다. 조조가 직접 나서야만 조식의 세력을 약화시켜 조식에게 형과 힘을 겨룰 능력이 없음을 만천하에 알릴 수 있었다. 그래야만 훗날 위나라 정권의 안정을 기약하고 자신이 사랑하는 아들 조식의 목숨도 보존할 수 있었던 것이다. 이런 관점에서 볼 때 조조는 조비를 두둔하는 동시에 조식을 보호한 셈이지만 그 이면의 고심을 아는 사람은 별로 없다. 다만 양수, 최염의 희생이 안타까울 뿐이다.

제 8 장

노력은 재주를 뛰어넘는다

조조를 정치가와 군사가로만 본다면 큰 잘못이다. 그는 걸출한 문학가기도 했다. 그의 문학적

소양과 업적은 대대로 빛을 발했다. 조조가 문학가였으니 문인을 숭배했을 것이라고 생각한다

면 틀렸다. 그는 확실히 빛나는 문학시대를 열었지만 문인이 행복하게 사는 시대를 만든 것은 아

니었다.

문인의 역사

"아무짝에도 쓸모없는 것이 서생이라." 이는 문인들이 스스로 조소하며 하는 말이다. "차라리 십부장(十夫長)이 되는 것이 서생보다 낫겠다." 이것은 또한 고대 문인들이 자신들을 스스로 평가한 말이다. "손으로 닭 한마리 잡을 힘도 없다." 이것은 세인들이 문인을 두고 하는 우스갯말이다.

중국인의 눈에 비친 문인은 유약하고 진부하여 무시당하게 마련인 부류로, 씩씩한 무관이나 전장의 명장과는 격이 다른 사람들이었다. 문인은 어째서 이렇듯 유약해 보였을까? 그 유약함은 타고난 것일까? 중국 최초의 문인은 무엇을 공부했을까? 또 중국 최초의 교육제도는 도대체 어떤 형태였기에 청렴하기만 할 뿐 실용적이지는 못한 문인을 양성했을까?

중국 최초의 문인 집단은 서주의 사(士)에서 비롯했다. 주나라 때의 분봉제는 귀족을 천자, 제후, 대부, 사의 네 등급으로 나누었다. 사의 적자는 여전히 사지만 다른 자제는 평민, 즉 국인이었다. 국인은 성내에 거주해 성 밖의 야인과 구별되었다.

선진문학 《의례》는 〈사관례〉〈사혼례〉〈사상견례〉〈사상례〉〈사우례〉 다섯 편 앞에 모두 사자를 붙였다. 이는 어떤 측면에서 보면 사가 대부의 아래, 그리고 서인의 위인 하층 귀족에 속했음을 설명해준다.

그들도 귀족으로서 '예는 서민들에게까지 내려가지 않고 형은 대부에게까지 올라가지 않는다'는 특권을 누렸다. 하지만 사회 최하층 귀족이었기에 상위 계층에 재물을 바쳐야 했고, 수시로 주인을 대신하여 전장에 나가거나 심지어는 주왕이 거행하는 대규모 경축 행사에도 참여해야 했다. 이러한 행사는 내용이 다양하고도 징횡해서 사는 씩씩한 무사여야 하고 동시에 전반적인 지식까지 겸비해야 했다.

이에 당시 상류 귀족과 같이 각종 전문 지식을 배워야 했던 사는 각 관부가 주관하는 전문학교에서 그것을 전수받았다. 당시 사가 공부한 내용은 이른바 육예로 예(禮), 악(樂), 사(射), 어(御), 서(書), 수(數)를 포함했다. 일상생활에 필요한 예의, 성악, 사격, 마술, 서예와 산술이 그 내용이었으니 문무를 겸비하기 위한 학습이었다고 할 수 있다. 또 당시의 사는 집안형편에 관계없이 모두 귀족의 상징인 긴 칼을 몸에 지니고 다녀야 했다. 사격이나 마술에 능하더라도 예, 악, 서, 수를 알지 못하면 사로서 대접받지 못했고 남의 웃음거리가 되었다.

한 가지 재능만 갖춘 사람은 사와 동등한 대우와 특권을 누릴 수 없었다. 《예기》〈왕제〉에는 "무릇 축(祝), 사(史), 사(射), 어(御), 의(醫), 복(卜)이 백공(百工, 온갖 분야의 장인)에 미치고, 기예를 갖추었으며 윗사람을 섬기는 사람도 고향을 떠나면 사(士)의 반열에 오르지 못한다"라는 기록이 있다. 여기서 알 수 있듯이 중국 최초의 문인은 문무를 모두 중시하며 나름의 포부와 뜻을 품고 상류사회의 일부에 편입되었으며, 한두 가지 재능만으로는 문인의 반열에 끼지 못했음을 알 수 있다.

춘추전국시대에 이르러 사 계층의 정치적 지위와 교육 수준에 변화가 일어났다. 춘추시대에는 일부 사 계층에 속한 대부들이 큰 권력을 장악했다. 전국시대에는 사가 문사(文士), 무사(武士), 변사(辯士), 모사(謀士)로 분화되었다. 이들 사는 대부와 제후 곁에서 책략을 발안했는데, 그 역할이 바로 문객(門客)이다.

주공은 문객에게 숙식을 제공하고 문객은 주공에게 충성을 바쳤다. 유명한 전국사공자(戰國四公子)는 문객을 양성하여 각기 문하에 보통 3000명의 식객을 두었다. 신릉군(信陵君)은 고기 파는 사람과 문지기도 자신의 문객으로 삼았고, 맹상군(孟嘗君) 역시 보잘것없는 기술을 갖춘 무리도 사로 삼았다. 당시에는 한 가지 재주만 있어도 사가 되었으니 그 기준이 낮아진 것이다.

귀족에게 의탁한 사와 그 주인의 관계도 고정불변이 아니라서 언제든 서로 맞지 않으면 떠날 수 있었다. 즉 거취가 자유로움을 당연시했다. 사실 이 시기에는 사회·경제관계가 변함에 따라 일부 사가 자신의 재능에 의존해 사회 상류층에 진출하여 귀족의 일부로 편입되는 경우도 있었다. 그러나 그 밖의 사는 대부분 한 가지에 재능이 뛰어난 문객 신분으로 제후 귀족들 사이를 전전하며 자신의 공간을 찾았고, 점차 농민과 소지주로 발전해나갔다.

춘추전국시대에 사 계층이 분화된 것은 경제적 변화가 하나의 원인이지만, 그들의 교육이 과거의 관부 교육에서 벗어나 다양화되었다는 것도 중요한 원인이다.

제후국이 난립하면서 각국이 패권 쟁탈과 생존 경쟁에 여념이 없는 상황에서 학술 방면에서는 방임과 자유를 추구했다. 그래서 당시는 사상과 정치가 대단히 개방되었다. 관부의 교육 독점은 이미 사라졌고, 공자를 대표로 하는 사학(私學)이 일어나면서 누구든 경제력과 기본적인 학식만 갖추면 교육을 받을 수 있었다. 그리고 이것이 하나의 파를 이루면서 춘추시대의 백가쟁명을 형성하기에 이르렀다. 교육면에서 볼 때 과거의 통일된 육예교육은 깨지고 백화제방(百花齊放)의 흐름이 나타났다.

공자를 예로 들면, 그는 인과 예를 핵심으로 삼고 육예를 위주로 강학을 펼쳤다. 하시만 사질에 따라 교육한다는 원칙을 중시해 각자의 능력과 흥미, 취미에 따라 서로 다른 교육을 진행했다. 그래서 공자의 문하에는 제자가 3000명 있었고, 현자가 72명에 이르렀지만 놀랍게도 그들의 재능은 모두 달랐다. 예컨대 자공(子貢)은 장사와 외교에 능했고, 자로(子路)는 사의 존엄을 중시하는 무사였으며, 증삼(曾參)은 《효경》 연구에 몰두했다. 그래서 공자가 세상을 떠난 뒤에는 제자들이 여덟 파로 나뉘어 각기 서로 다른 분야를 연구했다. 그러나 전체적으로 당시의 저명한 학문인 법가, 묵가와 비교할 때 유가는 예의의 교화, 장유유서의 예를 중시했다. 그리고 이로부터 문(文)을 중시하고 무(武)를 경시하는 방향으로 의식이 전환되었다.

자세히 분석해보면, 공자 문하에서 자로와 그 밖에 그다지 눈에 띄지 않는 문무를 겸비한 몇몇 제자 외에 나머지는 대부분 문인의 길을 걸었다. 이와 달리 법가의 대표적 인물인 오기, 상앙은 문무의 재능을 겸비한 문단의 명사이자 무림의 고수였다. 묵가는 전민(全民)이 모두 병사라고 할 정도로 언제든 전장에 뛰어들 준비가 되어 있었다.

전란이 자주 일어나던 시대에 왕도에 치우친 유가의 내용은 군주들에게 허황된 가르침이었으므로 당시에는 유가의 주장이 널리 받아들여지기 어려웠다. 그래서 각국이 등용한 인재들을 살펴보면 법가의 인물이 주류를 이루었다. 그러나 통치자에게는 임금은 임금답고 신하는 신하답다는 유가의 군군신신(君君臣臣) 사상도 필요했으므로 유가의 대가인 공자, 맹자 등을 공양하여 국민을 교화하려 했다.

진한시대에 나라는 봉건제를 기반으로 한 대통일시대로 접어들었다. 전란 후 봉건 왕조를 건립하는 데는 생활을 안정시켜 원기를 회복하고 국민을 대상으로 충군애국, 기율준수를 교육하는 작업이 절대적으로 필요했다. 그래서 친친(親親, 혈연적 유대관계), 존존(尊尊, 정치적 상하관계), 인자애인(仁者愛人, 어진 사람은 남을 사랑한다)의 유가사상이 점차 통치자들의 주목을 받기 시작했다.

진은 법가사상을 기초로 세워진 나라지만, 진시황 아래 72명의 박사 중에는 숙손통(叔孫通)처럼 처세술에 능한 대유학자도 있었다. 그는 진나라 궁정에서 박사(博士)를 지내다가 진이세의 우매함을 보고 유방에게 의탁했다. 하지만 숙손통은 유방과 항우가 패권을 다툴 때 충성스럽게 유방의 곁을 지키면서도 책략 한마디 내지 않을 만큼 신중하게 행동했다.

한편, 유방은 오합지졸을 이끌고 혁명에 성공한 뒤 황제의 위용을 세우고자 했으나 출신이 비천한 주위 수하들 가운데 그를 도울 만한 인물은 없었다. 이때 대유학자였던 숙손통은 제자들을 불러내 의장대를 조직하고 황실 규범을 완벽하게 시연했다. 이는 유방에게 황제의 위엄과 즐거움이 무엇인지 깨닫게 해주었다. 이 덕분에 숙손통과 그 제자들은 손쉽게 유방의 신임을 얻었고, 이로부터 유가가 한나라 정권에서 한몫을 차지하게 되었다. 유가는 이미 이때부터 문사(文士) 역할을 담당했으며, 이로써 문무를 겸비한 육예 문인 교육과는 점점 거리가 멀어졌다.

한 무제 때 대유학자 동중서는 도가, 음양가, 잡가 등 학술과 유가사상을 결합하여 개혁을 꾀했다. 경전을 읽고, 군주에게 충성하는 것을 유가 학파의 핵심으로 삼았으며, 황권과 중앙집권을 강화하고 황제의 지위를 신격화했다. 이리하여 제국 전체의 통치 사상이 된 유가는 태학과 지방학교를 개설하는 한편, 오경박사(五經博士)를 설치하여 제국의 문인, 공무원을 전문적으로 양성했다. 대외적으로 빈발하는 정벌 전쟁을 통솔할 사령관은 전쟁에서 뛰어난 공을 세운 인물을 선발하거나 친인척 가운데서 찾았다.

이때에 이르러 문무가 정식으로 분리되면서 유가는 무사를 양성하지 않았고, 유가와 유가 제자는 점차 문무를 겸비한 인재와는 거리가 멀어졌다. 후한시대에는 통치자의 장려로 중앙 태학에서 공부하는 태학생만 2~3만 명에 이르렀다. 하지만 그들은 날마다 케케묵은 지식을 읽어대고 사회 폐단을 지적하면서 설전만 펼쳤다. 어쩌다 지용을 갖추고 문무를 겸비한 문인이 나타나도 하급관리에 머물 뿐이었다. 그래서 결국에는 문을 버리고 무를 좇아 변경 요새에서 이름을 날리는 돌연변이 문인이 되는 인재가 많았다.

통치자에게 길들여진 이 문인들은 경전을 읽고 주해를 달며 청렴만 숭상할 뿐 예전 시대의 문인들이 갖추었던 상무(尙武)의 기풍은 찾아볼 수 없었다. 이때의 문인은 이미 후세에 닭 잡을 힘도 없다고 이야기하는 전형적인 문인이었다.

문인이 이 정도로 진화한 상황에서 사회가 안정되고 통치집단이 질서 정연하게 움직인다면, 그들은 해박한 문화적 지식과 존엄한 계급을 내세워 한때 자기 집단에 속했던 씩씩한 무사들을 무시할 것이다. 그러나 당시는 예가 붕괴되고 칼끝에서 정권이 나오는 시대였으므로 문인은 때때로 먹이를 찾아 헤매는 비루한 개와 다를 바 없는 존재였다. 때로는 권력자에게 영합하여 생존을 모색하기도 했으니 어쩌면 비극적인 사회 현실이 그들에게 더 풍부한 영감을 주고 또한 천하를 제패하려는 영웅, 간웅이 그들에게 상대적으로 발전의 여지를 더 많이 부여했는지도 모른다. 그러나 청렴과 고아를 긍지로 여기며 시대가 낳은 영웅을 무시하다가 그 처량한 기개가 칼날이 되어 짧은 목숨을 마치는 문인도 있었다.

후한 말의 문인은 운 좋게 문무를 겸비한 패주를 만나 건안 연간에 발표된 호방한 풍격의 글인 건안풍골(建安風骨)을 형성할 수 있었다. 그러나 한편으로는 문무의 재능을 갖추었으면서도 불행히도 전통과 정신을 거스르는 간웅을 감당해야 했으니 건안 문인은 구슬프고 기구한 운명을 피할 수 없었다.

문학가 이전에 정치가

중국 역사를 살펴보면 늘 나누면 반드시 합해지고, 합하면 반드시 나뉘는 규칙이 반복되었다. 5000년 중국 역사를 개괄적으로 나타내는 이 말에서 규칙을 찾아볼 수 있다. 분리와 통일이라는 관점에서만 보면, 중국은 네 차례의 대분열과 대통일을 겪었다.

네 차례의 대분열은 주나라가 동쪽으로 도읍을 옮긴 기원전 770년부터 진나라가 중국을 통일한 기원전 221년까지 500여 년에 걸쳐 제후들의 다툼이 계속된 춘추전국시대, 후한에서 일어났던 동탁의 난부터 280년 서진(西晉)이 통일할 때까지 90여 년에 걸쳐 분열된 삼국시대, 남북으로 분열되어 589년 수 왕조가 통일할 때까지 270여 년에 이르는 남북조시대, 당대 이후부터 1279년 원나라가 통일할 때까지 370여 년에 걸친 한족 정권과 소수민족 정권 난립시대를 말한다.

흔히 말하는 중화민족의 분열과 통일의 역사는 바로 민족 융합의 역사다. 서로 다른 정치 집단, 서로 다른 민족이 각 방면에서 대립한 것이 분열이고, 오랫동안 접촉하며 정치, 경제, 문화 각 방면에서 차츰 공통분모를 만들어가다가 어느 강력한 세력 집단에 의해 한데 어우러져 일체화되는 과정이 융합이다. 이것은 역사 발전의 규율이다.

그러나 중국 역사에는 또 하나의 잠재적 규율이 있다. 국가의 통일이 종종 정치 안정과 경제 발전을 촉진하기는 하지만, 문화가 반드시 정치 · 경제와 함께 발전하지는 않았다. 도리어 정치적 통일이 문화 발전에 방해가 되거나 정체 요소가 되기도 했다. 바꾸어 말하면 사회 안정은 경제 번영을 가져올 수 있지만 그것이 반드시 문화 발전으로 이어지는 것은 아니어서 도리어 정치적 분열이 문화 번영을 가져오는 경우도 종종 있었다. 이는 중국 발전사에서 은연중에 드러나는 규율이다.

진이 중원을 통일하기 전 춘추시대에는 백가쟁명이 등장하면서 그 영향력이 전국시대에까지 미쳤다. 그런데 진한(秦漢)의 대통일은 뜻밖에도 진시황의 분서갱유와 한 무제의 "모든 학문을 배척하고 오직 유가의 학술만을 존중한다"는 주장을 불러왔다. 그리고 서진이 통일하기 전 위나라에는 삼조(三曹), 즉 조조, 조비, 조식을 핵심으로 하는 건안풍골이 등장했다. 그러나 통일 후 건안문화는 4언과 6언의 대구로 이루어진 문장인 변문(騈文) 정도만 명맥을 이었다. 원이 통일하기 전 송나라 문화는 한때 절정을 맞이했다. 하지만 원이 중국을 통일한 후에는 실의에 빠진 문인들이 약간의 원곡(元曲)을 남겼을 뿐 그 밖에는 이렇다 할 작품이 나오지 않았다.

명나라가 통일한 후 주원장(朱元璋)은 사서삼경이 시험과목인 팔고문(八股文)을 통한 인재 선발을 제창했다. 청나라 때는 황제의 금지문자를 쓰면 화를 당하는 문자옥(文字獄)이 여러 차례 시행되었다. 이렇게 보면, 통일 왕조치고 문화를 탄압하지 않은 왕조가 없었다. 다만 수 · 당만은 특수한 경우로, 중국 봉건 역사상 유일하게 정치적 통일과 경제, 문화의 고도 발전이 함께 이루어진 시기였다. 그러나 전체적으로 볼 때 중국의 정치적 통일과 문화 발전은 결코 일치하지 않았으며, 줄곧 절룩거리는 기형적 발전상이 지속되었다.

그렇다면 정치, 경제, 문화는 어째서 같은 시기에 함께 발전하지 못하고 늘 절룩거리는 기형적 발전이 지속되었을까? 정치, 경제, 문화가 함께 발전하지 못한 몇몇 시기를 자세히 살펴보면, 절름발이 현상의 이면에는 경제적 요인보다 정치적·인문적 요인이 더 많이 작용한 듯하다.

진(秦)이 중국을 통일하기 전인 춘추전국시대에는 정치적 동요 속에 경제가 완만하게 발전했지만 문화는 눈부신 발전을 거듭했다. 춘추시대에 시작된 백가쟁명이 그 대표적인 현상이다. 춘추시대에 백가쟁명이 등장할 수 있었던 데는 역사적 배경이 숨어 있다. 그 주요 원인은 바로 정치적 분열이었다.

춘추시대에 이르기 전, 주나라는 분봉제를 시행함으로써 제후국이 난립하는 국면을 초래했다. 주 천자가 직속으로 관리하는 땅인 왕기(王畿)는 물론 주 민족의 영향을 많이 받았지만, 왕도(王都)에서 멀리 떨어진 제후국들은 왕화(王化)되는 데 한계가 있었기에 토착 문화와 현지 문화가 주도적인 위치를 차지했다.

주 천자가 천하의 군주로 군림할 때 소왕국은 경제와 문화 방면에서 교류를 지속했다. 예컨대 《시경》에 15개 국가의 시가가 망라된 것이 그 증거라고 할 수 있다. 그러나 각국은 주 천자의 종법 계급과 예악 행정 제도를 엄격히 따랐으므로 각 방면의 교류는 상대적으로 느리게 진행되었다.

그러다 춘추시대에 이르러 주 왕실이 정치적으로 쇠약해지면서 천하를 호령할 능력을 상실하자 중국 전체가 힘을 겨루는 시기로 접어들었다. 각국은 치열하게 합종연횡하는 전쟁 속에서 생존과 승리를 거머쥐고자 부국강병 방안을 모색했다. 경제가 발전함에 따라 농업에 종사하던 이들 가운데 일부는 학술 연구에 뛰어들어 전문적으로 임하기도 했다.

각 제후국의 통치자는 인재 등용에 열을 올리며 세경세록제를 잇따라 폐지했고, 능력만 있으면 국적과 출신에 상관없이 모두 중용했다. 이러한 배경에서 사회 각 계층과 집단의 적극성이 크게 촉진되었고, 그들은 다양한 관점에서 부국강병, 패권쟁탈, 천하통일의 책략을 앞 다투어 제시했다. 이리하여 유가, 묵가, 도가, 법가, 음양가 등 크고 작은 학파가 등장했으며, 제후국들은 생존과 발전을 모색하기 위해 여러 학파의 주장을 선별하고 실험하여 최고의 책략을 찾아냈다.

각 학파의 주장이 통치자의 선택을 받으려면 반드시 논쟁을 거쳐야 했다. 자신의 관점을 알리는 동시에 타인의 관점을 비판하는 논쟁 과정을 거쳐 여러 학파가 서로 배우고 함께 발전하게 되었는데, 이것이 바로 춘추전국시대에 백가쟁명이 등장한 원인이다.

진나라는 법가사상을 도입하여 500여 년 동안 지속된 동란을 100여 년 만에 잠재웠다. 이로써 진의 통치자는 법가사상을 더욱 신봉하게 되었다. 이때는 정치와 경제가 통일된 시기인지라 백가학설의 유행을 방임하면 통일 왕조를 지속하는 데 부정적인 영향을 미칠 수 있었다. 그래서 진시황은 극단적인 정책을 펼쳐 다른 학파의 사상을 강제로 없애버렸다. 이것이 바로 분서갱유다.

한나라는 진 왕조의 법가사상을 그대로 이어받았는데, 진나라는 폭정을 실시하다가 결국 멸망했다. 그래서 법가사상은 더 입에 오르지 않게 되었다. 그러나 한 제국도 하나의 사상을 주류로 삼아 사상과 행동을 통일했다. 한나라 초기에 채택한 황로의 무위(無爲)사상이 그것이다. 한 무제 때는 "모든 학문을 배척하고 오직 유가의 학술만을 존중한다"는 원칙을 시행해 유가학파의 사상으로 제국 전체를 통일했다. 어떤 관점에서 보면 이 방식은 정치사상의 통일, 중화민족의 형성과 융합에 유리할지도 모른다. 그러나 다른 면에서 보면, 이는 분명히 사상의 억제고 행위의 구속이며 창의력을 말살하는 정책이다. 따라서 결국에는 사회 전체를 마비시키고 징체시켜 막다른 골목에 이르게 한다.

춘추전국에서 진과 한나라 시대의 정치, 경제, 문화의 비대칭적 발전을 종합해보건대, 정치적 통일이 실현되지 않았을 때 분열 세력의 상류층들은 다른 세력 집단의 압력에 부딪히므로 문화 발전에까지 신경을 쓸 여력이 없다. 반대로 기타 세력 집단은 다양한 문화의 변화와 발전 속에서 자신의 발전에 가장 유리한 요소를 발견해야 했다. 그래서 그들은 문화의 교류와 혁신을 장려하고 문화와 문인들에게 관대한 정치·경제적 환경을 마련해주었다.

일단 한 나라의 정치·경제가 통일되면 외환이 사라지고 내우에 직면하게 된다. 또 정치적 분열의 압력이 사라지는 대신 문화적 다원화의 압력에 맞닥뜨리게 된다. 이때 그들은 정치적 힘과 국가 기제를 이용하여 다양한 제한 요소를 심어둠으로써 문화 발전이 미리 그려둔 궤적을 따라 진행되도록 유도한다. 이로써 문화를 자신들의 정치적 편의를 위한 도구로 전락시키는 것이다. 이는 두말할 것도 없이 문화 발전의 규율을 위배하고, 문화 발전을 저해하는 행위다. 같은 이치에서 후한 말에 사회가 큰 혼란에 빠졌는데도 400년이나 지속된 유가사상은 당시 분열된 사회 현실에 어떤 대책도 제시하지 못했다. 어떤 면에서는 유가사상이 심지어 포기 또는 경시되는 듯 보였다. 그러나 비록 국가 전체가 여러 사회집단으로

244

분열되고 서로 다투면서 한편으로 사회 생산력이 크게 파괴되고 문화 발전의 경제적 근간이 타격을 입었지만, 그와 동시에 문인들의 시야는 한층 넓어졌다.

그뿐만 아니라 각 정치 세력이 대립 세력에 대응하기 위해 모든 정치적·군사적 역량을 집중하다보니 문인에게 가해지는 정치적 압력은 자연히 줄어들었다. 도리어 각 집단은 자신의 세력 발전, 영향력 확대를 위해 문인의 지혜와 전략이 필요했기에 문인의 지위가 한층 격상되었다. 그래서 우리는 앞서 삼국시대의 투쟁이 어떤 의미에서는 인재 다툼이었다고 이야기했다. 즉 누가 최후의 승리를 거둘지는 누가 더 우수한 인재를 더 많이 확보하고 그들의 능력을 최대한 활용하느냐에 달려 있었다. 이는 필연적으로 문화 발전을 촉진했다.

후한 말 정치적 혼란이 계속되고 경제적 근간이 훼손되는데도 업성을 중심으로 삼조, 칠자를 대표로 하는 독보적인 문화가 발전할 수 있었던 것은 건안 9년(204년) 조조가 중국 북부에서 업성을 중심으로 비교적 안정적인 정치를 펼쳤기 때문이었다.

많은 문인이 전란의 고통을 경험한 후 잇따라 업성으로 모여들어 조조에게 의탁했다. 이로써 조조, 조비, 조식의 삼조를 필두로 공융, 진림, 왕찬(王粲), 서간(徐干), 완우(阮瑀), 응창(應瑒), 유정(劉楨)의 칠자를 대표로 하는 방대한 문인 집단이 형성되었다. 그들은 전란 시기에 대부분 군대를 따르다가 돌아와 글을 짓고, 문학을 탐구하며 공덕을 찬양하고, 전란의 고단함과 사회의 어지러움을 글로 풀어냈다. 또 서로 의견을 나누고 평가하며 작문 수준을 높이고 건안문학을 발전시켜 후대에 건안풍골이라는 소중한 정신적 자산을 남겼다.

건안풍골이 중국 문학사상 빛나는 역사로 남을 수 있었던 데는 위나라 정권의 최고지도자 조조의 지원과 육성이 한몫했다. 사실 칠자 가운데 공융이 조조와 정치적 견해를 달리한 것을 제외하고 나머지 여섯 명은 각자 경력은 달라도 한나라 말기 전란을 피해 조조에게 의탁한 뒤 안정과 부귀를 얻은 인물들이었다. 그들은 조조를 지기로 여기며 의지했다. 한편, 지략의 대가인 조조는 문인들을 자신의 두뇌 집단으로 여기면서도 상대를 제압할 때는 전략적으로 활용했다. 게다가 조조 자신과 두 아들 또한 유명한 문인이었다. 개인적인 정치 목적과 경제 회복 그리고 문화에 대한 애착까지 더해져 조조는 문화의 발전과 번영을 적극적으로 추진했다. 유협(劉勰)은 《문심조룡》에서 "조조는 승상과 위왕의 존귀한 신분으로 줄곧 시장(詩章)을 좋아했다"라고 했다. 삼조, 칠자가 문학에 공통적으로 애착을 보이고 조조가 그에 걸맞은 환경을 마련해주었기에 정치적 혼란 속에서도 눈부신 건안풍골이 탄생할 수 있었다.

그러나 건안풍골은 특정한 시대적 특징을 안고 있다는 사실 또한 간과할 수 없다. 조조는 문학가 이전에 정치가여서 문학은 그저 취미로 했다. 칠자를 대표로 하는 문인들은 주로 조조의 막료, 수하, 문객이었고, 그다음으로는 문학 동료가 있었다. 조조는 정치가로서 정치적 이익을 가장 중심에 두었고, 문객과 막료들로서는 주인의 이익을 반드시 지켜야 했으니 주군과 같은 처지를 고수한 것은 당연했다. 그러나 질서가 무너져 문인이 정치 바닥에 휩쓸리면, 주인과 문객 사이에도 갈등이 빚어지고 심지어는 피를 보는 충돌도 피할 수 없었다.

만능 재주꾼

중국 역사에는 사후에 추서된 경우까지 포함해 470여 명의 제왕이 있다. 이들을 놓고 영웅 족보를 만든다면, 보는 사람마다 배열 방법이 제각각일 것이다. 그러나 누가 영웅적 제왕인지 논한다면 대부분 마오쩌둥이 남긴 "진시황과 한 무제는 애석하게도 글재주가 모자랐고, 당 태종과 송 태조는 시재(詩才)가 무디었으며, 변방의 칭기즈칸은 활로 독수리 쏘는 재주밖에 없더라"라는 말에 동의할 것이다.

중국 역사상 대중에게 영웅으로 칭송받는 황제가 몇 있지만, 위인들에게도 찬양받는 인물은 찾아보기 어렵다. 왜 그럴까? 그들의 문학적 재주가 부족하기 때문이다. 중국 사람들은 문덕(文德)으로 나라를 다스리고 무위(武威)로 공을 세우는 문치무공(文治武功)을 중시하여 무의 재능만 갖춘 인물은 완벽한 위인으로 쳐주지 않았다. 그런 면에서 무공과 문덕을 모두 갖추어 마오쩌둥 같은 위인도 추앙한 인물이 있다. 바로 후세에 간웅으로 비난받는 위 무제 조조다. 마오쩌둥은 조조를 영웅이라며 여러 차례 칭송했고, 자신의 시에서 "옛일이 천 년도 넘었으니 위 무제가 채찍을 휘두르며 갈석(碣石)에 이르러 시편을 남겼더라"며 그를 찬양했다. 조조의 무공과 문덕이 얼마나 대단했는지 엿볼 수 있는 대목이다.

조조의 정치적 재능은 더 언급할 필요가 없을 것이다. 후한 말 원소, 원술 등 세도가 출신 제후가 선조의 후광을 등에 업고 할거세력을 확대하며 천하석권의 꿈을 키웠지만, 결국 모두 조조의 손에 그 꿈이 좌절되었다. 조조는 천자를 모시고 불충한 신하는 토벌한다는 명목으로 무소불위의 권력을 휘두르며 중원의 제후들을 휘어잡았으니 어떠한 세력도 정치적으로 감히 대적할 수 없었다.

군사 방면에서 조조는 당시뿐만 아니라 후대에 와서도 견줄 상대가 없을 정도로 대단했다. 그는 많은 전쟁을 치르면서 여포의 병졸에게 잡힐 뻔한 위기에서 겨우 빠져나온 적도 있고, 장수의 추격을 피해 허둥지둥 도주한 적도 있다. 손권과 유비 연합군의 공격에 여지없이 패한 적도 있으며, 마초의 화살 세례 속에 구사일생으로 살아남은 일도 있다. 그러나 그는 결국에는 그 모든 패배를 승리로 바꾸어놓았다.

여포와 교전할 때 조조는 공성계를 동원하여 부녀자들을 병사인 양 진영에 남겨두고 병사들을 매복시키는 허허실실 작전으로 적을 일격에 섬멸했다. 관도전투에서는 배수진을 친 채 원소군이 앞을 굳게 지키고 지원군이 뒤에서 공격을 준비하는 상황에서도 침착하게 대응해 결국 전방의 적군을 물리치고 몸을 돌려 지원군을 격퇴했다. 원소의 잔여 세력을 제거하는 과정에서는 때때로 방임하는 태도를 취해 적들이 서로 싸워 죽고 죽이게 함으로써 어부지리를 챙겼다. 또 때로는 적을 숨 가쁘게 몰아쳐 조금의 틈도 주지 않았다. 서북의 마초 반란군을 평정할 때는 겉으로는 잔도를 수리하는 척하면서 암암리에 진창을 습격하는 '명수잔도 암도진창(明修棧道 暗渡陳倉)'의 계략으로 기습 공격을 펼쳐 주도권을 장악했다. 때로는 약한 모습을 보여 적을 유인하고 때로는 병력을 과시하며 적을 위협했다. 그 교묘한 용병술은 《위서》에서 말한 것처럼 "상황에 따라 기이한 전술을 사용하고 적을 속여 승리를 얻으니 변화무쌍함이 신과 같았다"고 한다.

중국 역사를 뒤져보아도 조조와 견줄 만한 인물은 찾기 어렵다. 더 놀라운 것은 스스로 10만여 자에 달하는 병서를 엮어서 장수들에게 나눠주고 평소에 그 병서를 충분히 익혀 전투할 때 지침으로 삼게 했다는 사실이다. 스스로 용병에 능했을 뿐 아니라 자신의 경험을 정리해 책으로 집대성한 뒤 널리 보급함으로써 자신이 이끄는 군사의 소양을 높이는 놀라운 성과를 거두었으니 "이를 따르는 자는 가는 곳마다 승리하고 가르침을 어기는 자는 패했다"고 한다.

조조의 문학적 업적 역시 모든 제왕을 통틀어 손에 꼽을 만큼 중국 문학사에서 중요한 지위를 차지한다. 조조의 시가 중 현존하는 것은 20편 남짓인데, 모두 악부시체(樂府詩體)며 내용은 크게 세 가지로 나뉜다. 첫째 시사적인 시, 둘째 이상 표현을 위주로 한 시, 셋째 선경을 묘사한 유선시가 그것으로 저마다 특징이 있다. 시사와 관련 있는 작품 가운데 가장 유명한 것은 '해로행(薤露行)', '호리행(蒿里行)', '보출하문행(步出夏門行)'이다. '해로행', '호리행' 두 편은 하진이 환관을 주살하려던 계획이 실패로 돌아간 후 동탁이 낙양에 입성하여 혼란을 야기하자 관동의 주군이 군사를 일으켜 동탁을 정벌하려 하지만 각자 야심을 품고 서로 죽고 죽이는 역사적 사실을 담고 있어 한말실록으로 불리기도 한다.

특히 눈여겨볼 부분은 '호리행'의 시구 가운데 많은 백성이 전란 중 겪어야 했던 고난을 동정어린 필치로 묘사한 곳이다. "갑옷에 이와 서캐가 득실거리고 난리에 만백성이 목숨을 빼앗겼네. 온 들판에 백골이 드러나고 천리에 닭 울음도 멎었으니 백 명 중에 한 사람만 남았을 뿐. 그것을 생각하니 간장이 녹아내리네." 전란의 처절한 비극을 묘사하여 나라와 백성을 염려하는 지은이의 정서가 잘 표현되어 있는 대목이다. '보출하문행'은 창해를 바라본다는 말로 바다의 풍경을 묘사했다. "가을바람은 솔솔 불고 끝없는 파도가 넘실거리네. 해와 달이 그 속에서 솟아오르고 찬란한 별빛 그 안에서 쏟아시네." 기세가 웅장하고 호방한 격조를 띠는 시 전체에서 우주를 포용하고 해와 달을 품는 시인의 커다란 가슴이 느껴진다. '귀수수(龜雖壽)'는 "늙은 말이 외양간에 엎드려 있으나 뜻은 천리 밖에 있고, 선비 비록 늙었으나 그 웅장한 포부는 사라지지 않았네"라고 하여 뜻 있는 많은 선비들의 진취하고자 하는 욕구를 자극했다. '단가행(短歌行)'에는 "산은 높음을 마다하지 않고 바다는 깊은 것을 싫어하지 않으리. 주공이 입 안의 음식을 뱉고 손님을 맞으니 세상인심이 주나라로 모이네" 등 널리 인재를 받아들여 대업을 이루고자 하는 심정을 노래했다.

조조의 산문은 수수하면서도 솔직하고 막힘이 없어 개성을 그대로 드러낸다. 예컨대 '양현자명본지령(讓縣自明本志令)'에서 조조는 전투 경험을 기술하면서 당시의 형세와 자신의 의지를 분석했는데, "만일 나라에 내가 없다면 몇 사람이 나서서 황제를 칭하고 왕을 칭했을지 알 수 없다"는 등 자신의 심정을 직설적으로 솔직담백하게 토로했다.

선진의 소박한 산문은 한 무제 때부터 화려하고 대구를 이루는 변문화 추세를 보이다가 후한 말에 이르러서는 그 흐름이 더욱 두드러졌다. 일반적인 산문은 내용을 중시하지 않고 형식을 중시해 대구, 화려한 어휘 선택을 추구했다.

조조의 평이하고 자유로우며 소박하고 정제된 문체는 당시 독보적인 수준이었다. 그래서 루쉰은 조조를 두고 '문장 개혁의 시조'라 칭송하기도 했다. "30여 년 동안 군을 이끌면서 손에서 책을 놓은 적이 없다. 낮에는 군사 전략을 강의하고 밤에는 경전을 연구했으며, 높은 곳에 오르면 반드시 부(賦)를 짓고 새로운 시를 지어 이를 관현(管絃)에 맞추어 연주하게 했으니 모두 음악이 되었다." 그의 모든 문학 창작물은 전장에서 바삐 생활하면서 틈날 때마다 자신의 느낌을 그대로 옮겨놓은 것이라 더욱 특별하다. 예리한 통찰력과 빛나는 필치는 보는 사람을 절로 감탄하게 한다.

조조는 또한 음악, 서예, 바둑, 건축, 미학 등의 방면에서도 뛰어난 재능을 보여주었다. 조조가 쓴 시는 "관현에 맞추어 연주하니 모두 음악이 되었다"고 하는데, 당시 환담(桓譚), 채옹(蔡邕) 등이 조조와 호흡을 맞추었으니 이는 뛰어난 음악적 재능이 없이는 할 수 없는 일이었다. 서예에 관해서는 장화(張華)의 《박물지》에 이렇게 기록되어 있다. "한(漢)대에 안평 출신 최원(崔瑗)과 그의 아들 식(寔) 그리고 홍농의 장지(張芝)와 그의 동생 창(昶)은 모두 초서를 잘 썼고, 태조는 그들에 버금갔다."

조조의 초서는 당시 가장 유명한 서예가에 버금갈 정도로 놀라운 수준이었다. 《위서》에는 이런 기록이 있다. "풍익의 산자도(山子道), 왕구진(王九眞), 곽개(郭凱) 등이 바둑을 잘 두었는데 태조는 이들과 동등하게 능했다." 당시 바둑의 고수와 대적할 정도의 재능을 갖추었다니 중국의 바둑 역사에서 봐도 비중 있는 인물로 손색이 없다. 건축 방면에서 보인 조조의 재능은 사서에서도 "궁실을 짓고 기계를 다루는 데 능했다"고 기록했으니 만일 중국건축사, 중국공구사, 중국가구사 등의 책을 낸다면 중간중간 조조를 언급하지 않을 수 없을 것이다.

《위서》의 기록에서 더 재미있는 대목을 발견할 수 있다. "한나라 말 왕공(王公)들은 대부분 복건 쓰는 것을 고상하게 여겼다. …… 위 태조는 천하에 흉년이 들어 재화가 부족하자 옛 피변을 본떠 겸백(縑帛)으로 갑(帢)을 만들어 썼으니 간소화되어 시대를 따르는 의에 합치했고, 색깔로 귀천을 구분하여 지금 시행되었으니 가히 군대에서 용납될 수 있다 하여도, 나라에서 용납될 것은 아니다." 조조는 이처럼 고대 복식의 특징을 본떠 겸백을 재료로 삼아 간소하고 몸에 맞는 군복을 디자인했으며, 군관과 병졸은 군복 색깔로 구분했다.

심지어 조조는 당시 상복이 종류가 지나치게 많아 번잡하다고 여겨 간소한 상복을 직접 디자인해 네 종류로 줄였다. 사서의 기록에 따르면 조조는 "양성법(養性法)을 좋아했고 방약에도 밝았다"고 하여 의술에까지 조예가 깊었음을 알 수 있으니 다시 한 번 놀라지 않을 수 없다.

무학(武學) 방면에서는 걸출한 군사령관으로서 조조를 따라올 자가 없었다. 유년시절 사냥을 즐긴 조조는 하루에 꿩 63마리를 잡은 적이 있을 만큼 활쏘기에 능했다. 조조의 나이 17세 되던 어느 날 중상시 장양의 집에 몰래 들었다가 발각되었을 때도 쫓아오는 병졸들을 제치고 가볍게 담을 넘어 머리카락 한 올 다치지 않고 도망갔다. 일찍이 군사를 일으켰다가 실패하여 어려움에 빠졌을 때 반란을 일으킨 병사들이 조조의 막사에 불을 질렀다. 이때 조조가 칼 한 자루로 수십 명을 죽이자 나머지는 뿔뿔이 도망갔다고 하니 전설 속 무림고수와 다를 바가 없다.

그러나 이처럼 문무를 겸비한 만능 재주꾼이 무언가를 배웠다는 기록은 찾아볼 수 없다. 다만 《삼국지》에 간단한 몇 마디 기록이 있을 뿐이다. "태조는 어려서부터 기민하고 임기응변의 기지가 넘쳤지만 의협심이 강하고 방탕하여 제 일을 잘 돌보지 못했다." 이 말은 조조가 어려서 글은 읽지 않았지만, 기지가 넘치고 권모술수를 알았음을 암시한다.

조조가 글을 읽는 데 몰두하기 시작한 것은 두 번째로 두각을 나타내며 제남상이 되었을 때의 일이다. 당시 그는 조정의 부패를 보고 화를 입지 않고자 관직을 고사한 후 고향으로 돌아가 봄여름에는 글을 읽고 가을겨울에는 사냥을 하며 시간을 보냈다. 조조가 세 번째로 모습을 드러낸 것은 낙양이 대혼란에 빠져 동탁이 들어오고 반동탁 세력이 일어나면서 그의 파란만장한 인생 역정이 시작된 시점이었다. 공부할 시간을 따로 낼 수 없었지만 조조는 말안장에 올라앉아서도 시부를 짓고 책을 썼다.

사료를 아무리 살펴보아도 조조가 스승을 청했다든지 전문적으로 공부했다는 기록은 찾을 수 없다. 그러나 역사적으로 유명한 대학자 가운데 유명한 스승 밑에서 배출된 이가 얼마나 되는가! 공자는 여러 스승을 더한다는 전익다사(轉益多師)에 의존했고, 맹자는 공자의 제자에게 배웠다고 말했으나 평생 그가 누구인지 언급하지 않았으니 유명 스승을 사사한 것은 아님을 알 수 있다. 그럼에도 이들은 모두 대가가 되었다.

이러한 관점에서 볼 때 한 시대를 풍미한 인걸로서 조조는 타고난 총명함으로 자수성가했다. 중국 역사에서 조조처럼 낮은 신분에서 시작하여 박학다식한 인재로 성장한 예는 드물다. 그러하니 명문 집안 출신이면서 한 가지 재능만 갖춘 문인 학자들이 조조의 눈에 찼을 리 없다. 그들이 알량한 가문과 재주만 믿고 다재다능하지만 변덕이 심한 조조에게 맞섰다면, 그들의 운명이 어찌 되었을지 짐작할 수 있지 않은가?

정치적 이익이 우선이다

조조가 만능 재주꾼이었다는 사실에는 아무도 이의가 없을 것이다. 업성의 문인 집단도 그가 없었다면 형성조차 되지 않았을 것이고, 건안풍골에 조조의 시가 빠진다면 그 빛이 크게 퇴색할 것이다. 그의 재능으로 봤을 때, 조조에게는 당시 문인을 내려다볼 정도의 밑천이 충분했다. 정치가로서 그는 건안칠자를 핵심으로 한 업성 문인을 위해 정치적 환경을 마련해주었고, 거의 모든 문인이 당시 한 정권의 실질적 통치자인 그의 문하에 몸담았다.

문학가로서 조조의 업적은 그가 사랑한 아들 조식에 버금갔다. 다재다능한 종합적 소양으로 보면, 조조는 말에 오르면 군을 다스리고 말에서 내리면 백성을 다스렸다고 할 정도로 재능이 뛰어났다. 그의 입에서 나오는 말마다 시가 되고 그가 붓을 휘두를 때마다 문장이 되었다. 동시대 인물 중 누구와도 비교를 불허하는 재능을 지닌 조조는 정계 지도자인 동시에 문단의 거인이기도 했다.

정치가이자 군사가이자 문학가인 조조는 아마도 이미 자신을 중원 전체의 주인으로 여겼을 것이다. 그리하여 원소의 잔여 세력을 철저히 섬멸해 북방을 통일한 후 남방의 손권과 변경의 유비 말고는 감히 그의 뜻을 거스르고 대적할 자가 없었다.

그러나 중국 문인 계층은 융통성 없고 강직한 천성을 타고났는지 밥만 먹으면 현실을 비판하는 것이 일이었다. 심지어 조조의 울타리 안에 있으면서도 그를 깔보는 패거리가 있어 공공연히 이 실질적인 최고통치자에게 도전장을 내밀었다.

조조와 동시대 인물 중 줄곧 조조에게 불만을 품은 대표적 인물로는 공융이 있다. 학자 집안 출신으로 공자의 20대손인 그는 조조에게 편견이 있었다. 조조가 날로 세력을 넓히고 제국의 최고 자리에 가까이 접근하면서 공융의 불만과 반항도 점차 분명하게 드러났다.

해박한 지식과 총명함을 자랑했던 공융은 인구에 회자되는 많은 일화를 남겼다. 《후한서》〈공융전〉은 그를 두고 "어려서부터 남다른 재능을 보였다"고 소개했다.

한 무제가 "모든 학문을 배척하고 오직 유가의 학술만을 존중한다"는 원칙을 제창한 후 역대 정부는 모두 공자 집안을 떠받들었다. 만일 공융이 태평성세에 태어났더라면 자신의 총명함을 늘 찾는 손님으로 넘쳐나 술잔이 빌 날이 없는 세월을 유유자적하며 보냈을 것이다. 그러나 공융은 불행히도 난세에 태어났다. 후한 말 군벌들의 다툼이 끊일 날이 없던 시절, 공융은 높은 뜻을 품고 난세를 다스리고자 했지만 재능이 부족하여 뜻을 이루지 못했다. 아무리 학식이 높았어도 탁상공론에만 머물렀으니 뜻하는 바를 이룰 수 없었던 것이다.

믿을 만한 사료에 따르면 공융은 북해국의 재상과 청주자사를 지냈지만 자신의 재능을 펼칠 기회를 얻지 못했다. 그러나 막상 강도를 만나자 모든 것을 버리고 도망가기에 바빴던 것을 보면 공융은 나라를 다스려 안정시키기에는 재능이 부족한 한낱 평론가였을 뿐이다.

하지만 공융은 자신은 막상 하지 못하면서 자기 잣대에 맞추어 다른 사람의 행동을 두고 이러쿵저러쿵 평론하기를 즐기며 남의 체면 따위는 안중에도 없었다. 196년에 조조가 헌제를 허창으로 맞으면서 천자를 끼고 제후를 호령하는 정치가 시작되었다. 공융 역시 후한 왕조의 충실한 신하로서 허창으로 함께 왔다.

조조의 야심을 간파해서였는지, 아니면 고귀한 가문 출신으로서 재주를 뽐내고 싶어서였는지 공융은 조조와 대결하기를 즐겼다. 당시 난리 통에 식량이 부족한 상황이라 조조는 금주령을 내렸다. 상 주왕의 지나친 음주 때문에 나라가 망했다는 것이 그 이유 가운데 하나였다. 그런데 공융은 애주가였다. 공융은 '난조공표제주금서(難曹公表制酒禁書)'라는 제목으로 조조에게 친필 서한을 보내 음주의 좋은 점을 열거하며 이렇게 꼬집었다. "하늘에는 주성(酒星)이 있고 땅에는 주천(酒泉)이 있고 사람에게는 주덕(酒德)이 있습니다. 요 임금이 술을 통음하지 않았다면 태평성세를 이룰 수 없었고, 공자가 술 백 배를 마시지 않았다면 성인이라 불릴 수 없었습니다. 금주령을 내릴 바에는 아예 혼인도 금해야 할 것입니다. 여인 역시 망국의 원흉이기 때문입니다."

200년에 조조가 원소와 대전을 벌이려 하자 공융이 단호하게 반대하고 나섰다. 하지만 조조는 적은 군사로 원소의 대군을 제압하고 관도전투에서 대승을 거두었다. 또 조조가 멀리 요동의 오환을 정벌하려고 하자 공융은 인력을 많이 동원하게 되어 결국 백성을 다치게 하고 돈만 허비하게 될 뿐이라고 생각했다. 그래서 조조에게 반대 서한을 보내어 오환은 그저 변경의 작은 걱정거리일 뿐이니 북벌을 행할 가치가 없다고 목소리를 높였다.

사실 당시는 하북의 민심이 아직 조조에게 완전히 돌아서지 않았고, 원소의 아들이 20만 군민을 이끌고 오환으로 도주한 상황이었다. 따라서 언제든 적군이 권토중래하여 아직 자리를 잡지 못한 허창 정권을 위협할 수 있었다. 그러므로 조조는 오환을 정벌하여 원소의 잔당 세력을 철저하게 제거한 뒤에야 남방의 각종 세력에 대응하는 데 온 힘을 쏟을 수 있었다. 전략적으로 이는 완전히 옳은 판단이었지만 공융은 아랑곳하지 않았다.

208년에 조조가 유표를 정벌하기 위해 군사를 일으키려 하자 공융은 또 반대 의견을 냈다. "천하가 이제 막 안정되기 시작했으니 좀 더 시간을 두었다가 정벌해야 합니다."

정치, 군사적 안목이 없는 공융은 거듭 중국 통일이라는 대업을 향한 발걸음을 막아서 조조의 미움을 산 지 오래되었다. 그러나 공융은 당시 영향력이 큰 문단의 거두였기 때문에 조조로서도 섣불리 어쩌지 못했다. 한편 공융은 이러한 조조의 심중을 전혀 감지하지 못하고 사사건건 반대 목소리를 높였다. 심지어는 조조 집안의 개인적인 일에까지 참견하고 나섰다.

204년에 원소를 대파하고 업성을 차지한 조조는 원소의 며느리 견(甄)씨를 조비의 아내로 맞이했다. 그러자 공융은 조조에게 친필 서한을 보내어 이렇게 말했다. "예전에 무왕이 주왕을 정벌했을 때 주왕의 애첩 달기(妲己)를 남동생 주공에게 상으로 주었다지요. 지금 조공(曹公)이 무왕을 본떠 세자에게 견씨를 상으로 내리니 참으로 도량이 넓은 처사시며 기쁘고 축하할 일입니다!"

이를 진심으로 축하하는 말이라고 여긴 조조는 허창으로 돌아온 뒤 공융에게 무왕의 일화가 어느 경전에 나왔느냐고 물었다. 공융은 느긋하게 대답했다. "아, 어디에도 나오지 않고 제가 생각해낸 이야기입니다. 제가 분석해보건대 영명한 무왕께서 차마 미인을 죽이지 못하고 아우에게 상으로 내렸다면, 여색을 아끼는 마음과 동생을 아끼는 마음을 모두 만족할 수 있지 않았겠습니까?" 조조는 그제야 공융이 조조 부자의 원소 정벌을 두고 남의 여인을 빼앗고 재산을 차지하기 위함이었을 뿐이라고 조롱한 것을 깨닫고 마음속으로 치솟는 화를 억누를 수 없었다. 그러나 공융 자신은 그저 조조와 소소한 농담을 했을 뿐이라고 생각했다.

조조가 결국 공융의 재주와 명성에도 주저 없이 칼을 든 것은 공융이 민감한 정치권력 문제를 건드렸기 때문이다. 한 왕실에 충성하는 다른 문인과 마찬가지로 공융도 겉으로는 천자를 모신다는 명목을 내세웠지만 실제로는 천자를 끼고 권력을 휘두르는 조조에게 불만을 품고 있었기에 상서를 보내 "천자를 우러러 존경하고 군권을 확대하여 제후의 권세를 약화시키자"고 주장했다. 이는 조조더러 헌제에게 권력을 돌려주라며 화살을 겨눈 것이나 다름없었다.

조조가 즉시 반격하지 않으면 모든 사람이 공융의 건의가 묵인되었다고 받아들일 상황이었다. 게다가 공융은 문인 집단에서 영향력 있는 인물이었으니 만일 신료들이 공융의 건의에 호응하여 세력을 형성하고 한 왕실 회복을 명분으로 내세워 힘을 키우기라도 한다면 조조에게는 절대적으로 불리한 상황이 전개될 것이었다. 그런데 마침 동오의 손권이 보낸 사자가 허창에 당도했다. 이때 공융은 자신의 명성이 있으니 조조가 섣불리 자신을 벌하지 못할 것이라고 생각해 사자의 면전에서 또다시 조조를 비방했다가 끝내 참형을 당하고 말았다.

　사실 조조가 죽인 문인은 공융 한 사람에 그치지 않는다. 공융과 마찬가지로 성격이 호방한 예형(禰衡)은 조조를 비방했다가 연회장에서 북을 치는 고리(鼓吏)가 되어 흥을 돋우도록 하는 벌을 받았다. 그런데 그는 도리어 옷을 다 벗고 북을 침으로써 조조에게 모욕을 주었다. 결국 조조는 강하 황조(黃祖)의 손을 빌려 그를 죽였다.

　조조가 서량 군벌을 정벌할 때 날씨가 추워 땅이 얼어붙자 이를 이용해 모래를 쌓아 성을 세우고 물을 대어 벽을 만들자는 책략을 낸 누규는 조조 부자가 유람을 나갔을 때 "이 집 부자는 참 즐겁게 지내는군요"라고 한마디 했다가 조조를 비난한 죄로 죽임을 당했다. 곁에서 수족처럼 조조를 도왔던 허유는 많은 사람 앞에서 조조의 아명을 부른 일이 화근이 되어 나중에 죽임을 당했다.

　후세 사람들은 종종 조조의 성격을 이용해 그의 살인 행각을 분석한다. 확실히 조조는 다중성격의 소유자였다. 이 때문에 인재를 불러 모으고 아껴 중용하면서도 한편으로는 의심과 질투로 사소한 일을 꼬투리 잡아 많은 문인과 선비를 죽음으로 내몰았다.

　물론 성격만으로 조조가 문인을 죽인 행각을 분석하기에는 부족하다. 그 이면에는 정치적·역사적인 배경에서 조조가 문인을 경멸한 이유도 있다. 조조는 무엇보다 먼저 정치가였기 때문에 복잡다단하고 늘 위험이 도사리는 시대에 자신의 정치적 이익을 지키는 것이 우선이었다. 그 반면 문학은 시간 날 때 즐기는 취미이자 장기일 뿐이었다.

　역사적 관점에서 볼 때 한 무제가 "모든 학문을 배척하고 오직 유가의 학술만을 존중한다"는 원칙을 주창한 이후 전제 황권, 중앙 집권형 통치가 400년 가까이 이어져오면서 전국시대에 주인과 문객이 마음이 맞으면 남고, 맞지 않으면 떠나는 쌍방향 선택의 관계는 이미 사라졌다. 그리고 군주가 신하더러 죽으라고 하면 신하는 죽을 수밖에 없는 주노관계(主奴關係)가 형성되었다.

조조처럼 이름은 없는 실질적인 통치자에게는 위신을 세우고 자신의 정치적 이익을 확보하는 일이 무엇보다 우선이었기에 그는 군벌의 할거를 용인할 수 없었다. 더구나 나약하기 그지없는 문인들이 자신의 권위에 도전하는 일은 더더욱 용납할 수 없었다.

건안시기 문인과 조조의 특정 관계를 설명하면, 문인이 누린 모든 것을 조조가 부여했고 문인의 생사와 영욕도 조조의 손에 달려 있었다. 조조는 후한 말 정권의 실제 통치자였기 때문에 문인과는 무엇보다 주종관계에 있었다. 그러니 노예가 주인의 뜻을 거스르고 말을 듣지 않으면 돌아올 수 없는 길로 보내는 것만이 유일한 선택이었다. 게다가 조조 자신이 만능 재주꾼이고 보니 어떤 문인도 그와 어깨를 나란히 할 수 없었고, 도전은 더욱 생각할 수 없었다.

그러나 정통과 절개를 숭상한 시대에 명분이 바르지 않고 말이 이치에 맞지 않는 조조의 패권주의, 강권 정치는 황권을 숭배하고 개성의 자유를 주장하는 문인들에게 곱게 보였을 리 없다. 그들은 정치적인 고려를 할 줄 몰랐기에 그저 직설적으로 하고 싶은 말을 내뱉었고, 문인의 바른 말은 정치가의 독선과 종종 충돌을 빚었다. 그 결과 문인은 일벌백계의 본보기로 참혹한 말로를 맞아야 했다. 막강한 권력을 휘두르며 원대한 야심을 품은 재주 많은 정치가에게 문인을 염두에 둘 여유가 어찌 있었겠는가!

제 9 장

공허한 명예를 탐하지 말라

조조는 무수한 사람을 죽이고 막힘없이 천하를 종횡무진하며 모든 것을 내려다보았다. 그러나

조조는 평생 한 왕실의 신하로서의 길을 묵묵히 걸었다. 어째서 몰락하는 제국을 앞에 두고도 스

스로 나서지 않다가 아들에게 양위라는 황당한 '쇼'를 하게 만들었을까?

기나긴 한나라의 역사

유명한 학자 량치차오(梁啓超)는 중국의 사학(史學)에 관해 이렇게 불평했다. "이십사사(二十四史, 청나라 건륭 때에 정한 명나라 때까지의 정사)는 역사가 아니라 성 24곳의 족보일 뿐이다." 중국의 5000년 역사는 확실히 각 세력들의 거센 아귀다툼의 역사였다. 그러나 우리는 그 토막토막의 역사가 완성되기까지 얼마나 많은 영웅호걸이 후대에 남길 위대한 가업을 위해 힘썼는지 기억해야 한다.

후한 말년, 황제를 자처하고 나선 여러 군벌이 으르렁거리는데 정작 최고의 실력을 갖춘 조조는 유명무실한 헌제를 높디높은 신당에 모셔두고 충신의 신분으로 기이하고 이단적인 삶을 완성해나갔다.

조조는 어째서 잘 익은 복숭아를 바라보면서도 따지 않고 바라만 보다가 굳이 자신보다 재능이 훨씬 못한 아들 조비에게 승리의 달콤한 열매를 맛보게 했을까? 한나라 정권의 역사를 꿰뚫고 있는 조조는 역사적 사실과 자신의 경험에서 "세력이 강한 집단은 꺾여 와해되어도 여전히 그 위세가 남는다"는 진리를 잘 알고 있었기 때문이다. 자신이 천자의 이름을 내세워 뜻을 이루었지만 정권 찬탈에까지 손을 대면 너무 큰 위험에 노출

되고, 조금이라도 실수가 발생하면 어렵게 일구어놓은 성과가 하루아침에 물거품이 될 수도 있었다.

한 왕조는 단명한 제국이 아니라 수많은 위험과 위기를 넘기며 버텨온 제국이었다. 전한과 후한을 함께 계산하면 한 왕조는 중국 역사상 가장 오랫동안 통치한 봉건왕조였으며, 봉건체제를 정식으로 형성하여 자리 잡게 한 왕조였다. 그 기나긴 역사와 뿌리 깊은 정서적 기반 위에 우뚝 선 한나라였기에 누구라도 이를 대체하고자 나선다면 반드시 강력한 저항에 직면해야 했다.

한나라 정권은 부실 공사로 지은 모래성이 아니었다. 유씨 일족이 풍찬노숙을 마다하지 않고 험난한 여정을 헤치며 군웅을 제거한 후에야 얻은 튼튼한 성이었다. 한 왕조는 진나라 말 농민 봉기의 피바다 위에 건립되었는데, 유방같이 미래가 없어 보이는 무뢰한이 졸지에 황제가 되리라고는 아무도 상상하지 못했다.

유방은 고작 10리에 이르는 땅을 관할하는 정장에서 중국 역사상 최초로 자수성가형 황제로 거듭난 전기적 인물이다. 유방이 황제로 등극한 것은 참으로 대단한 일이었다. 강대한 진 왕조와 대대로 장군을 배출한 귀족들을 상대로 싸워 얻은 승리의 결과물이었으니 말이다. 강대한 진 왕조의 말로를 생각하면 씁쓸하다. 군왕은 고개를 숙이고 투항했고, 역발산기개세를 자랑하던 귀족은 오강에서 자결하고 말았다. 결국 천하는 한량 유방의 손에 떨어졌으니 그의 능력에 감탄하지 않을 수 없다.

후한 왕조는 하남 남양에 정착한 한 경제의 몰락한 후예가 창건했다. 왕망 말년 농민 봉기로 중원 전체가 들끓자 남양 귀족 유연(劉縯), 유수 형제는 고조의 위업을 회복하기 위한 시도를 감행했다. 이들은 수천의 무리를 이끌고 녹림군에 가담했다. 이들은 연전연승을 거두었으니 유수가 지휘하는 곤양대전에서는 수만이 채 못 되는 군사로 '신' 왕조의 40만 군사를 일격에 무너뜨렸다. 그 후 천하를 손에 넣는 과정에서 유연이 자기편 사람에게 죽임을 당하자 유수는 더욱 심기일전하며 모습을 드러내지 않고 목숨을 보존하다가 결정적인 순간 농민군에서 벗어나 하북에서 자신의 군대를 끌어 모은 뒤 10여 년 동안 분전한 끝에 군웅들을 제거하고 다시 한 제국을 창건했다.

기원전 206년부터 기원후 220년까지 400여 년의 역사를 지내오면서 유씨의 한 왕조를 호시탐탐 노리는 세력은 종친, 외척부터 책략가와 야심가에 이르기까지 끊이지 않았다. 그러나 유씨 왕조는 이들을 모두 물리치고 끊이지 않는 비바람 속에 산처럼 우뚝 솟아 있었다.

역설적이게도, 한 제국을 뒤집을 생각을 한 최초의 인물은 한나라를 개국한 황제 유방의 부인 여후였다. 천하를 다툴 때 전쟁 포로 신세였던 그녀는 천하를 얻은 뒤 한신, 팽월 등 공신을 죽이고 유씨 천하를 바꾸어놓았다. 여후는 남편을 도와 천하를 통일한 신하들을 위협하여 꼼짝 못하게 해놓고는 여씨 집안 인물들에게 수도의 금군을 통제하게 했다. 심지어 여씨 집안 명의로 관리들의 봉급 인상을 시행함으로써 당근으로 그들의 충심을 얻고자 했다. 그러나 여후가 고심하며 세워가던 여씨 왕조는 빛을 보기도 전에 무너졌다.

한나라 4대 황제인 경제 시절의 일이다. 경제가 통치하던 때 동남에서 반란을 준비한 유비(劉濞)가 4년의 시간을 들여 마침내 7개 제후국의 군대를 조직하여 정권 탈취를 시도했다. 그러나 3개월 만에 계획은 실패로 끝나고 유비는 죽음을 맞았다.

전한 말 외척 왕망이 입신출세하게 된 데는 한 원제의 황후로 당시로는 보기 드물게 장수한 그의 고모 왕정군의 힘이 컸다. 왕망은 15년 동안 비밀스럽게 준비해 옛사람들이 신봉한 천명(天命)을 내세워 마침내 정권교체에 성공하고 족보도 없는 신(新)나라를 세웠다. 그러나 이 왕조는 왕망이 건립을 준비한 시간과 같은 15년 동안 존립하다가 다시 농민 봉기의 피바다 속에 침몰했고, 유비의 후예인 유수가 다시 한 세국을 세웠다. 25년에 시작한 후한 왕조는 조조가 죽을 당시 그 역사가 이미 200년에 가까웠으며, 온갖 시련과 고난 속에서도 꿋꿋이 평안한 세월을 버텨냈다.

한 왕조의 역사를 자세히 보면 400년 역사를 지내오며 수많은 난신적자의 반란이 있었지만 모두 순식간에 스러지는 유성처럼 눈 깜짝할 새에 지나갔으니 요행히 왕위 찬탈에 성공한 왕망 역시 예외는 아니었다. 역사를 손바닥 보듯 훤히 꿰뚫고 있는 조조가 어찌 이 사실을 몰랐겠는가! 역사는 이미 과거가 되었고 그저 되씹어볼 수 있을 뿐이지만, 조조는 보위 찬탈을 시도한 몇몇 사건을 직접 보면서 지상의 가장 높은 자리에 있는 보좌가 유씨 성 이외의 사람들에게는 뜨거운 감자 같은 존재임을 깨달았다.

조조가 20세 남짓의 청년이던 187년에 기주자사 왕분, 남양 허유, 패국 주정 등은 영제를 폐할 계획을 비밀리에 모의하고 실행했지만 뜻을 이루지 못하고 죽거나 도주했고, 그들의 계획은 한바탕 해프닝으로 끝났다.

189년에 한 영제가 죽자 후한 정권은 환관과 외척 사이의 마지막 전쟁을 겪었다. 그 결과 서북 일대를 본거지로 하여 일어난 동탁이 중앙 정권을 장악했다. 그러나 동탁은 출신이 비천하여 조정에서 영향력이 미미했다. 그는 자신의 위신을 높이고 황제와 중앙 대신들이 자신의 말을 고분고분 잘 듣게 하고자 황제 교체를 떠올렸다. 그래서 황제를 폐하고 어린 황제를 세운 뒤 폐제와 태후를 죽였지만, 그 자신도 수양아들 여포의 칼에 죽음을 맞았다.

강회에 근거지를 둔 원술은 야심만 클 뿐 능력은 떨어지는 인물이었다. 원술은 손권의 부친 손견에게서 진시황이 새긴 옥새를 빼앗고는 자신이 하늘의 명을 받았다고 생각했다. 그러더니 197년에는 아예 스스로 황제로 칭하기 시작했다. 사방에 할거한 군벌들이 각자 야심을 품고 있으면서도 누구 하나 선뜻 나서지 못하는데 세력이 그다지 강하지도 않은 원술이 전면에 나섰으니, 강동에서 세력을 키우던 손책이 등을 돌리고 서주를 차지한 여포와 심지어 수하의 장수들마저 자격 없는 인물이 황제를 자처하고 나섰다며 이 가짜 황제를 반대했다.

이런 상황에서 천자를 모시고 불충한 신하는 정벌한다는 명목을 내세운 조조가 일격을 가하자 원술은 단숨에 세가 꺾였다. 결국 원술은 고립되어 배고픔과 병에 시달리다 쓸쓸하게 죽음을 맞았다.

길고 복잡한 역사 속에서 갖은 풍파를 겪으면서도 쓰러지지 않은 한 제국을 직접 목도하면서, 또한 야심가들의 황제 자리를 향한 진군이 번번이 실패로 돌아간 현실적 교훈을 얻으면서 조조는 섣불리 나섰다가 비극적 상황을 맞는 공공의 적이 되지 않으려고 최대한 행동을 자제했다. 그러나 조조가 여러 상황을 염두에 둔 고민 끝에 시기가 성숙했다고 느꼈을 때는 자신이 황제 자리에 오르기에 너무 늦었다. 그래서 주 문왕 자리에 만족하면서 그 열매를 아들에게 넘겨야 했다.

이상과 운명의 충돌

조조가 만년에 자신을 주 문왕에 빗대어 말한 것을 두고 세인의 반응은 칭송보다는 조롱 일색이었다. 사람들은 이것이 바로 조조의 간사함과 음험함을 보여주는 증거라고 생각했다. 이는 한 왕실의 권력을 찬탈하려는 시도일 뿐만 아니라 조조가 처음부터 한 왕실의 충신이 아니라 왕실을 전복하고 그 자리를 차지하기 위해 꿈을 키운 야심가라는 사실을 증명한 셈이라고 여겼다. 이로써 조조는 자신의 야심을 위해 무자비한 전쟁을 일으키고 살육을 저지른 자라는 숱한 악명을 감당해야 했다. 사실 조조의 권력 찬탈 야욕은 조금씩 고개를 들다가 마지막 몇 년 사이에 본색을 드러냈다. 조조가 정권교체를 즉각 시도하지 않은 것은 머릿속에서 이상주의와 현실이 계속 갈등했기 때문이다.

남양의 명사 허소(許劭)가 조조를 두고 치세의 능신, 난세의 간웅이라는 결론을 내린 근거가 무엇이었든 조조는 약관이 지났을 무렵부터 마음속에 늘 현실에서 벗어나고픈 이상주의 정서를 품고 있었다. 이 정서의 정체는 도대체 무엇일까? 이른바 "시가 뜻을 말하고 노래가 말을 읊조린다"는 말처럼 한 사람의 시가는 그 사람의 뜻을 담는다 하는데, 조조는 전쟁터에서 일생을 살면서도 높은 곳에 이르면 반드시 부를 지었다고 한다. 그렇다면 그의 시가는 어떠한 정서를 표현하고 어떠한 이상주의를 담았을까?

조조는 '단행가'에서 "술을 대하니 노래하네, 인생살이 얼마나 되던가! 아침이슬 같으리니 지난날의 고통이 많았네"라고 했다. '관창해'에서는 "해와 달이 그 속에서 솟아오르고 찬란한 별빛 그 안에서 쏟아지네"라고 썼다. 또 '각동서문행(却東西門行)'에서는 "여우도 죽을 때는 머리를 태어난 곳으로 향한다 하니 고향을 어찌 잊을 수 있을까!"라고 썼다. 이들은 모두 자유분방하면서도 풍부한 감정을 묘사한 글로, 굴원(屈原)이 그랬듯 "곤륜산에 올라가 옥화를 따먹으며, 천지와 더불어 오래 살고 해달과 함께 빛을 누리겠다"는 대담한 상상력이 글자 사이로 넘쳐난다. 이로써 현실을 초월하여 성당의 이백 같은 "나는 근심을 명월에 부쳐 바람 따라 야랑(夜郎, 한나라 때 광서 운남 동북부에 있던 부족)의 서쪽까지 보낸다"는 우수에 젖은 정서를 노래하며 천지를 포용하는 호방함과 건안문인만의 독창적인 분위기를 한껏 드러냈다.

조조의 글에는 현실에서 탈피하고 싶어 하는 의지도 담겨 있다. 조조는 '십이월기해령(十二月己亥令)'에서 이렇게 말했다. "가을과 여름에는 책을 읽고 겨울과 봄에는 사냥을 하며 아래의 땅을 구하여 진흙탕에 스스로 숨어 지내고 싶어라." 은둔자의 심정을 노래한 이 대목 어디에서도 천군만마를 호령하며 난세를 다스린 그의 기질은 보이지 않는다. 이 속에 드러난 조조는 오히려 청렴한 선비 같다. 초기 정치 역정으로 보건대, 특히 막 두각을 나타내던 시절 조조는 치세의 능신이 되고자 줄곧 노력을 기울였고 누구보다도 유가의 충군 이념의 영향을 깊이 받아 시들어가는 한 제국을 살리려는 충신의 모습을 보여주었다.

조조가 20세를 갓 넘었을 때 조정에 그의 이름을 알린 계기가 된 오색봉 사건은 그 화살을 권문귀족에게 직접 겨눔으로써 그가 당시의 사회 모순이 어디에 있는지 정확히 이해하고 하룻강아지 범 무서운 줄 모르는 담력과 용기를 갖추고 있었음을 보여준다. 제남상을 지내던 시절에는 온갖 잡귀를 일소하여 호족과 권세가를 제압하고 풍속을 바로잡았으니 조조 치세 아래 그 일대의 정치가 바로 서면서 백성의 삶이 편안했다.

그러나 조조가 막상 정치 무대에 등장했을 때 한 왕조는 이미 곪을 대로 곪아 손을 쓸 수 없을 지경이었다. 그나마 남은 후한 왕조의 쇠락한 기운은 그칠 줄 모르는 환관과 외척의 다툼으로 모조리 소모된 상황이었다. 한 제국은 마치 물이 새기 시작한 배처럼 아무리 막으려 해도 오염된 물 속으로 점점 침몰하고 있었다.

조조가 맛본 첫 번째 시련은 환관들이 승진인 양 포장한 사실상의 좌천이었다. 이 일로 유명무실한 의랑에 임명된 조조는 아무도 자기 의견에 귀를 기울여주지 않는 신세가 되었다. 조조는 의견을 내어봤자 사람들의 눈총만 받는다는 것을 깨닫고 신변의 안전을 위해 차라리 입을 다물어버렸다. 두 번째 시련은 황건적의 난 평정에 공을 세우고 제남상에 책봉된 일이었다. 제남상을 지낸 3년 동안 조정 관료들의 비방의 대상이 되자 조조는 관직에서 물러나 낙향하여 글 읽기와 사냥으로 시간을 보냈다. 세 번째 시련은 그가 군대 수령으로 소집되었을 때 찾아왔다. 무능한 대장군은 그의 건의를 귀담아듣지 않다가 결국 내란을 초래했고, 중앙정부는 야심가인 동탁의 손에 넘어갔다. 정부는 동탁의 손에 서북 군벌의 야만적 방식으로 철저히 개조되었고, 왕실의 위신은 땅에 떨어졌다.

조조는 낙양을 탈출했으나 곧 공격을 받아 모든 것을 잃었다. 그러나 유일한 수확이 있었으니 바로 관동의 제후 군벌들이 자립을 시도하려는 움직임을 간파한 것이었다.

　191년에 조조는 자주 창업에 착수했다. 이때 조조에게는 한을 대체하려는 의도는 없었다. 다만 천하를 평정하여 자신의 이상 정치를 실현하려는 의지가 컸다. 그러나 관직에 들어서고 보니 사나운 군웅의 할거 속에 그가 설자리는 너무 좁았다. 원소처럼 영향력이 큰 인물은 말할 것도 없고 여포니 도겸처럼 영향력이 비교적 작은 세력과 대결해도 승산이 없어 보였다. 그에게는 이러한 현실을 극복할 전략이 필요했다. 바로 그때 장안에서 낙양으로 피신해온 헌제가 그의 눈에 포착되었다.

　3대에 걸쳐 한 왕조의 녹봉을 받아온 조조는 한나라 천자에게 내심 애착이 깊었다. 게다가 천하는 여전히 한 왕조의 이름을 걸고 있었으므로 헌제가 그에게 지원을 청했을 때 조조의 수석 고문인 순욱도 헌제를 받아들이라고 건의했다. 결국 천자를 모시고 불충한 신하를 호령한다는 전략은 조조의 개인적 목표나 당시 전체적 상황과도 딱 맞아떨어졌다.

　당시 조조는 한 왕조에 실망했지만 왕조를 전복시켜 새로운 왕조를 세우겠다는 욕심은 없었다. 그래서 현실을 감안해 천자를 이용하는 아이디어를 냈고, 이는 조조와 헌제 둘 다에게 이로운 상생의 전략이었다. 물론 당시 조조에게 다른 생각이 전혀 없지는 않았다. 헌제가 낙양을 빠져나와 조조와 교류를 시작할 때 천문을 연구하는 태사령은 기상 변화에 근거해 한나라의 운이 다했다며 대담하게도 이렇게 예측했다. "한을 짊어질 자는 위(魏)고, 천하를 안정시킬 이의 성은 조씨라 오직 조씨에게만 맡길 수 있을 뿐이다."

옛사람들은 천문과 운명을 신봉했으므로 역대 많은 야심가들이 종종 이를 자신의 반란을 합리화하는 수단으로 사용했다. 그러니 조정 태사령의 입에서 이런 말이 나왔다는 것은 이례적이고 의미가 큰 일이었다. 조조도 그 말에 의미를 부여하며 태사령에게 "하늘의 이치가 심원하니 더 말할 필요는 없다"고 당부했다. 조조의 마음속에는 이때 이미 다른 계산이 있었을지도 모른다. 196년부터 220년까지 25년간, 북방이 분열에서 통일로, 전쟁에서 안정으로 움직이면서도 천하가 한(漢)의 이름을 지킬 수 있었던 것은 조조라는 걸출한 인물이 있었기에 가능했다.

군사상 조조는 평안치 않은 길을 걸었다고 할 수 있다. 적벽대전에서 실패를 경험했지만 조조가 북방을 근거지로 삼아 패주가 되는 데는 큰 영향을 미치지 않았다. 그 후 조조는 서북을 평정하고 관중에서 세력을 공고히 해 한중으로 진군하면서 북방에서 통치 지위를 한층 더 안정시켰다. 그러나 적벽대전의 결과는 손권과 유비 집단에 조조에 대한 대항 심리를 키워놓았다. 그리하여 손권은 그 후로도 수차례 군사를 일으켜 안휘, 합비 일대에서 조조와 전쟁을 벌였다. 조조는 대개 승리를 거두었지만 후에 북방 통치자로서는 뛰어넘기 어려운 장애물을 만난 셈이다.

190년 이후의 한 왕조는 조조가 '한'의 껍데기를 빌려 북방에 새롭게 세운 조조를 핵심으로 한 강대 정권이었다고 할 수 있다. 그렇다면 자신의 손으로 만든 천하를 어째서 남의 손에 넘기겠는가? 누구라도 이런 생각이 들 것이다. 게다가 천명까지도 한 왕조의 운이 다했음을 암시하는 마당이니 새로운 왕조의 건립이 필요했다. 살아 있는 현실과 이른바 천명 앞에서 조조는 분수를 넘는 곳까지 생각하지 않을 수 없었다.

조조가 기존의 왕조를 폐하고 새로운 왕조를 옹립하고자 한 것과 마찬가지로, 한 왕조와는 별 인연이 없고 오직 조조에게 발탁되어 올라온 문무 장관들은 저마다 목적을 고려하여 유명무실한 한 정권을 그대로 지속하는 것을 원치 않았다. 그들 역시 모두 새로운 왕조를 세워 개국 공신이 되고자 했다. 그들은 갖가지 징조를 만들어내고 각종 조치를 취하여 조조에게 새 왕조의 탄생을 결심하도록 촉구했다.

이상과 현실의 갈등 속에서 조조는 한 왕조의 폐립을 망설였지만, 실제로는 두 가지 방식으로 정치를 계속했다. 한편으로 한 천자의 기치 아래 분열 국면을 수습해 할 수 있는 한 통일을 실현해나갔고, 다른 한편으로는 최선을 다해 자신을 핵심으로 한 중앙집권 건립을 기정사실화해나갔다. 그뿐만 아니라 한편으로 자신의 지위를 점점 더 높이라고 헌제를 압박하여 황제와 동등한 자리에까지 이르면서 세상 사람들의 반응을 살폈고, 동시에 조씨 자제를 후계자로 양성해나갔다.

시기가 성숙했다고 판단될 무렵에 조조는 이미 황혼기에 접어들었다. 이제 와서 일생을 바쳐 한 왕실을 보필해온 명분을 버리고 자신의 깃발을 꽂는다면, 이는 마음속 이상을 거스를 뿐 아니라 후대에 비난을 면치 못할 일이었다. 조조는 결국 충신으로서 남은 인생을 마치고 일구어놓은 성공의 열매는 후계자에게 넘기기로 결심하기에 이르렀다.

후환을 없애라

  후한 말의 동란을 거치며 조조의 마음속에는 내내 황제 폐립이라는 생각이 도사리고 있었고, 실제 두 마리 토끼를 모두 잡으려는 조치를 취해 나갔다. 한편으로는 한 천자를 추앙하면서, 다른 한편으로는 스스로 황제를 대신할 수 있도록 실질적인 준비 작업을 진행했다.

  각 세력 집단들은 조조의 '명수잔도 암도진창'이라는 계책에서 그 정치적 수완을 간파해냈다. 유비, 손권 세력은 조조에게 겉으로는 한나라 재상이나 실제로는 한나라 도적이라는 등 천자를 끼고 제후를 호령한다는 등 비판을 퍼부어댔고, 헌제도 잃어버린 황권을 빼앗아오기 위한 시도를 수차례 했다. 그뿐만 아니라 헌제를 둘러싼 세력과 조조를 핵심으로 한 세력 사이에 한 왕실파와 조조파의 대립 구도가 형성되었다. 이렇게 얽히고설킨 정국 앞에서 조조는 밖을 물리쳐 안을 편안히 한다, 두 마리 토끼를 모두 잡는다는 원칙을 고수했다.

  외부의 적에 대처하기 위해 조조는 유비, 손권 등을 겨냥하여 종종 군사를 일으켰다. 이로써 분열 국면을 끝내고 상대의 발언권을 철저히 봉쇄하려 했다. 내부의 반조(反曹) 세력에 대처하기 위해 어느 집단 출신이든,

274

어떤 인물이든 가리지 않고 권력 찬탈을 부정하면 당장 제거했다. 간웅이자 패주로서 조조의 철학은 바로 이러했다. 전체적인 이익을 위해 조조는 할 수 있는 모든 수단을 동원해 내부의 소란을 잠재우고 외부 세력이 비집고 들어올 기회를 봉쇄했다.

사실 허창의 중앙 정권에는 조조의 정권 탈환 야심을 경계하는 세력이 적지 않았다. 이 때문에 조조는 정권교체의 야심을 섣불리 입 밖에 내지 못하고 묵묵히 목표를 실현하기 위한 제반 준비 작업을 해나갔다.

황족의 반조조 움직임은 크게 두 차례에 걸쳐 일어났다. 먼저 199년 헌제가 직접 개입한 의대조 사건이 있었다. 조조는 정보를 듣자마자 즉시 손을 써 연루된 자를 모두 제거했다. 화를 면한 이는 오직 헌제뿐이었다. 조조에게는 여전히 그의 이름이 필요했기 때문이다. 또 한 사람, 짚신이나 팔던 황실 조카에서 유황숙으로 대우받던 유비는 상황이 심상치 않음을 감지하고 재빨리 빠져나가 화를 면했다. 또 다른 움직임은 헌제가 거의 개입하지 않은 복 황후 사건이다. 조조는 상황을 알고 곧 황후를 폐하여 죽인 뒤 관련자를 모조리 참형에 처했다. 그 후 조조에 대항하려는 움직임이 다시는 일어나지 않았다.

헌제를 옹호하면서 조조가 황제가 되기 위해 나아가는 것을 방해하는 인물이 있으면 그는 기회를 기다려 가차 없이 제거해나갔다. 공융은 지혜로운 인물은 아니었어도 총명한 명사였다. 그러나 그는 재능보다 성격이 더 두드러져 누구와도 마찰을 빚었다. 그는 끊임없이 조조의 심기를 건드렸다. 급기야 조조에게 대권을 헌제에게 넘기라고 요구했다. 이때 지위가 상당히 안정되어 있던 조조는 공융의 방자함을 더 용인했다가는 자신의 권위에 위협이 될 수 있다는 생각에 곧 공융 일가를 몰살했다. 젊은 시절

그토록 남다른 총명함을 자랑하던 공융도 죽음을 앞두고는 나약한 모습을 드러내며 형벌을 집행하는 간수에게 자신의 어린 두 아들을 살려달라며 애걸했다. 그런데 뜻밖에도 곧 죽을 것을 알면서도 태연하게 놀이를 하던 여섯 살, 일곱 살 난 두 아들의 촌철살인하는 한마디가 후대에 두고두고 명언으로 남았다. "엎어진 새집 밑에 어찌 온전한 알이 있을 수 있습니까?" 그리하여 공자의 또 하나의 촉망받는 후예가 미처 빛을 보기도 전에 이슬로 사라졌다.

한때 조조와 10여 년이나 냉전을 벌인 헌제의 태위 양표 역시 조조의 야심을 꿰뚫어본 인물이었다. 조조가 헌제를 허창으로 맞고 오래지 않아 원술이 스스로 황제를 칭했는데, 이는 봉건사회에서 있을 수 없는 대역무도한 죄였다. 그런데 양표가 원술의 여동생을 아내로 맞자 조조는 반역에 가담했다는 죄명을 씌워 이 눈엣가시를 일거에 제거하려 했다. 그러나 양씨 가문의 명성이 자자한데다 죄명 또한 석연치 않아 섣불리 손을 썼다가는 사람들의 원망과 분노를 사게 될 뿐이었으므로 마음대로 칼을 들지 못했다. 하지만 조조는 정치적 압력을 강력하게 행사해 양표를 10여 년 동안 연금시키고, 나중에는 양표의 아들 양수를 죽여 후환을 없앴다. 외부 집단 인물이 황권을 향한 길에 걸림돌이 된다고 판단되면 조조는 가차 없이 제거했다. 내부의 인물이라도 자신의 뜻을 거스르면 마찬가지로 인정사정없이 제거했다.

내부 인물 중 순욱은 수석 고문이라 불릴 정도로 조조의 모든 주요 전략에 관여하며 창업에 지대한 공을 세웠다. 순욱은 명문 귀족 출신으로 어려서부터 훌륭한 교육을 받았고, 유년시절에는 재능이 출중한데다 품행도 단정하여 늘 칭송이 자자했다. 일찍이 조조를 두고 치세의 능신, 난세의 간웅이라 했던 남양의 하옹도 순욱이 장차 왕을 보필할 인재가 될 것이라고 인정했다.

189년에 순욱은 효렴에 천거되어 수궁령에 임명되면서 정치 인생을 시작했다. 순욱은 당초 원소 수하에서 참모를 맡았지만, 원소가 의심이 많고 인재 등용에 미숙하며 군대를 엄격하게 다스리지 못할 뿐 아니라 우유부단하여 큰일을 이루기 어려운 인물임을 깨달았다. 그래서 원소를 떠나 당시 세력이 그다지 크지 않은 조조에게 의탁했다. 두 사람은 대화를 나누면서 조금 더 일찍 만나지 못한 것을 한탄했다. 조조는 순욱을 칭찬하며 말했다. "당신이 나의 장량(張良)이로군!" 순욱도 침묵으로 이에 동의했다. 이리하여 두 사람의 천하통일을 향한 대장정이 시작되었다.

194년에 조조는 아버지를 죽인 원수를 갚기 위해 두 번째로 서주목 도겸의 정벌에 나섰다. 이때 후방을 맡았던 연주의 장막, 진궁 등은 몰래 여포를 맞이하여 반란을 일으켰다. 이에 순욱은 침착하게 지휘하며 형세를 정확하게 파악하여 문무를 겸비한 정욱과 함께 견성 등 성 세 곳을 지킴으로써 조조에게 전세를 역전할 발판을 마련해주었다.

195년에 도겸이 병사하자 조조는 그 기회를 틈타 먼저 서주를 차지하고 나서 여포를 치려고 했다. 그러나 순욱은 적극적으로 만류하며 지금 서주를 공격하면 여포가 틀림없이 허점을 노릴 것이므로, 먼저 장막과 여포를 격퇴하여 기반을 만든 후 다른 곳을 공략해야만 성공할 수 있다고 지적했다. 순욱의 정확한 판단 덕에 조조는 1년여의 전투 끝에 연주를 평정함으로써 안정적인 근거지를 확보하여 북방 통일의 기초를 다질 수 있었다.

순욱의 최대 공적은 뭐니 뭐니 해도 조조가 헌제를 맞아 평생 정치적으로 우위를 점할 수 있도록 도운 것이다. 당시 헌제는 낙양으로 피난하여 처량하기 그지없는 생활을 이어갔지만 아무도 도와주지 않았고 조조에게 지원을 요청하기에 이르렀다. 조조가 신료를 소집하여 이 일을 상의했을 때 의견이 분분했는데, 헌제를 맞아들이지 말자는 의견이 우세했다. 이때 순욱은 골똘히 형세를 분석했다. 헌제를 맞이하면 황제를 모신다는 점에서 백성의 바람에 부응하는 것이니 민심을 얻을 수 있었다. 또 천하의 영웅호걸을 호령할 수 있을 뿐 아니라 황제의 기치 아래 천하의 인재를 끌어 모을 수 있으니 이 또한 유리한 상황이었다.

순욱의 분석을 듣고서야 모두 고개를 끄덕였고 마침내 헌제를 허창으로 맞아들였다. 순욱은 조조를 위해 골든 카드를 확보해준 동시에 자신과 조조의 분열을 초래할 씨앗을 심은 셈이었다. 순욱은 전통적인 봉건 문인으로, 진심으로 헌제가 권력을 장악해 황제를 중심으로 중앙정부를 새롭게 세우기를 원했다. 하지만 조조의 목표는 헌제의 대리인으로서 세력을 키워 황제를 대신하는 데 있었으니 두 사람의 갈등은 예견된 일이었다. 물론 이는 훨씬 나중의 일이지만 말이다.

순욱은 조조에게 재능이 출중한 참모들을 추천했다. 곽가, 순유, 종요, 진군(陳群), 두습(杜襲), 사마의, 치려, 화흠, 왕랑, 순열(荀悅), 신비(辛毗), 조엄 등 순욱이 추천한 이들은 조조가 적을 이기고 중원을 통일하는 대업을 이루는 데 지대한 공헌을 했다.

조조는 헌제를 맞아 천도한 후 정치적으로 유리한 고지에 올랐지만, 사방에 적이 도사리고 있어 살얼음판 같은 형세였다. 이때도 순욱은 '선약후강 선이후난(先弱後强 先易後難)'의 전략을 제시하며 먼저 원소와 서량의 한수, 마초를 안정시킨 후 장수, 여표, 원술 등을 제거한 다음 다시 원소와 대결하라고 했다.

198년에 조조는 장수, 원술을 격퇴하고 여포, 진궁을 죽여 서주를 평정함으로써 마침내 주변의 위협을 깨끗이 제거했다. 이제 남은 것은 만만치 않은 원소 세력이었으니 피할 수 없는 결전이 기다리고 있었다.

200년에 원소가 군대를 이끌고 남하하자 조조가 북상하여 이에 응했으니 두 진영은 관도에서 결전을 벌였다. 수차례 힘겨루기를 거쳐 대치상태에 들어갔을 때 조조는 병력이 부족하고 식량마저 떨어져 허창으로 철군할 계획을 세웠다. 이때 순욱은 장기간 대치하여 양측 모두 물러설 수 없는 상황에서 세력이 약한 조조가 스스로 후퇴한다면 붕괴를 자초하게 될 뿐이라고 지적했다. 순욱은 이런 순간이 바로 지략을 동원해 승리를 낚을 좋은 기회라고 했다. 조조는 순욱의 주장을 받아들여 원소와 계속 대치했다. 마침 원소 집단에서 내부 분열이 일어나자 적은 병력으로 대군을 제압하고 원소를 대파하는 데 성공했다.

관도전투 후 조조는 원소가 타격을 크게 입어 다시는 일어나지 못할 것이라 판단하고 형주의 유표를 공격하려 했다. 그러자 순욱은 마지막까지 최선을 다해 원소를 섬멸해야 한다고 주장했다. 조조는 이번에도 순욱의 말에 귀를 기울였다. 결국 원소의 두 아들은 형제간의 싸움 끝에 서로 죽였고, 이 틈에 북상하여 7년 동안 전투를 벌인 끝에 원소의 잔당 세력을 섬멸하고 북방을 평정했다.

북방이 평정되자 조조는 남방의 유표와 손권에 대응하는 데 총력을 기울이며 남하할 준비를 서둘렀다. 순욱은 조조에게 양동작전을 펼치자고 제안했다. 즉 대군을 엽현 완성으로 보내 공격하게 하는 한편, 뒤로는 정예기병을 지름길로 보내 양양을 불시에 기습하자는 전략이었다. 조조는 이 계획대로 실행했고 전세는 순조롭게 흘러갔다. 조조군이 남하하는 사이 유표가 병사했다. 조조는 아군 병사를 하나도 잃지 않으면서 완성에 도착했고, 유표의 후계자 유종은 투항해왔다. 조조는 군을 이끌고 유비를 추격하여 강릉에 도착한 뒤 9월에 손쉽게 형주를 차지했다. 나중에 조조는 적벽대전에서 졌지만 그때는 이미 후방이 안정되어 있어 북방 패주로서 조조의 지위에 위협이 되지는 않았다.

유방에게 소하와 장량이 있었다면 조조에게는 순욱이 있어 두 사람 이상의 몫을 해냈다. 초한이 다툴 때 소하는 유방을 도와 후방을 안정시킴으로써 전방에 대한 공급을 원활히 했고, 장량은 전방에서 직접 유방에게 책략을 발안하여 상대를 제압하는 데 큰 공을 세웠다.

순욱은 직접 전선에 나가지는 않았지만 줄곧 후방을 지키며 조조의 안정적인 전략기지를 확보했으며, 결정적인 순간마다 예리한 분석과 함께 책략을 내놓음으로써 가히 조조의 수석 고문다운 면모를 유감없이 발휘했다. 게다가 조조 집단 전체를 통틀어 순욱은 인품이 가장 고매한 인물이었다. 문무신료 사이에서도 그의 위신은 단연 최고여서 중대한 일을 앞두면 순욱의 동의 없이는 의견과 행동이 통일되지 않을 정도였다.

그러나 세력이 커지자 조조의 야심이 점차 본색을 드러냈다. 212년에 동소(董昭) 등은 조조의 의중을 읽고 조조를 국공(國公)으로 승급시키고 구석(九錫)을 내림으로써 조조의 혁혁한 공을 표창하자고 건의했다. 이는 조정 내 조조파의 중요한 행보였다. 구석은 고대 제왕이 공이 큰 신하에게 내리는 9가지 물품으로 대단한 영예를 가져다주었다. 왕망도 권력을 찬탈하여 신(新)나라를 세우기 전에 구석을 먼저 받았다. 그러니 이는 조조의 정권 찬탈을 예고하는 신호였다. 동소 등은 사석에서 순욱의 의중을 떠보았다. 순욱은 어려서부터 정통 봉건이념을 교육받은 터라 오직 한 황제에 충심을 다하고자 할 뿐 한 왕조를 배신하려는 생각은 추호도 없었다. 순욱은 조조의 야심을 눈치 채고, 그에게 국공의 작위와 구석의 특전을 받아들이지 말라고 권했다.

이때 이미 세력이 커질 만큼 커진 조조는 순욱이 자신의 전권 행사에 큰 걸림돌임을 깨닫고 그를 제거하기로 결정했다. 212년 10월 조조는 남방의 손권 정벌에 나서면서 줄곧 후방에서 일을 도모하던 순욱을 초현으로 파견하여 군사들을 위로하라고 했다. 곧이어 의도적으로 순욱을 전방에 배치하여 정치 중심에서 멀리 두었다. 평생 한 왕실에 충성을 바친 순욱은 조조를 저지할 힘이 없어 계속 우울해하다가 겨우 50세에 죽고 말았다. 순욱의 죽음에 관해 사서에는 이러한 기록도 있다. 조조가 사람을 시켜 순욱에게 찬합을 보냈는데 순욱이 열어보니 안이 텅 비어 있었다고 한다. 순욱은 곧 조조의 뜻을 깨닫고는 독을 마시고 자결했다. 순욱이 죽은후 조조는 자기 자신을 위공으로 책봉하고 구석을 받아 모든 것을 뜻대로 했다.

실력을 키운 후 조조는 야심을 위해 자신의 뜻에 반하는 자가 눈에 띄기만 하면 누구든 흔적도 없이 처단했다. 자신을 위해 큰 공을 세운 자일지라도 정견이 다르면 예외가 아니었다. 그러고 보면 후대에 조조를 두고 간웅이라 일컫는 것이 터무니없는 것은 아니다.

허울뿐인 이름과 실질적인 권력

400년에 이르는 시련 속에서도 흔들리지 않은 한 제국의 역사 때문이었는지, 조조의 내면에 있는 충신으로서의 낭만적인 이상과 현실 사이의 끊임없는 줄다리기 때문이었는지, 그것도 아니면 속을 알 수 없는 정치적 목적 때문이었는지, 아무튼 조조는 파란만장한 일생 동안 꿈에도 그리던 용상에는 앉지 못했다.

그런데도 후세에 조조는 칭찬보다는 비난의 대상이 되었다. 그 중요한 이유는 조조가 줄곧 신하의 지위에 있으면서도 용상을 노리며 자신의 절대 권력을 구축하여 3세기 초에는 마침내 중국 최대 권력자로 우뚝 섰기 때문이다. 당시 한 제국의 기치 아래 명의상 황제는 여전히 유씨였지만 실질적인 황제는 조씨였으니 황제의 이미지와 존엄한 황포는 조조의 갑옷이 되어주었다.

조조가 황포 갑옷을 입기 시작한 때는 북방을 통일하고 지위가 안정되었다고 느끼면서부터다. 207년에 조조는 곽가가 발안한 책략에 따라 북방의 삼군오환을 정벌했다. 조조군은 노용새를 나와 유성으로 진군했다. 8월에 백낭산에 올라 오환의 내륙 지역을 차지했다. 조조는 허를 찌르는 전략으로 기습하여 대승을 거두고 오환왕 답돈(蹋頓)을 참수했는데, 이때 투항한 군사가 20만을 넘었다. 같은 해 9월에 요동의 공손강이 원상, 원희를 죽이자 마침내 조조가 북방을 통일했다. 이는 조조가 당시 가장 막강한 세력의 수장이 되었음을 의미했다.

208년 6월이 되자 조조는 업성으로 돌아와 한 제국의 승상이 되었다. 이를 두고 어떤 이는 조조가 스스로 제상의 자리에 올랐다 하고, 또 어떤 이는 헌제에게 자신을 책봉하도록 했다고도 한다. 어떤 것이 사실이든 여기에는 조조의 깊은 뜻이 숨어 있다. 진나라 때 생긴 승상 자리는 승상, 태위, 어사대부의 삼공 중 가장 높은 직위였다.

승상은 황제의 최고 조수로서 백관을 통솔했으므로 권력이 대단했다. 황제에게 올리는 상소문도 종종 승상의 손을 먼저 거쳐야 했고 황제의 명령도 승상을 통해 전달되었으므로 역사상 황권과 승상의 권력은 서로 모순관계에 있었다. 진나라 말 승상 이사(李斯)에게 백관을 통솔할 만큼의 대단한 권력이 없었다면 환관 조고가 조서를 꾸미며 호해를 황제로 세운 음모는 성공하지 못했을 것이었다. 한대에 이르러 승상은 황권 강화의 커다란 걸림돌이 되었다.

한 무제가 재위한 54년 동안 승상은 무려 10여 번이나 교체되었다. 그들은 거의 무제에게 죽임을 당했거나 자살했고, 천수를 누린 사람은 두 명밖에 없었다. 백관 중 승상으로 임명된 사람은 울며 목숨을 구걸했다. 승상의 권한이 황권과 매우 가까워 황제의 의지를 집행하는 데 종종 걸림돌이 되었으니 황제의 분노를 사기 일쑤였기 때문이다.

후한 때 광무제 유수는 하급문관으로 구성된 상서대를 설치하여 승상직을 사실상 폐지했다. 그런데 이제 와 조조가 승상을 부활함으로써 실제로는 스스로 백관의 수뇌 자리에 앉아 헌제와 백관의 거리를 멀게 했으니 그 야심을 충분히 엿볼 수 있었다.

208년에 있은 적벽대전에서 패배한 조조는 중국을 통일할 시기가 아직 무르익지 않았다고 판단하고 자신의 세력을 공고히 다지며 북방 정국을 안정시켰다. 그리고 수군을 양성하는 한편 둔전을 지속적으로 시행했다. 211년에는 장로를 정벌하고 관중의 마초, 한수의 반란을 평정함으로써 관중을 안정시켰다. 212년에 동소 등은 조조의 심중을 읽고 조조를 국공으로 승급하고 구석을 내려 혁혁한 공을 치하하라고 건의했다. 그뿐만 아니라 마초를 정벌한 후 업성으로 돌아왔을 때 헌제는 어전에 들 때 허리를 굽혀 절하지도 않고 신발을 신고 칼을 차고 들어와도 좋다는 파격적인 대우까지 조조에게 윤허했으니 이는 한나라 초기의 승상 소하 이후 처음이었다. 신하가 어전에 들 때 지켜야 하는 모든 예절을 조조는 준수하지 않아도 되었고, 이로써 스스로 지위를 한 걸음씩 높여가며 자신의 비범함을 드러냈다.

213년에 조조는 손권과 교전하면서 중대한 진전을 이루어냈다. 손권의 강서 진영을 대파하고 손권군의 도감 공손양(公孫陽)을 포로로 잡은 것이다. 그해 5월 조조는 정식으로 위공에 책봉되었다. 7월에는 위의 사적종묘를 짓기 시작했고, 10월에는 위군을 동서부로 나누어 도위를 설치했다. 11월에는 상서, 시중, 육경을 처음으로 두어 자신만의 '나라 안의 나라'를 세웠다.

조조가 공(公)이라는 호칭을 사용한 것은 이미 자신을 왕망과 나란히 두었다는 것을 의미했다. 한나라 역사상 유씨 이외의 성이 공에 책봉된 경우는 전한 말의 왕망뿐이었으니 말이다. 이렇게 되면 설령 조조에게 정말

역심이 없었다 하더라도 누가 그 저의를 의심하지 않겠는가? 수석 고문 순욱은 조조에게 충정의 마음을 지켜 자리에서 물러나라고 권유했다가 그 자리에서 유배당했으니 이는 조조의 황위 찬탈의 야심은 이미 행동으로 옮겨지기 시작했음을 말해준다.

214년 정월 하후연은 마초, 한수와 대전을 벌여 조조에게 승리를 안겨주었다. 이를 핑계로 조조는 헌제에게 다시 '상'을 요구했다. 3월에 헌제는 위공의 지위를 제후 왕보다 높이고 금새와 붉은 인수, 원유관을 주었다. 이는 황제 다음에 해당하는 대우를 한 것이다.

같은 해 한 황후 복씨가 조조에 대한 불만을 쓴 편지가 발각되자 조조는 즉시 황후를 폐한 뒤 죽였다. 《후한서》〈효헌제기〉는 이렇게 기록했다. "조조가 황후 복씨를 죽이고 그 일족과 두 아들을 죽였다." 한 나라의 황후로서 서신에 불평 몇 마디 늘어놓고 아버지와 오빠에게 조치를 강구하기를 바라는 뜻을 전했을 뿐 실제로 어떤 행동을 취한 것도 아니었지만, 복 황후 일족은 대재앙을 겪었다. 이는 당시 조조의 위세가 가히 짐작이 가는 대목이다.

215년에 조조의 딸이 헌제의 황후로 책봉되면서 헌제는 허튼수작을 더는 부릴 수 없게 되었다. 216년 초 조조는 친히 적전(籍田)을 경작했다. 5월에 헌제는 조조에게 위왕의 작위를 내렸다.

고대 천자는 한 해를 시작하는 봄쯤에 직접 경작을 하고 천을 짜 보였다. 물론 이는 그저 시연 수준으로 농민에게 천하의 근본을 가르치기 위함이었지만, 친히 적전을 경작하는 일은 훗날 천자의 특권이 되었다. 그런데 조조가 이를 행했으니 누가 보아도 천자에 대한 도전임이 분명했다. 217년이 되자 조조는 다시 손권을 격퇴했다. 같은 해 4월 헌제는 조조에게 천자의 깃발을 하사하고 출입할 때 황제 전용 거마와 도로를 사용하도록 했다. 10월에는 위왕의 관모에 술을 12개 달게 하고 말 여섯 필이 끄는 금근거를 타되 그 뒤로는 음양오행에 따라 각각 다섯 가지 색깔의 수레를 거느리도록 했다.

이에 이르러 조조는 천자를 상징하는 모든 격식과 권력을 갖추었고, 용상을 빼고는 헌제가 조조에게 더 줄 수 있는 것이 없었다. 황포가 조조의 갑옷이 되니 중국 북방에서는 명의상 황제 외에 실질적인 황제를 한 사람 더 두게 되었다. 같은 해 오랫동안 조조를 고심하게 만든 후계자 문제도 해결되어 마침내 조비가 위 태자로 추대되었다. 권력의 대물림까지 확정된 것이다.

219년 7월에 조조는 부인 변씨를 왕후로 봉했다. 이로써 조씨의 작은 왕조는 형식부터 내용에 이르기까지 완벽하게 갖추어졌다. 그해 조조, 유비, 손권의 세 집단은 형주를 둘러싸고 대전을 벌인 결과 손권과 유비의 연합군이 와해되어 유비는 형주를 잃고 서남부 일대를 지키게 되었으니 삼국정립의 국면이 형성되었다. 그러나 일강이약의 구도로 조조의 위나라가 전략적 주도권을 쥐고 있었다.

손권은 나중에 형주를 수복했지만 동시에 조조와 유비 집단의 압력에 직면하여 고립되었다. 국면을 전환하기 위해 손권은 관우를 기습하여 죽인 뒤 수급을 조조에게 바치면서 상서를 올려 조조의 공덕을 찬양하고 황제를 칭하라고 권했다. 조조는 이 상서를 읽고 나서 군신들에게 보여주며 이렇게 말했다. "이놈이 나를 화로에 넣어 삶으려고 작정했구나!" 220년 정월 23일 관우의 환영을 본 뒤 병이 난 조조가 세상을 떠났다. 조조는 2월 21일 고릉에 묻혔다.

조조의 일생을 돌아보면, 후기 들어 황권을 향한 약진을 계속했지만 결국 마지막 한 걸음은 떼지 못했다. 조조가 황제를 칭하지 않은 이유는 정말 황제가 되려는 생각이 없어서였을까? 그가 스스로 황제라 칭하지 않은 것은 당시 형세를 고려해볼 때 그렇게 하는 것이 자신의 세력 확장에 도움이 되리라고 판단했기 때문일 것이다. 천자의 기치를 걸고 한 왕실을 살리고자 하는 세력을 규합하면, 정치적 걸림돌을 제거하면서 천하평정을 위한 기초를 마련할 수 있었다. 또 적대 세력에게 명분을 주지 않을 수 있었다. 즉 조조가 황제를 칭하지 않은 것은 중국 통일, 패업 실현이라는 거국적 목표를 생각해서였다. 이러한 관점에서 볼 때 그는 명예를 위해 수단을 가리지 않는 식견 좁은 소인배와는 전혀 달랐다.

그러나 조조는 후기 들어 황권에 다가가기 위해 부단히 노력해 실질적인 황제로 군림했다. 왜 그랬을까? 사실 이는 한 왕조를 대체하기 위한 준비 작업이었다. 이를 미끼로 삼아 자신에게 반대하는 세력을 끌어내어 제거함으로써 자신과 후세가 한 왕조를 성공적으로 대체할 수 있도록 견실한 기초를 마련하기 위한 것이었다.

219년 손권이 조조에게 칭제를 권했을 때 조조가 이 상서를 군신들에게 보인 이유는 반대세력을 유인하기 위해서였다. 문무대신 진군(陳群), 환계(桓階), 하후돈 역시 조조의 칭제를 권하며 더는 반대의 목소리를 내지 않았다. 이로써 이미 시기가 성숙했음을 알 수 있다. 하지만 이때 상당한 나이에 이른 조조는 이렇게 말했다. "천명이 내게 있다면 나는 주 문왕을 따르겠다." 명실상부한 황제가 되어 모든 반대 세력을 제거하고 할거 세력의 소멸까지 눈앞에 둔 상황에서 실용주의자인 조조는 굳이 황제의 공허한 명함을 탐하지 않은 것이다.

제 10 장

역사적 평가는 계속 변한다

《삼국지연의》는 모르는 사람이 없을 정도로 유명하며 그 안에 등장하는 조조의 이미지는 더욱 널리 알려져 있다. 조조는 음험하고 간사하며, 야박하고 냉혹한 간웅으로 그려지면서 긴 세월 비난의 대상이 되었다. 조조가 정말 그런 인물이었을까? 역사상 조조는 도대체 어떠한 인물이었을까? 생전에 총명함을 자랑한 조조가 사후에는 어쩌다 만인의 손가락질을 받게 되었을까?

아버지의 역할

　중국은 전통적으로 다자다복(多子多福)을 신봉해왔다. 인구가 적었던 고대에는 출산 장려를 기본 국책으로 둘 정도였다. 물론 오늘날 시행하는 가족계획은 당시로서는 생각도 할 수 없는 일이다. 정력이 넘치는 여느 개국 제왕이나 재상과 마찬가지로 조조 역시 많은 처첩을 거느리며 수많은 자녀를 두었다. 고증에 따르면 조조에게는 아들이 25명 있었다. 다재다능한 정치계 거두이자 뛰어난 군사가, 문학가인 조조가 아버지로서는 어땠을까?

　중국 5000년 역사를 통틀어 우수한 아버지를 들라면 조조도 그 안에 꼽힐 것이다. 그의 아들 중 못난이는 없었다. 모두 재능이 비범했을 뿐 아니라 능력이 두드러지는 분야도 제각기 달랐는데, 이는 조조의 교육과 인도 덕분이었다. 조조 자신의 복잡하고 다변적인 성격과 다재다능한 재능은 그대로 아들들에게 유전되었다.

　조조의 장자는 잘 알려진 조비가 아니라 조앙이다. 사서는 조앙을 효성스러운 인물로 기록했다. 조앙은 약관의 나이에 효렴에 천거되었으며 문무의 재능을 모두 갖추었다. 조조는 조앙을 후계자로 낙점하고 자신의 남북정벌에도 함께 따르도록 했다. 그러나 첫 번째 장수 정벌 때 투항했던 장수가 돌연 반란을 일으키는 바람에 조조가 부상을 입자 자신의 말을 아버지에게 양보한 조앙은 결국 추격하는 군사에게 목숨을 잃었다.

조앙의 죽음을 두고 《삼국지연의》는 "조조는 장수의 투항을 받아들인 후 미모가 빼어난 그의 숙모를 보고는 그만 여색을 밝히는 마음이 발동하여 모든 것을 잊고 그녀를 취했다. 이 일로 크게 노한 장수는 참모 가후의 계략에 따라 조조를 공격해 그 아들을 죽였다"고 기록했다. 정사에 따르면, 장수가 투항했다가 나중에 모반을 꾀한 일은 의혹투성이로 정확한 사실을 알 수 없다. 그러나 조앙의 수양어머니이자 조조의 본처인 정 부인이 양자인 조앙의 참혹한 죽음 이후 조조를 용서하지 못하고 이혼을 감행했다는 야사는 진실인 것으로 보인다. 그러고 보면 조조는 좋은 아버지는 아니었던 셈이다.

그러나 조조는 전장에서 실패한 후 과오를 바로잡았던 것처럼 아비로서 아들에게 부끄러운 행동은 그 한 번뿐이었다. 조조는 다른 아들들의 교육에 최선을 다했을 뿐 아니라 재능에 따른 교육으로 아이들을 독려했다. 훗날 황제가 된 조비는 조앙의 뒤를 이어 장자가 되었고, 조조는 그를 키우는 데 한 치의 소홀함이 없었다. 사료의 기록에 따르면 조비는 8세에 글을 쓸 정도로 영재였고 성년이 된 후에는 고금의 문장에 통달하여 제자백가에 모르는 것이 없었다. 그뿐만 아니라 말 타기와 활쏘기, 검술에도 능했으니 모두 조조의 교육에 힘입은 바 컸다.

조조는 조비가 귀족 자제로서 거만해지지 않도록 일부러 타격을 주기도 했다. 건안 15년(210년) 조비는 사도 조온(趙溫)에 의해 관리로 천거되었다. 조조는 헌제에게 상서를 올려 말했다. "조온이 제 아들을 천거했는데 조정의 규정과 절차를 따르지 않았습니다." 결국 조비는 그 관직을 받지 못했다. 조조의 목적은 조비에게 먼 길로 돌아오도록 함으로써 좀 더 성숙한 인격을 갖추게 하는 데 있었다. 그가 후계자 양성에 얼마나 고심하며 공을 들였는지 알 수 있는 대목이다.

조조는 적장자를 세우는 문제를 두고 기나긴 시간 고심했는데 그 이면에는 은밀한 내막이 있었다. 조조는 누구보다도 탁월한 정치가였다. 정치가가 정치에 직면하면 오직 이익만을 염두에 둘 뿐 감정은 철저히 배제한다. 당시 가장 우수한 정치가로서, 가장 총애하는 아들 조식이 정치가보다는 시인에 가깝다는 사실을 조조가 몰랐을 리 없다. 그런데도 적장자를 세우는 데 긴 시간을 들인 데는 감정적 요소 외에 아마도 조비에게 시련을 줌으로써 정치 투쟁을 하는 법과 사람의 마음을 얻는 법을 배우게 하고픈 뜻이 숨어 있었을 것이다. 이로써 더 훌륭한 후계자를 양성하고자 했던 것이다.

후대에 황제 조비에 대해 어떤 비난이 있든, 그는 억지로 황제가 되었지만 배울 점도 있었다. 그는 "자고로 망하지 않은 나라가 없으며 파헤쳐지지 않은 무덤이 없다"고 했는데, 천하의 지존으로서 이같이 자기 자신을 아는 밝음을 지닌다는 것은 결코 쉽지 않은 일이다.

조비는 문학평론가로서, 《전론》〈논문〉에서 "글을 짓는 것은 나라를 경영하는 큰 업이요, 썩지 않는 큰일이다"라고 말하여 오늘날까지도 많은 문인들에게 감동을 주고 있다. 조비는 당대 문인을 평가함으로써 중국 문학비평사의 첫 획을 긋기도 했다.

조비의 문장은 대범하고 처량하며, 격앙되고 호방한 조조의 문장과 비교되지 않지만 나름대로 빼어났다. 《연가행》은 역대 고문의 대표작으로 남았으니 조비의 필치 또한 예사롭지 않았음을 알 수 있다. 조비는 훌륭한 문장가이자 대체로 합격점을 받을 만한 황제였다. 다시 말해 조조의 후계자 선택과 양성이 최선은 아니었을지라도 최악은 아니었다고 할 수 있다.

조조의 아들 중 가장 잘 알려져 있고 동정을 많이 받는 인물은 바로 재능이 여덟 말이었다는 조식이다. 조식은 천재 시인이었다. 그는 10세가 넘었을 때 벌써 《시경》과 《논어》, 사부 수십만 자를 읽고 글을 짓는 데 능했다.

이 문학 천재에게 조조는 격려를 아끼지 않았다. 어느 날 조조가 조식의 글을 보고 일부러 이렇게 말했다. "이는 누가 대신 써준 것이냐?" 조식이 대답했다. "말을 하면 논리가 되고 붓을 들면 문장이 되는데 굳이 남에게 청할 필요가 있습니까?" 조식의 문학적 재능은 확실히 나무랄 데가 없었다.

이런 아들 조식을 조조는 문무를 겸비한 인재로 키우고 싶어 했다. 조식이 23세 되던 때 조조는 손권 정벌에 나서면서 조식에게 업성을 지키며 정무를 처리하고 군사적 능력을 단련하라고 했다. 조조는 조식에게 이렇게 당부했다. "내가 스물세 살 때 돈구령을 지냈는데 지금 와서 그때의 조치를 돌아보아도 후회가 남지 않는다. 네가 이제 스물세 살이 되었으니 스스로 단련할 때가 되었다."

조식이 문학적으로 걸출한 업적을 쌓아가자 역시 문학에 조예가 깊었던 조조는 그를 사랑한 나머지 태자로 세우려고 했다. 그러나 조식은 제멋대로 행하며 스스로 격려하지 못하고 음주를 절제하지 못하는 반면 조비는 인심을 얻는 데 더 능했으므로 조식을 태자로 세우려는 마음을 접었다. 하지만 조조는 여전히 조식을 교육하는 일은 포기하지 않았다.

관우가 조인을 공격하여 형세가 위급해지자 조조는 조식을 남중랑장에 임명하여 정로장군의 직책을 대리하게 하고 조인을 지원하도록 보내고자 했다. 직무 임명이 끝난 뒤 사랑하는 아들에게 다시 한 번 행군 요령을 당부하기 위해 불렀는데, 안타깝게도 이 시인은 또 술에 엉망으로 취해 있었다. 실망한 조조는 이 문학 천재에게 마지막 기회를 주는 것마저 포기하고 말았다.

조조의 아들 중에는 수염이 덥수룩한 조창이라는 인물이 있었다. 그는 무예가 뛰어나 허저, 전위 등 최고의 맹장들과 어깨를 나란히 했다. 그는 활쏘기와 말 타기에 능하고 힘이 유달리 세어 맨손으로 맹수를 상대할 정도였다. 수차례 조조의 출정에 함께하며 삼군을 두루 섭렵했다. 조조는 조창을 대단히 아꼈지만 역시 훈계를 잊지 않았다. "네가 글 읽는 것을 알지 못하고 말 타기와 칼 쓰기만 아는 것은 필부의 용맹함일 뿐이다. 자신만 보존할 줄 아는 것이 무슨 능력이라 할 수 있느냐." 조조는 직접 경전을 몇 권 골라 조창에게 공부하도록 하고 《시경》과 《서경》에 통달하여 만인을 이기는 문인의 풍격을 지닌 장수가 되길 바랐다. 그러나 조창은 이에 거부감을 나타내며 사석에서 이렇게 불만을 털어놓았다. "대장부가 사해를 종횡무진하며 위청, 곽거병을 본받아 10만 군사를 이끌고 전장을 누비는데, 어찌 집에서 일개 박사가 될 수 있을까?"

조창은 효기장군으로서 군사를 이끌고 오환의 반란을 진압할 기회를 얻었다. 조창이 떠나기에 앞서 조조는 이렇게 당부했다. "집에서는 부자간이지만 일할 때는 군신이니 일단 군령을 어기면 내가 용서하리라고 기대하지 마라." 조창은 적극적으로 출격하여 일격에 적을 무찔렀고, 적이 도주하자 꼬박 하루를 추격해 대승을 거두었다. 전쟁을 관망하던 선비족은 조창의 용맹함에 수만의 기병을 보유하고도 감히 나서지 못하다가 결국 자발적으로 위나라에 투항했다.

승리 후 조창에게는 엄청난 상찬이 주어졌다. 그는 조조에게 전황을 보고하는 자리에서 자만하지 않고 공을 장수들에게 돌려 조조를 더욱 기쁘게 했다. 조창은 용맹하고 지략을 갖춘 장수로서의 모습을 그대로 보여주었으니 이 역시 조조가 교육에 힘쓴 결과였다.

조조에게는 조충이라는 어린 아들도 있었는데, 그 역시 조조의 아들 중 출중한 인물로 꼽힌다. 자가 창서(倉舒)인 조충은 5, 6세에 지혜와 의지가 마치 성인과 같았다고 한다. 조충이 코끼리의 무게를 쟀다는 이야기는 무척 유명하다. 당시 손권이 조조에게 코끼리를 한 마리 선물해왔다. 조조는 크기에 감탄하여 코끼리의 무게를 달 수 있는 사람이 없느냐고 물었지만 아무도 대답하는 사람이 없었다. 그러자 조충이 나서서 대답했다. "먼저 코끼리를 배에 태웁니다. 그리고 배의 수면과 일치하는 부분을 선체에 표시해둡니다. 그다음 코끼리 대신 돌을 배에 그려진 표시와 일치할 때까지 채웁니다. 그러고 나서 그 돌을 배에서 내려 무게를 재는 겁니다." 조조 수하에 인재는 많았지만 코끼리 무게를 잴 방법을 생각해낸 사람은 아무도 없었는데, 조충은 어린 나이에 이렇듯 영민한 생각을 해냈으니 참으로 놀라운 일이 아닐 수 없었다.

조충은 남달리 총명했을 뿐 아니라 마음씨도 착했다. 한번은 창고에 둔 조조의 말안장을 쥐가 갉아먹은 일이 있었다. 당시 규정에 따르면 말안장 보관을 책임지는 고리는 죽음을 면키 어려웠기에 목이 달아날까 두려워하며 스스로 죄를 청하려고 했다. 조충이 이를 알고 고리에게 3일 후에 보고하라고 일렀다. 그러고는 자신의 옷을 마치 쥐가 갉은 것처럼 작은 칼로 엉망으로 만든 다음 조조 앞에서 걱정스러운 모습을 내비쳤다. 조조가 물었다. "충아, 무슨 일이냐?" 조충이 대답했다. "제 옷을 쥐가 갉았는데, 사람들이 이야기하기를 쥐가 사람의 옷을 갉으면 옷 주인에게 불길한 일이 일어날 징조라 하기에 걱정되어 그렇습니다." 조조가 위로하며 말했다. "모두 헛소리다. 이 일로 걱정할 것이 없다."

오래지 않아 고리는 말안장이 쥐에 갉혀 엉망이 되었다고 보고했다. 그러자 조조가 말했다. "내 아들의 옷도 쥐에 갉히는데 하물며 창고에 둔 말안장이야 오죽하겠는가?" 그리하여 고리는 책임 추궁을 면할 수 있었다. 사실 조충의 작은 속임수와 고리의 절묘한 보고 시점으로 미루어볼 때 모두 조충의 계획이라는 것을 조조가 몰랐을 리 없다. 그러나 조조는 모른 척함으로써 어린 아들의 총명하고 선량한 마음을 지켜준 것이다. 여기서도 아들을 향한 조조의 애정이 듬뿍 느껴진다.

조조 아들들의 면면을 살펴보면 모두 천부적인 재능을 갖추었다. 더욱이 조조는 아들들의 천부적 재능을 잘 보존하여 발전할 기회를 충분히 주었다. 또 아들들이 만능 재주꾼으로 발전하도록 최선의 노력을 기울였기 때문에 그들은 거의 모두 우수했다. 이러한 관점에서 볼 때 조조는 교육학과 심리학을 알고 사람의 성장을 이해하는 좋은 아버지였다.

영웅의 여인들

전반적으로 볼 때 조조는 훌륭한 아버지였지만 각종 자료로 미루어 보건대 여색을 밝히는 편이었다. 하지만 여기에는 나름대로 이유가 있었다. 서주 때 일부다첩제가 시행된 이후 여성을 농락하고 처첩을 여럿 거느리는 것은 귀족들의 특권이 되었다. 어릴 때 남의 집 새색시 희롱하기를 즐긴 조조는 커서도 아름다운 여성을 보면 그냥 지나치지 못했다. 《삼국지연의》에서 나관중은 조조의 이 결점을 꼬집어 비난했다. 《삼국지연의》를 보면 조조는 장수를 정벌하던 중 여색을 밝히다가 결국 장자를 잃었다.

적벽대전 부분에서 나관중은 제갈량이 사람의 화를 돋우는 격장법(激將法)을 써 주유의 화를 불러일으켰다고 설정했다. 이에 따르면 제갈량은 일부러 주유에게 강동의 두 미인 대교(大喬)와 소교(小喬)를 조조에게 바치면 여색을 좋아하는 조조가 스스로 후퇴할 것이라고 했다. 또 조식이 지은 《동작대부》에 "두 교씨를 동남에서 잡아와 조석으로 함께 즐기리라"라는 구절을 넣어 조조가 대교와 소교를 탐내는 마음을 묘사했다.

주유가 이를 듣고 노발대발하여 벌떡 일어서더니 북방을 가리키며 욕설을 퍼부었다. "늙은 도적놈이 너무하는구나! 내가 늙은 도적을 가만두지 않으리라!" 대교는 원래 손책의 아내고 소교는 주유의 아내다. 유가의 충효인의로 세운 한 정권에서 남의 아내를 탐한다는 것은 크나큰 금기였으니 주유가 조조와 결전을 결심한 것도 당연하다.

물론 이 이야기는 허구지만 조조가 여색을 밝힌 것은 사실이다. 한 통계에 따르면 조조가 거느린 처첩이 무리를 이루니 그녀들의 알려진 성만 따져도 15개에 이르렀다고 한다. 재미있는 사실은 조조는 자신의 여인들을 고르는 데도 인재를 선발하듯 까다롭고 독특한 잣대를 적용해 후궁을 뽑는 기준이 다채롭고도 기이했다는 것이다. 조조는 자신의 여인들에게 남자로서, 남편으로서, 정인으로서의 역할을 다했다. 때로는 넘치게, 때로는 깊게, 때로는 우매하게, 때로는 아프게 사랑했으니 실로 감탄을 자아낼 정도였다.

조조의 정실은 원래 조비와 조식을 낳은 변 왕후가 아니라 낮은 벼슬아치의 딸인 정 부인이었다. 조조의 위세 때문에 열 여인 중에 아홉은 그를 두려워했지만 정 부인은 달랐다. 그녀는 일찍이 조조에게 시집왔지만 슬하에 자식이 없어 젊은 나이에 요절한 조조의 첫 번째 첩 유씨 부인의 소생인 장자 조앙과 장녀 청하공주 그리고 조삭(曹鑠)을 거두어 키웠다. 정 부인은 세 남매를 친자식처럼 사랑했다. 특히 장자인 조앙에게는 모든 정성과 희망을 쏟아 부었다. 조앙도 양어머니의 기대를 저버리지 않아 효성이 깊었을 뿐 아니라 점잖고 고상하여 칭송이 자자한 소년 장교가 되었다.

그러나 뜻밖에도 장수를 정벌하던 중 조조가 여색을 탐하여 투항했던 장수가 다시 모반을 꾀하는 바람에 사고가 일어났다. 조조는 일패도지하여 장자 조앙을 전장에서 잃고 말았다. 이 소식을 들은 정 부인은 자식을 잃은 사무치는 슬픔에 눈물이 마를 날이 없었다. 그런데도 훗날 장수가 투항하자 조조는 과거의 잘못을 탓하기는커녕 그에게 후한 상을 내리고 딸까지 시집보내었으니 정 부인은 슬픔을 가눌 길이 없어 조조의 면전에 욕을 퍼붓고 돌아서서 눈물을 지었다. 조조는 이를 참을 수 없어 정 부인을 친정으로 돌려보냈다.

조조는 정 부인이 그의 저택에서 호화로운 생활에 길든 사람이라 친정으로 돌아가더라도 결국에는 청빈한 생활을 견디지 못하고 틀림없이 마음을 돌릴 것이라고 생각했다. 그러나 정 부인은 태연자약하게 옷감을 짜며 잘 지냈다. 얼마간 시간이 흐른 뒤 조조는 정 부인을 보고 싶은 마음을 참지 못하고 직접 그녀를 찾아가 다시 돌아오라고 권유했다. 그러나 뜻밖에도 정 부인은 아무 말도 듣지 못한 양 옷감 짜는 데만 열중했다. 조조는 아내가 나와 보지도 않자 할 수 없이 그녀가 옷감을 짜는 방에 들어가 그녀의 등을 어루만지며 부탁했다. "당신, 고개를 돌려 나를 좀 보시오. 나와 함께 왕궁으로 돌아갈 수 없겠소?" 정 부인은 고개도 돌리지 않고 대답도 하지 않았다. 조조는 한참을 기다리다 하릴없이 방을 나왔다.

한참 배회하던 조조는 망설이며 다시 그녀의 방에 달린 창밖에서 낮은 소리로 말했다. "정말 다시는 나를 용서할 수 없겠소?" 정 부인은 여전히 아무 대답도 하지 않고 손으로는 한 치의 오차도 없이 옷감을 짜나갔다. 조조는 길게 한숨을 내쉬며 탄식했다. "정말 나와는 헤어지기로 결심한 모양이구려." 그리하여 결국 조조는 그 집을 떠났다. 집으로 돌아간 조조는 정 부인과 재결합이 불가능함을 깨닫고 그녀를 더 괴롭히고 싶지 않아 그녀에게 개가해도 좋다는 뜻을 전했다.

훗날 조조는 정 부인을 잊지 못해 변 부인을 내세워 수차례 왕궁의 연회에 그녀를 초대했다. 정 부인은 가끔 참석하여 밝은 얼굴로 깍듯하게 변 부인을 대했지만 조조에게는 눈길 한 번 주지 않았다.

개가하지 않고 홀로 지내던 정 부인은 몇 년 뒤 친정에서 조용히 세상을 떠났다. 조조는 슬픔을 주체하지 못했고 그녀에게 속죄할 길이 없음에 더욱 마음 아파했다. 그래서 변 부인에게 정 부인의 장례를 치르도록 하고 직접 묘지를 선택하여 그녀를 허창성 남쪽에 안장했다. 몇 년 뒤 조조 역시 임종을 앞두게 되었는데, 그는 여전히 정 부인과 이별한 것을 마음 아파하며 이렇게 탄식했다. "내 평생 좋은 일도 많이 하고 나쁜 일도 많이 했지만 가슴에 맺힌 바가 없거늘, 오직 한 가지 마음에 걸리는 일이 있다. 죽어서 만일 영혼이 있어 저 세상에서 아들 앙을 만났을 때 앙이 내게 '제 어머니는 어디 계신가요?'라고 물으면 어찌 대답해야 할까?" 한 시대를 풍미한 인물이 아내를 향해 이토록 깊은 정을 간직하고 있었으니 어찌 조조에게 진정이 없다고 말할 수 있을까!

조조와 평생을 함께 걸어간 여인은 변 부인이었다. 변 부인은 창기 출신으로 몸은 팔지 않지만 기예를 팔며 대대로 노래와 춤으로 생계를 이어가는 집안 소생이다. 성년이 된 변씨 역시 가무 기녀가 되어 사방을 떠돌다 우연히 초지에 이르렀다. 이때 조조는 황실의 인척들에게서 화를 피하기 위해 병을 핑계로 사직을 고사하고 고향에 내려와 글 읽기와 사냥으로 시간을 보내고 있었다. 조조는 당시 스무 살이던 변씨의 재색에 반해 그녀를 첩으로 맞았다.

창기 출신인 변씨는 애교가 간드러져 조조의 깊은 사랑을 받았을 뿐 아니라 견식이 넓고 주관이 뚜렷했다. 189년 동탁의 난 이후 조조가 동탁에 불만을 품어 식솔을 팽개쳐두고 낙양을 떠나 외지에서 군사를 일으켜 반동탁 연합군에 참가했을 때의 일이다.

조조가 떠난 뒤 오래지 않아 원술은 낙양에 머물러 있던 조씨 일가에게 조조가 전사했다고 알렸다. 조조의 고향집은 혼란에 빠졌고 그에게 의탁했던 부하들이 해산을 준비했다. 그러나 변씨는 내심 남편에 대한 걱정을 억누르며 조조의 부하들에게 말했다.

"남편의 생사는 분명치 않고 떠도는 말은 믿을 수 없으니 만일 오늘 고향으로 돌아갔는데 남편이 내일 평안하게 집으로 돌아오면 여러분은 무슨 면목으로 주인을 뵐 수 있겠습니까? 알지 못하는 화를 피하기 위해 일생의 명예와 절개를 버리겠습니까?"

부하들은 서로 얼굴만 쳐다보다가 결국 조조를 기다리기로 결정했다. 이에 힘입어 위험에 처한 조조 일가는 낙양을 순조롭게 빠져나왔고 조조가 다시 일어설 기반인 병사들도 지켜냈다.

정 부인이 떠나고 오래지 않아 조조가 첩인 변씨를 정실로 들였고, 변씨는 이때부터 변 부인이 되었다. 정실이 된 후에도 그녀는 남편을 내조하고 자녀를 양육하며 첩들을 잘 보살폈다. 변 부인은 먼저 세상을 떠난 첩의 소생까지도 정성껏 교육해 조조가 자식 걱정 없이 전력을 다하여 천하의 대업을 도모할 수 있게 해주었다.

216년 5월 조조가 위왕에 책봉된 후 변 부인의 아들들, 특히 조비와 조식이 후계자 자리를 놓고 암투를 벌였다. 전체적으로 보면 변 부인은 조식을 편애했지만 시종일관 침묵을 지키며 어떠한 말도 함부로 하지 않았다. 결국 조조는 조비를 후계자로 결정하여 위왕의 태자로 세웠다.

조비가 태자가 되자 가까운 대신들이 곧 변 부인에게 기쁜 소식을 알렸다. 그러자 변 부인은 담담하게 말했다. "조비는 장자라서 후계자가 되었습니다. 내가 어머니로서 아들 교육에 실수가 없었다면 그것으로 되었지

우리 모자에게는 공이랄 것도 없으니 무슨 상찬할 것이 있겠습니까?" 변 부인의 말을 전해들은 조조는 크게 기뻐하여 그녀를 칭찬했다. "분노가 치밀어도 침착함이 변치 않고 기뻐도 예의를 잃지 않으니 참으로 쉽지 않은 일이로다." 219년 7월 조조는 책서를 공포하여 출신이 비천한 변씨를 왕후로 책봉했다. 그때 그녀의 나이 58세였다.

조조는 근검절약을 숭상하여 그의 비빈들도 사치스러운 옷이나 장신구를 사용하지 않았다. 이런 면에서 변 부인은 부창부수였다. 수를 놓지 않은 수수한 옷차림에 진주와 옥 장식을 패용하지 않았고, 실내 가구에는 화려한 채색을 하지 않았다. 그러나 아무리 검소한 여인이라도 아름다움을 추구하는 마음은 있으니 풍류를 사랑한 조조 역시 이를 잘 알고 있었다.

어느 날 조조가 여성용 장신구를 얻어 왕부로 보내 왕후에게 먼저 고르게 했다. 변 왕후의 선택은 뜻밖이었다. 가장 화려하지도, 가장 수수하지도 않은 보통 수준의 장신구를 고른 것이다. 조조가 이상하게 여겨 그 이유를 묻자 변 왕후는 담담하게 말했다. "만일 가장 좋은 것을 고르면 그것은 욕심이요, 만일 가장 나쁜 것을 고르면 그것은 가식이니 중간 것을 골랐습니다." 변 왕후의 솔선수범에 따라 조조의 초기 후궁들은 모두 한결같이 검소하게 생활했다.

조조의 처첩들은 출신도 다양했다. 예컨대 정 부인은 양갓집 출신이었고, 변 부인은 창기 출신이었으며, 윤 부인은 이력이 특이했다. 윤 부인은 원래 후한 말 하 태후의 조카며느리로 동탁의 난 때 남편을 여의고 홀로 어린 아들 하연(何晏)과 생활했다. 그녀는 아들을 낳아 기르고 있었지만 여전히 미모가 빼어나 조조는 금세 그녀에게 반해 첩으로 맞았다.

조조는 하연을 양자로 들이려 했으나, 하연은 어린 나이에도 자신의 하씨 성이 조씨보다 높다고 여겨 성을 바꾸려 들지 않았다. 조조는 어린아이와 더 다투지 않고 성을 그대로 두고는 하씨 아이를 잘 길렀다. 하연은 장성한 후 용모가 준수하고 풍모가 빼어났다. 조조는 그에게 자신의 딸 금향공주를 시집보냈다.

마음에 드는 아름다운 여인을 보면 조조는 신분을 가리지 않고 온갖 수단을 동원하여 손에 넣었다. 하 태후의 조카며느리도 그랬고 여포 부장의 아내도 그랬다. 그러고 보면 장수를 정벌할 당시 그의 숙모를 취함으로써 그의 백부가 되려고 한 것도 충분히 있을 수 있는 일이었다. 냉정하게 말하면 조조는 확실히 호색한이었고 사랑을 남용했지만 이는 세도가 귀족에게 으레 볼 수 있는 일이었다. 그러나 조조는 자신이 진심으로 사랑한 여인에게 한결같이 마음을 다했고, 그녀들과 그 자녀들의 선택을 존중했다. 그런 점에서 조조는 보통 남자들과는 확실히 달랐다. 조조는 자신의 여인을 마치 갓 연애를 시작한 애인인 듯 다정하고 세심하게 배려했으며 삶의 마지막 순간까지도 그 자상함은 여전했다.

220년에 조조는 임종을 앞두고 틈틈이 〈유령(遺令)〉을 썼는데, 이 걸출한 정치가는 자신의 평생의 공과는 별달리 언급하지 않았다. 다만 군에서의 법 집행이 엄격하고 분명했던 것은 옳았으며, 평소 소소하게 화를 내거나 크게 잘못을 범한 점은 본받을 가치가 없다고 명확히 지적했다.

그는 자신의 장례에 관해서도 엄격한 제한을 두었다. 죽을 때 입은 옷 그대로 입관하고, 관에는 금옥이나 진귀한 보석을 넣지 말라고 규정했다. 상이 끝나면 모두 상복을 벗은 뒤 장병들은 부대를 떠나지 말고 관리는 자기 부서를 지키라고 유언했다. 남은 부분은 시시콜콜한 이야기로 메워져 있다. 예컨대 평생 자신을 모신 희첩과 예기들은 모두 평소에 고생했으므로 자신이 죽은 뒤에도 동작대에서 살게 해주고 홀대하지 말라고 당부했다. 또 자신이 남긴 좋은 향을 희첩들에게 나누어주되 제사에 써서 낭비하지 않도록 했다. 이 여인들은 한가할 때는 한가히 지내지만 말고 새끼 꼬는 법이라도 배워두면 나중에 만에 하나 조씨 가문이 몰락하더라도 생계를 도모할 수 있을 것이라고도 했다. 자식이 없는 첩들은 개가해도 좋다는 말도 있었다. 이렇듯 영웅의 면모가 보이지 않고 자식들에게 미련을 남긴 〈유령〉을 두고 후세 사람들은 비난하기도 했다. 송나라 때 소동파(蘇東坡)는 "평생 간사하고 위선적이더니 죽어서야 본성을 드러냈다"며 조조를 조소하기도 했다.

사실 〈유령〉은 독창적이고 세속에 휘말리지 않는 조조의 품성을 그대로 드러냈다. 처첩에 대한 자질구레한 당부는 그의 감성적이고 정 많은 성정을 잘 설명해준다. 조조는 그야말로 남성적 매력이 넘쳐나는 남자이자 남편이자 애인이었다.

조조의 친구들

춘추전국시대 위나라 상경대부 석작(石碏)은 정치가의 격언을 정리하면서 이렇게 말했다. "군주는 의를 제정하고 신하는 이것을 봉행하며, 아버지는 자애롭고 자녀는 효도하며, 형은 우애하고 아우는 공경하는 것을 육순(六順)이라고 한다. 훗날 제나라 재상 안영이 그것을 두고 이렇게 말했다. '군주는 명령하고 신하는 이에 공손히 따르며, 아버지는 자애하고 자녀는 효도하며, 형은 우애하고 아우는 공경하며, 남편은 온화하고 아내는 유순하며, 시어머니는 자애롭고 며느리는 따르는 것이 예다.'"

훗날 유가의 공자와 맹자가 모두 이 내용을 계승했고 한나라 통치자들은 이를 숭상했으니 이로부터 '아버지는 자애롭고 아들은 효도하며, 형은 우애하고 아우는 공경하며, 지아비는 의롭고 아내는 순종하며, 연장자는 너그럽고 어린 자는 따르며, 군주는 인자하고 신하는 충성한다'는 충효절의(忠孝節義) 사상이 봉건사회에서 한 사람을 평가하는 가장 중요한 기준이 되었다.

봉건도덕이라는 기준으로 조조를 바라보면 사실 역사 속 조조도 봉건사회 기준에 부합하는 인물이다. 아버지로서 조조는 사랑하는 마음으로 문무에 능한 후예를 양성한 좋은 아버지였다. 그리고 남편으로서 조조는 정이 깊고 의로우며 잘못을 용기 있게 고칠 줄 아는 인물이었다. 심지어 수많은 처첩의 애인으로서도 조조는 따뜻하고 정 많은 성정으로 자신의 여인을 책임질 줄 알았다. 그렇다면 각양각색인 친구들에게 조조는 어떤 인물이었을까?

조조가 젊었을 때, 교현(橋玄)은 조조를 가장 먼저 알아보고 대단히 신임했다. 《세설신어》에서 교현은 허소와 비슷한 의미가 담긴 말을 남겼다. "조조는 난세의 영웅, 치세의 간적이다." 그러나 그는 조조의 간사함을 분명히 알면서도 조조를 아끼며 나이를 잊은 친분을 나누었다.

어느 날 두 사람이 함께 길을 가다가 교현이 문득 조조에게 말했다. "내가 죽은 후 당신이 내 무덤 앞을 지나면서 술 한 말, 닭고기 한 마리를 바치지 않으면 세 걸음도 못 가서 배가 몹시 아플 것이니 나를 원망 말라." 나이 차이가 많은 두 사람이 이렇듯 허물없이 농담을 주고받을 수 있었던 것은 조조가 젊은 시절 인격적 매력이 깊은 인물이었음을 말해준다. 두 사람이 농담 삼아 한 말이었지만 조조는 잊지 않고 있다가 교현이 죽은 후 제사를 지내며 약속을 지켰다.

조조보다 스물네 살 위인 채옹은 조조와 돈독한 관계를 유지했다. 조비는 이를 두고 관포지교라고 표현하기도 했다. 조조가 막 벼슬길에 들어섰을 때 채옹은 대문학가이자 서예가였으며 낙양 문장의 거두였다. 한편 조조의 직함은 일개 전군교위였지만 채옹과 절친한 벗이 되었다.

그런데 우정이 오래 지속되기도 전에 동탁의 난이 일어나 조조는 강호로 피해 반동탁을 위한 거병을 준비했다. 중앙 정권을 장악한 동탁은 자신의 통치를 공고히 하기 위해 구족을 죽여 위협한 뒤 명성이 높은 채옹에게 관직을 맡도록 강요했다. 곧이어 채옹을 세 번 연속 승진시켜 그의 마음을 얻고자 했다. 동탁이 각지 반대 세력의 연합으로 죽임을 당하자 채옹은 그를 제사지내다가 왕윤에게 살해되었다. 그리고 관중의 대란이 일어났을 때 채옹의 딸 채문희(蔡文姬)를 흉노족에 납치당했다. 이때 그녀의 나이는 23세였는데, 그 후 12년 동안이나 돌아오지 못했다.

이 12년 동안 조조는 북방의 군웅을 평정하고 헌제를 장안에서 허창으로 맞아 천자를 끼고 제후를 호령했다. 건안 13년(208년) 조조는 채옹과의 우정을 그리워하던 차에 채문희가 남흉노에게 잡혀갔다는 얘기를 듣고 즉시 주근(周近)을 사신으로 보내어 황금 1000냥, 흰 옥구슬 한 쌍을 바치고 그녀를 데려왔으니 이때 그녀의 나이 35세였다. 조조의 주선으로 채문희는 장군 동사(董祀)에게 시집갔다. 결혼한 이듬해 동사가 죄를 범하여 죽게 되자 채문희는 홀로 조조의 승상부로 찾아와 읍소하며 구명을 호소했다. 조조는 옛날 채옹과의 인연을 생각하여 자신이 제정한 법률까지 어겨가며 동사를 풀어주었다. 조조가 우정을 얼마나 소중하게 생각했는지 알 수 있는 대목이다.

건안 19년(214년) 선비 괴월은 병으로 죽게 되자 조조에게 가족을 보살펴달라고 부탁했는데, 조조는 답신에서 이렇게 말했다. "죽은 사람이 다시 살아 돌아온다 해도 산 자는 부끄러울 것이 없소. 나는 오래전부터 거두어 쓴 사람에게 대부분 이렇게 행해왔소. 혼에 영(靈)이 있다면 당신이 이 말을 들을 수 있을 것이오." 조조는 죽은 사람의 부탁을 저버리지 않고 소중히 지켰다.

건안칠자 중 문학적 소양이 가장 뛰어난 왕찬의 아들은 위풍(魏諷)과 반역을 도모했다가 조비에게 주살되었는데, 조조가 이 소식을 듣고 말했다.

"만약 내가 있었더라면 왕찬의 대를 끊지는 않았을 텐데." 조조는 혼잣말로 이렇게 중얼대기도 했다. "전후에 뜻을 행함에 마음속으로 저버리는 일은 없었다."

이 때문에 누군가는 "조조가 사람을 대함에 대체로 후덕한 편이다"라고 평하기도 했다. 여러 사실로 미루어보건대 이는 아마도 사실일 것이다.

조조는 친한 벗, 부하, 문단 동료는 물론 심지어 정적까지도 가능한 한 보살펴주며 적을 친구로 만들었고, 상대 진영의 적에게 대항을 포기하도록 했다. 조조는 진궁과 친구에서 적으로 돌아선 경험이 있었다. 진궁은 연주에서 반란을 도모하여 조조를 난관에 빠뜨렸는데, 조조가 여포를 격퇴한 후 진궁은 조조에게 살려달라고 애걸했다. 결국 조조는 진궁은 죽였지만 그의 가족은 잘 보살펴 노모는 편안하게 천수를 누렸고 딸은 장성하여 결혼했다.

선비 공융과 교분이 깊은 지습(脂習)은 공융이 주살되자 공융의 목 앞에서 통곡하다 조조의 미움을 사 옥에 갇혔다. 하지만 조조는 충효를 귀히 여기는 지습의 마음을 깨닫고 곧 생각을 돌려 그를 놓아주었다. 그뿐만 아니라 그가 허창에서 지낼 곳을 마련해주고 곡식 백곡까지 보내주어 천수를 누리게 했다.

조조가 남방의 유표를 정벌하러 나섰을 때 유표의 부장 문빙은 끝까지 조조에게 저항하다가 마지막 순간 투항했다. "그대는 어찌 늦게 왔는가?" 조조가 이죽거리며 묻자 문빙이 대답했다. "저는 유표가 대업을 성취하도록 보필할 능력도 없고 그 변경의 땅마저도 지킬 능력이 없으니 내심 부끄러워 늦게 왔습니다." 조조는 문빙의 충심에 감동하여 곧 그에게 병마의 통솔을 맡기고 계속 강하태수로 재직하도록 했다.

일련의 사례들을 보면 조조가 사회 자원, 정치 자원으로서 사람을 얼마나 소중히 여겼는지 알 수 있다. 조조는 남의 뜻을 저버리고 천하를 실망시키는 것을 원치 않았고 적진의 인물일지라도 충의를 소중히 여겼다. 예컨대 전국시대 염파(廉頗)와 인상여(藺相如)의 문경지교 같은 의리 있는 적이라면 되도록 존중하며 함부로 죽이지 않았다.

돌아보면 훗날 조조 이후 벌어진 수많은 황위 찬탈 사건 중에서 살육의 피비린내 없이 세워진 새 왕조가 있었던가? 사마씨의 위나라 찬탈, 남송에 번갈아 나타난 송제양진(宋齊梁陳) 네 왕조, 수 문제의 양위, 송 태조의 황포가신(黃袍加身, 신하들이 억지로 황제의 복식인 황포를 입혀 황제로 추대함) 등 그 어떤 사건이 조조보다 덜 잔혹하다고 할 수 있을까? 명 태조는 걸핏하면 정적과 대신을 죽여 수만 명의 머리가 떨어져나갔고, 명 성조는 10족을 멸하는 피비린내 나는 도륙을 자행하며 자신의 정권을 유지했다. 명조의 마지막 숭정황제 역시 대신 수십 명을 제거했고, 청조 때는 문자옥을 실시해 산 사람은 효수하거나 껍질을 벗기거나 유배를 보내고, 죽은 사람은 무덤을 파헤쳐 관을 열고 시체를 훼손했다. 봉건 후기의 통치자들 가운데 스스로 널리 고취하고자 한 예악형정(禮樂刑政)을 준수한 이가 있기는 했을까?

조조는 변덕스럽고 복잡한 인물이었다. 조조는 제국이 어떻게 몰락하는지 보았기 때문에 스스로 창업을 시도할 때는 후궁 중 누구도 조정의 일에 관여하지 못하도록 규정했다. 그리고 아들 조창 등에게도 집에서는 부자관계지만 일할 때는 군신관계라는 원칙을 분명히 했다.

조조는 규범을 준수하며 봉건 예법에 따라 좋은 아버지이자 남편, 훌륭한 군인이자 통솔자로서 할 일을 완벽하게 해냈지만, 동시에 케케묵은 규범에 속박받는 것을 원치 않는 자유로운 성정을 소유했다. 그는 위엄을 내세우는 인물이 아니어서 사람들과 스스럼없이 대화하다가 흥미로운 대목에 가서는 탁자를 마구 두드리기도 하고, 심지어 머리를 안주 접시에 처박기도 했다.

이처럼 조조는 봉건사회의 충효절의를 준수하면서도 진부한 규범을 과감히 깨뜨릴 줄 알았고, 얽매이는 것은 싫어하면서도 소박했으며, 개혁을 갈망하면서도 현실과 타협하는 인물이었다. 온갖 모순을 떠안은 듯 복잡한 품성이 나타나므로 조조는 한마디로 정의할 수 없는 인물이었다. 그러나 냉정히 말해서, 조조는 절대 간교한 인물은 아니었다. 조조는 야심가고 호걸이었으며 역사의 발전을 추진한 인물이었다.

영웅에서 간웅으로 바뀌다

어느 면에서 보든 조조는 중국 역사상 천하를 다스리며 역사 발전을 추진한 영웅이다. 그러나 민간에 널리 전해지는 조조의 이미지는 거의 모두 음험하고 간교한 흰 얼굴의 간신이다.

어째서 우리에게 알려진 조조와 역사 속 실제 조조의 이미지가 이렇게 많이 다를까? 역사 상식이 조금이라도 있는 사람이라면 그 이유를 《삼국지연의》에서 찾을 것이다. 대문호인 루쉰도 이 점을 간파하고 《이이집》에서 이렇게 말했다. "우리가 조조를 이야기할 때 《삼국지연의》를 쉽게 떠올리며, 동시에 경극무대에서 본 흰 얼굴의 간신을 떠올린다. …… 사실 조조는 능력 있는 인물이었으며, 적어도 영웅이었음이 분명하다."

확실히 《삼국지연의》는 살아 있는 간웅 조조를 빚어냈을 뿐만 아니라 국내외에서 커다란 영향력을 발휘하면서 조조가 간웅이라는 부정적 이미지를 널리 전했다.

《삼국지연의》는 그동안 이야기된 조조의 간웅 이미지를 집대성했을 뿐 이미 오래전부터 문인들의 붓 아래에서 조조는 잔혹하고 흉포하며 부정적 얼굴을 한 인물로 만들어졌다. 그 후 민간 문화와 이야기꾼들의 입을 거쳐 널리 전파되면서 역사 속 실제 조조는 한 걸음씩 나락으로 떨어졌고, 결국 《삼국지》의 영웅은 《삼국지연의》에서 간웅으로 변신했다. 물론 이 변화에는 기나긴 과정이 있고 복잡한 원인이 있지만 문학은 이를 부채질하는 결정적인 구실을 했다.

시대적으로 조조와 가까운 사료일수록 조조에 대한 평가는 호의적이다. 조조가 사망하고 어느 정도 시간이 흐른 뒤 위나라에서는 그를 치켜세우는 붐이 일기도 했다. 조식은 《무제뢰》에서 조조의 장례 장면을 이렇게 묘사했다. "천하가 눈물을 삼키고 백성이 슬픔을 머금었다." "백성이 목 놓아 울며 우러러 하늘에 호소했다." 물론 여기에는 과장된 면이 있지만 당시 위나라의 여러 문학작품에서 조조의 지위는 단연 높았다. 훗날 서진(西晉)의 진수가 《삼국지》에서 조조의 파란만장한 일생을 상세히 기록한 후 〈무제기〉에서 《사기》를 모방하여 조조에 관해 80여 자의 평론을 썼다.

"한 말에 천하가 크게 어지러워지자 곳곳에서 영웅호걸들이 일어나니 원소는 범같이 네 주를 차지하여 그 강성함에 대적할 자가 없었다. 태조는 계획을 세우고 책모를 꾸몄으니 이것이 천하에 두루 미쳤다. 신불해(申不害)와 상앙의 법술을 쓰고 한신과 백기(白起)의 기묘한 계책을 갖추어 재능에 따라 관직을 주었다. 각자 자신의 기량에 따르도록 하고, 마음을 바로잡고 계획에 맡겨서 옛날의 악을 염두에 두지 않았으니 끝내 황기(皇機)를 총괄하여 다스리고 대업을 이룰 수 있었던 것은 오직 그의 명석한 책략이 가장 우수했기 때문이다. 우러러보면 가히 비상한 사람이라 할 수 있으니 세대를 뛰어넘는 웅걸이다."

조조에 관해 진수는 비상한 사람이며, 세대를 뛰어넘는 웅걸이라고 칭송했는데, 이는 상당히 높은 평가다. 진수는 관방사학을 대표하는 인물이기 때문에 당시 사람들의 조조에 대한 평가를 대표한다고 볼 수 있다. 얼마 후 서진 문학가 육기는 《조위무제문》에서 조조를 두고 "그 큰 덕은 온 세계를 뒤덮고 해와 달처럼 빛나네"라며 칭송을 아끼지 않았다.

그러나 이와 같은 시기에 조조를 비난하는 움직임도 나타났다. 서진의 장보(張輔)는 《명사우열론》에서 유비와 조조를 전면적으로 비교하면서 조조의 가장 나쁜 품성은 의심이 많고 폭력적인 것이라며 유비를 높이고 조조를 폄하했다. 한편 배송지는 《삼국지》에 주를 달면서 삼국시대의 각종 사료 200여 종을 수집했는데, 〈무제기〉의 주 가운데는 왕침이 쓴 《위서》에 나온 조조를 칭찬한 사료도 포함되어 있다. 그러나 배송지는 《삼국지》에 언급되지 않은 내용까지 보충하여 첨가했는데, 이들 내용은 대부분 《아만전》과 《이동잡어》에서 발췌했다.

이 두 책은 조조의 공적을 부정하고 단점을 부각했다. 예컨대 모두 흥미진진하게 이야기하는 '치세의 능신, 난세의 간웅'을 두고 《후한서》 〈허소전〉에서 허소는 조조를 이렇게 평가했다. "그대는 태평세월의 간적이요, 난세의 영웅이라." 한편 《이동잡어》에서는 "당신은 치세의 능신이요, 난세의 간웅이라"고 고쳐졌다. 이에 이르니 간웅으로서 조조의 이미지는 서서히 굳어졌다. 이는 나관중의 《삼국지연의》에서 처음 비롯되었다고 할 수 있다.

조조의 이미지는 남조(南朝) 중 송대에 이르러 한층 더 악화되었다. 유송(劉宋)의 임천왕 유의경은 《세설신어》에서 조조에 얽힌 일화를 많이 소개했다. 그러나 대부분 조조의 잘못을 열거하고, 조조의 단점을 드러내는 것이었다.

당(唐)대에 이르러 조조에 대한 평가는 반반으로 갈렸다. 두보는 《단청인증조장군패》에서 조조를 영웅이라 칭송하며 이렇게 말했다. "장군 위무의 자손은 오늘날 청빈한 서민 가문이 되었으니 영웅의 할거는 이제 없지만 문필의 풍류는 여전히 남았네."

두보와 어깨를 나란히 한 이백은 조조를 부정적으로 보았다. 그는 《망앵무주회예형》에서 "위제는 위엄이 당당하여 천하에 따르지 않는 자 없는데 예형이란 사람 앞에서는 한낱 개미에 불과했다"고 했다. 조조가 예형을 해친 역사적인 사실을 비난한 것이다. 사학자 유지기(劉知幾)는 "모후를 죽이고 주상을 압박하며 백성에게 죄를 지었다"며 조조를 완전히 부정했다.

당나라 사람의 조조에 관한 평가 중 가장 영향력이 큰 것은 당 태종 이세민이 《제위태조문》에서 평한 내용이다. 이세민은 조조를 영웅적 무사의 자태라며 나라의 동량이라 칭했다. 동시에 "한 장수의 재능으로는 남음이 있고, 만승(萬乘)을 거느릴 재능으로는 부족하다"며 조조는 일개 장수일 뿐 천하에 군림할 군주의 재목이 아니라고 지적했다.

송나라 때에 이르러 조조의 부정적 이미지를 평한 인물 중 영향력이 가장 큰 이는 사마광과 주희(朱熹)였다. 사마광은 조조에게 호감이 거의 없었던 듯하다. 그는 《자치통감》에서 삼국과 조조에 관해 뚜렷하게 폄하하는 경향을 나타냈다. 사료를 인용하는 부분에서도 그는 《후한서》에 나오는 난세의 영웅이라는 표현을 쓰지 않고 《이동잡어》에 등장하는 난세의 간웅이라는 표현을 썼다. 사마광은 정계뿐 아니라 문단에서도 영향력 있는 거두였는데, 《자치통감》은 송 신종(神宗)이 직접 수정한 역사서기에 민간에 미치는 영향력이 매우 컸다.

송나라 때 설서(說書, 강담)가 빠르게 발달하면서 관부에서 확정된 간웅의 이미지는 민간에까지 전해졌다. 더구나 입담 좋은 이야기꾼들의 입을 거치면서 내용이 보태져 조조의 간웅 이미지는 거의 정론으로 굳어졌다. 소식(蘇軾)은 《동파지림》에서 이렇게 말했다. "삼국의 일로 말하자면, 유비가 패한 대목에 이르러 눈썹을 찌푸리고 눈물을 흘리는 사람이 있지만, 조조가 패한 대목에서는 기뻐 쾌재를 부른다."

남송시대에 이르러 조조를 폄하하는 분위기는 더욱 고조되었는데, 이는 당시 정치 형세와 밀접하게 관련되어 있었다. 조송(趙宋)이 남하한 후 중원 지역은 이미 금나라 사람들이 장악했는데, 이때 남송의 처지는 손권과 유비가 당했던 것과 비슷했다. 사람들은 삼국의 역사를 보면서 자연스럽게 손권과 유비에게 공감한 반면 중원을 차지했던 조조를 고운 시선으로 볼 수 없었다.

남송 사람들은 점차 조조를 극도로 미워하게 되었다. 이런 선비들 가운데 가장 대표적인 인물이 주희다. 주희는 《통감강목》에서 조조를 공격하며 "오직 선주의 명문만이 바르니 조조는 자연히 도적이다"라고 했다. 심지어 《자치통감》에서는 조비의 황초(黃初)에 한의 건안 기년을 계승한 것을 유비의 장무(章武)에 건안 기년을 계승한 것으로 고쳤다.

원명(元明) 시기 학자들 사이에서 조조의 이미지는 대체로 일치했으니 주로 재능은 긍정하되 됨됨이는 비난하는 기조였다. 예컨대 장부(張溥)는 "악부가 절묘하고 문장이 빼어나다", "한 말의 명인을 들면, 문(文)에는 공융이 있고, 무(武)에는 여포가 있고, 조조는 이 둘을 겸비했다"며 조조를 높이 평했다. 그러나 됨됨이를 평하는 부분에서는 "왕을 칭하여 반역을 도모하고 기꺼이 도적 짓을 했다"며 심하게 폄하했다.

원말 명초에 나관중은 역대 조조와 삼국에 관한 문학작품, 시사, 민간에 널리 전해진 설서를 수집한 뒤 당시 사람들의 원망과 증오에 근거하여 유비를 치켜세우고 조조에 반대하는 기조를 바탕으로 두고두고 인구에 회자된 《삼국지연의》를 창작했다. 조조의 간웅 이미지는 이렇게 해서 집대성되었다.

조조가 당초 만인의 존경을 받은 영웅에서 훗날 간웅으로 바뀌기까지 그 이면에는 복잡한 요인이 숨어 있다. 이 변화 과정에서 문학 전체가 보급 역할을 자처했지만, 그 열쇠는 조조의 위나라 정권 자체가 역사가 짧고 끝내 삼국분열의 국면을 마무리 짓지 못한 데 있다. 그 밖에 유가 정통 사상의 영향으로 어느 시대의 어느 군주든 자신의 신하 가운데 조조와 같은 인물이 나오는 것을 원치 않았다. 이런 탓에 봉건 통치자들이 조조를 반면교사 이미지로 적극 활용한 것도 한몫했다.

통치자의 의도적인 선전에 힘입어 이 관점은 문학작품에도 적극 반영되었다. 문학작품은 민간에서 강한 생명력을 지니므로 역사 속 조조의 실제 이미지는 민간 문학에서 만들어낸 이미지에 완전히 가려지고 말았다.

참고서적

진수, 《삼국지》, 중화서국, 2005년판

나관중, 《삼국지연의》, 인민문학출판사, 1998년판

뤼쓰(呂思勉), 《여저삼국사화(呂著三國史話)》, 중화서국, 2006년판

장쮀야오(張作耀), 《조조전》, 인민출판사, 2002년판

장쮀야오, 《유비전》, 인민출판사, 2004년판

청쥔이(成君憶), 《수자삼국(水煮三國)》, 중신출판사, 2003년판

이중톈(易中天), 《품삼국(品三國)》(상), 상해문예출판사, 2006년판

천얼둥(陳邇冬), 《한화삼분(閑話三分)》, 상해서점출판사, 2007년판

KI신서 1660

조조 읽는 CEO

1판 1쇄 인쇄 2009년 8월 15일
1판 1쇄 발행 2009년 8월 20일

지은이 량룽 **옮긴이** 이은미 **펴낸이** 김영곤 **펴낸곳** (주)북이십일 21세기북스
기획 · 편집 류혜정 **디자인** 씨디자인 **마케팅 · 영업** 서재필 최창규 김보미
출판등록 2000년 5월 6일 제10-1965호
주소 (우413-756) 경기도 파주시 교하읍 문발리 파주출판단지 518-3
대표전화 031-955-2100 **팩스** 031-955-2151 **이메일** book21@book21.co.kr
홈페이지 book21.co.kr **커뮤니티** cafe.naver.com/21cbook

값 13,000원
ISBN 978-89-509-1993-1 03320